国家出版基金项目
NATIONAL PUBLICATION FOUNDATION

漢語詞類

[瑞典]高本漢 ◎ 著

張世禄 ◎ 譯

山西出版傳媒集團
山西人民出版社

圖書在版編目(CIP)數據

漢語詞類 /［瑞典］高本漢著；張世禄譯. —太原：
山西人民出版社，2015.9
(近代海外漢學名著叢刊 / 鄭培凱主編)
ISBN 978-7-203-09198-1

Ⅰ.①漢… Ⅱ.①高… ②張… Ⅲ.①漢語—詞類—研究 Ⅳ.①H146.2

中國版本圖書館CIP數據核字(2015)第193158號

漢語詞類

叢刊主編	鄭培凱
著　　者	［瑞典］高本漢
譯　　者	張世禄
責任編輯	梁晉華
助理編輯	郭向南
出 版 者	山西出版傳媒集團·山西人民出版社
地　　址	太原市建設南路21號
郵　　編	030012
發行營銷	0351-4922220　4955996　4956039
	0351-4922127(傳真)
天貓官網	http://sxrmcbs.tmall.com　0351-4922159(電話)
E－mail	sxskcb@163.com　發行部
	sxskcb@126.com　總編室
網　　址	www.sxskcb.com
經 銷 者	山西出版傳媒集團·山西人民出版社
承 印 廠	山西出版傳媒集團·山西人民印刷有限責任公司
開　　本	700mm×970mm　1/16
印　　張	18.75
字　　數	149千字
印　　數	1—2000冊
版　　次	2015年9月　第一版
印　　次	2015年9月　第一次印刷
書　　號	ISBN 978-7-203-09198-1
定　　價	56.00圓

《近代海外漢學名著叢刊》編委會名單

總 主 編　鄭培凱

編 委 會　傅　杰　霍　巍　戴　燕（按姓氏筆畫排序）

總 策 劃　越衆文化傳播·周　威
總 監 製　南兆旭
統　　籌　徐　勝　顏海琴

出版工作委員會
　　主　任　李廣潔
　　副主任　姚　軍　石凌虛
　　委　員　梁晉華　張文穎　秦繼華　馮靈芝
　　　　　　張　潔　崔人杰　王新斐　郭向南

設計總監　李尚斌
設計製作　王秀玲　吴圳龍　何萬峰　歐陽樂天

出版説明

《近代海外漢學名著叢刊》選取一九四九年以後未再刊行之近代海外漢學作品，編例如次：

一、本叢書遴選之作品在相關學術領域具有一定的代表性，在學術研究方嚮、方法上獨具特色。

二、爲避免重新排印時出錯，本叢書原本原貌影印出版。影印之底本皆經專家組審定，原書字體大小、排版格式均未做大的改變。

三、爲使叢書體例一致，本叢書前言、後記均采用繁體字排版。

四、個別頁碼較少的版本，爲方便裝幀和閲讀，進行了合訂。

五、少數作品有個別破損之處，編者以不改變版本内容爲前提，部分進行修補，難以修復之處保留缺損原狀。

六、原版書中個別錯訛之處，皆照原樣影印，未做修改。

由於叢書規模較大，不足之處，在所難免，殷切期待方家指正。

總序

温故而知新

  晚清以來，西力東漸，西方文化思想的著作也大量譯成中文，最著名的如嚴復與林紓的譯著，影響了整個二十世紀中國的知識界與文學界，使得中國文化的思維脈絡爲之丕變。除了西方思想經典、文學與實證科學著作的翻譯，以實證方法系統化探討中國文史的域外漢學，也對中國學術思想界產生了莫大衝擊，改變了中國學術的著述方法與取嚮。

  中國傳統的知識結構，是按經史子集四庫分類的，以儒家意識形態的經學爲文化知識的砥柱，以史學爲貫串歷史經驗的殷鑒，至於子部與集部，則是作爲保存文獻、擴大知識面的附帶知識，可以耽情冥想，可以悠遊玩賞，却都是邊緣化的知識，無關聖教的弘揚，無關文化精髓的宏旨。西方文藝復興之後的現代學術體系，在知識分類上，與中國傳統大相徑庭，講究系統分科，不同知識領域各有其客觀存在的價值，有其相對獨立的目的與標準。日本知識界在明治維新以來，鑒於東方文明落後於西方的船堅炮利，率先效法西方，在追求"文明開化"、"脫亞入歐"的過程中，爲日本學術發展循着現代西方的體例，建立了哲學、文學、歷史學、經濟學、法學、商學、物理學、化學、地質學、醫學、農學、工程學、植物學、動物學等等新型學科，企圖與西方學術齊頭並進，從而影響了中國

近代學術體系的發展。

　　本叢刊選印二十世紀上半葉出版的漢學譯著近百冊，分爲三大類："歷史文化與社會經濟"、"古典文獻與語言文字"、"中外交通與邊疆史"，反映民國時期學術界重視西方及日本漢學研究的成果，藉助他山之石，重新審視中國傳統歷史文化的意義，特別是開拓了傳統學術忽略的領域。五四新文化運動以來，中國學者如蔡元培、胡適都提倡"整理國故"，以理性實證的方法，對中國文化傳統做出系統化的研究，是與這些漢學譯著相輔相成的。這些譯著除了介紹域外漢學的成果，還引進了嶄新的學術研究方法與視角，有助於梳理中國文化傳統的脈絡，重新整合知識結構與學術體系。雖然這些學術著作不是中國學者的成就，無法納入二十世紀中國文史學術的主脈，但是從中文譯本的影響而言，起碼也應當視爲中國近代學術發展的支脈或潛流，不容忽視。可惜的是，到了二十世紀下半葉，因爲兩岸政治形勢的變化，這些漢學譯著，除了部分因王雲五重新入主臺灣商務印書館，而得以在臺灣做了少量的重印，在大陸的出版界，則完全受到遺忘，甚至在許多新成立的大學圖書館中也不見踪影。我們搜集了近百冊塵封的漢學譯著，呈現給二十一世紀的中國學術界，一方面是爲了銘記前人爲推展學術而做出的努力，另一方面也是爲了提醒新常態時期的學人，學術發展有其歷史累積的脈絡，可以從中汲取歷史經驗，溫故而知新。

　　說到"溫故知新"與這批早期漢學譯著的關係，可以從兩個方面來思考，以見翻譯域外漢學如何反映了時代精神，爲融匯東西方學術思維，重新闡釋中國文化傳承，做出不可磨滅的貢獻。一是域外漢學的研究對象，以中國歷史文化典籍爲主，屬於中西文化碰撞期間興起的"國學"範疇，與五四新文化人物提倡的"整理國故"運動若合符節。研究中國歷史文化，並賦予新的學術意義，是清末民初知識精英念茲在茲的心結。歷史發展走到一個環節，時代的狂風揚起了批判傳統的大旗，風中的英雄幫着推波助瀾，却又無時或忘自己民族文化主體的未

來，糾纏於"傳統"能否"現代"的困境。域外漢學的出現，以西方實證方法研究中國歷史文化傳統，綜合東西方各種語言文字材料，擴大了研究國學的眼界，即使無法打開中國文化傳統是否走到盡頭的心結，至少是提供了一個解惑的方嚮，在大霧彌漫的夜晚，看到了依稀渺茫的星光。

二是翻譯域外漢學，有一種以子之矛攻子之盾的吊詭作用，逐漸化解了中國文化思維中的自大心理與封閉心態，讓唯我獨尊的國粹基本教義派解除武裝到牙齒的盔甲，轉而吸收並接受西方實證研究的學風。民國期間新式教育制度的推行、學術體系的變化、大學學術專業的創建，具體到北京大學國學門的成立，中央研究院規劃歷史、語言、考古的研究領域，都與翻譯域外漢學背後的旨意是息息相關的。因此，重新閲覽這批民國期間的漢學譯著，對二十一世紀的現代學人來説，溫故而知新，不但可以窺知民國學人追求新知的心理狀態，也會刺激吾人反思，認真思考學術研究方法與中國學術發展的前景，更進一步，探索文化傳統的重新闡釋與新知介入的關係。知識體系的變化當然與傳統的重新闡釋有關，是外爍的影響大呢，還是内因變化的成分居多？

《論語·爲政》記載孔子説："溫故而知新，可以爲師矣。"歷代解經，對這個"爲師"的道理，有兩種相近似但又取嚮不同的解釋。朱熹《四書集注》説："故者，舊所聞。新者，今所得。言學能時習舊聞而每有新得，則所學在我而其應不窮，故可以爲人師。若夫記問之學，則無得於心而所知有限，故《學記》譏其不足以爲人師，正與此意互相發也。"雖然朱熹把知識分爲"舊所聞"與"新所得"，強調的却是"學而時習之"，從中生發新的心得，也就是從詮釋舊典中得到新知。這個説法與朱熹在鵝湖之會以後，作詩唱和，寫給陸九淵的詩句，"舊學商量加邃密，新知涵養轉深沉"，異曲同工，是一個意思，萬變不離其宗，舊學與新知是同一個脈絡的知識學理。

然而，有些朱熹之前的經學家，解釋"溫故知新"，却有不同的取嚮。皇侃

《論語義疏》就說："故，謂所學已得之事也。所學已得者則溫尋之不使忘失，此是月無忘其所能也。新，謂即時所學新得者也。知新，謂日知其所亡也。若學能日知所亡，月無忘所能，此乃可爲人師也。"皇侃明確說到，"故"指的是過去所學的知識，而"新"則指的是新近學到的知識，新舊結合，相互發明，就可以"爲人師"了。邢昺《論語注疏》循着皇侃的思路，也說："言舊所學得者，溫尋使不忘，是溫故也。素所未知，學使知之，是知新也。既溫尋故者，又知新者，則可以爲人師也。"這裏講的"素所未知"，就不祇是研讀舊學，有了新的體會，從過去的傳統中發展出的"新知"，而是從來沒聽過、沒想過的新學問了。這種"素所未知"的新學問，結合"舊所聞"，對習以爲常的知識框架，就會產生巨大的衝擊，而出現飛躍性的結構變化。知識內容或許大體沿襲傳統，知識結構卻得以重新整合，出現嶄新的認知系統，重新審視自己文化傳統的意義，打開文化傳承的新局面。二十世紀上半葉的漢學譯作，就發揮了這樣的作用，促使中國學者放棄自我中心的文化態度，從各種不同側面，探知中國歷史文化的光譜，以域外（或是全球）的角度觀測中國傳統，搖動了文化的萬花筒，看到七彩繽紛的中國。

嚴復在甲午戰爭之後，改良變法思想風起雲涌之時，開始大量翻譯西方思想經典著作，是有感於國人（特別是傳統文化孕育的知識精英）思維系統封閉，企圖介紹實證新知，引進邏輯思維的方法，以破除儒學之道"一以貫之"與"放之四海而皆準"的虛妄。他翻譯《天演論》，在序文中提到，有人歸納東西方學術思想，認爲中國文化重精神，是形而上之學，立意高超，而西方文化重物質，是形而下之學，祇追求功利的回報。他認爲，這種自以爲是的蒙昧態度，陷入傳統舊學的框囿而不自知，沒有自我反思的能力，無法吸收"素所未知"的新知識，也就無法開展並弘揚自己的文化傳統。嚴復非常清楚他翻譯西方經典的目的，是爲了介紹新知，打破中國傳統思維的封閉性，但是，作爲披荊斬棘的拓荒人，他

深知思想封閉者的頑固心理，必須因勢利導，以免遭到盲目衛道之士的攻訐。嚴復有其防身的策略，不會像許褚戰馬超那樣赤膊上陣，而是以桐城文章譯述赫胥黎、斯賓塞、穆勒、亞當·斯密、孟德斯鳩，博得晚清知識精英的贊許，文章深閎而傳入了新知義理。從文化變遷的角度而言，通過翻譯，以迂迴戰術來介紹西方思想，得到巨大的成功，產生了改變傳統思維體系的實效，是中國近代思想史上影響深遠的大事。以此類推，民國時期大量翻譯域外漢學的影響，也是不容忽視的思想史課題。

關於清末民初西方學術思維衝擊中國知識精英，顛覆傳統文化的知識結構，錢穆在《現代中國學術論衡》的序言中，從中國文化本位的立場，發出深刻的感慨，做了籠統的批評："文化异，斯學術亦异。中國重和合，西方重分別。民國以來，中國學術界分門別類，務爲專家，與中國傳統通人通儒之學大相違异。循至返讀古籍，格不相入。此其影響將來學術之發展實大，不可不加以討論。"錢穆所指出的問題，是傳統知識體系強調"通"，文史哲不分家，最崇尚通儒，而現代學術講究專業分科，各司其職，以至於讀不通古籍呈現的整體性知識思維。姚名達在撰寫《中國目錄學史》的時候，對西力東漸，西潮帶來的翻譯著作及新知新學，也有類似的感慨："四部分類法，不合時代也，不僅現代爲然。自道光、咸豐允許西人入國通商傳教以來，繼以派生留學外國，於是東西洋洋籍逐年增多。學問翻新，迥出舊學之外。目錄學界之思想不免爲之震蕩。"這種對學術體系發生重大變化的觀察，反映了中國學人從晚清一直到民國，夾在東西方兩種不同思維體系的衝突中，身歷其境的切身感受，因此感觸良多。

二十世紀上半葉最能代表中國學術的通儒是王國維與陳寅恪，他們浸潤了經史子集的四部知識傳統，承繼乾嘉篤實的考據學風，却都經過西洋邏輯思維與實證科學的洗禮，參與中國知識結構的轉型。對西方現代知識結構如何在中國生根發芽，不但再三致意，并且以自己的學術實踐來努力促成。王國維早在一九〇二

年就寫信給張之洞，反對把經學列爲大學分科之首，而主張效法西方與日本的大學，設立哲學科，明確指出知識結構的分類不可因循傳統，而必須另起爐竈。陳寅恪在一九二五年就清華大學建制的問題，寫了《吾國學術之現狀及清華之職責》，指出大學的職責在於學術之獨立，而中國學術界的情況令人十分不滿，必須認真效法西方學術的體制及實踐。他說："蓋今世治學以世界爲範圍，重在知彼，絕非閉門造車者比。"這兩位國學大師，對西方與日本的漢學研究十分注意，都是以開放態度對待域外漢學研究，集思廣益，以成其大家。

　　再回到"溫故知新"的歷代經解，說說文化傳承的闡釋學意義。劉寶楠在《論語正義》中指出，上古之時，文化知識是上層統治精英的家學，不再治理實際政事的長者可以傳遞德行的知識，可以爲人師。"溫故而知新"，就顯示長者不忘舊時所學，且能吸收新知，繼承并發揚這種學術與政治合一的傳統。到了孔子之時，時代出現了變化，士大夫不見得能夠謹守家法，弘揚德行，也不一定能夠"爲師"了。孔子之後，世變日亟，"道術爲天下裂"，文化知識不再爲少數統治精英所壟斷，也不必然與治理政事有關，學術在民間百花齊放，百家爭鳴。但是，學術知識發展的脈絡基本未變，仍然是要溫故知新，進德修業。從劉寶楠不經意的闡釋中，可以看到時代變遷影響了學術文化的內容，改變了知識結構的體系，但其內在發展的理路仍舊，還是需要舊學與新知的融合，才能有所發展。

　　劉寶楠還引述了劉逢禄的解釋："故，古也。《六經》皆述古昔、稱先王者也。知新，謂通其大義，以斟酌後世之製作，漢初經師皆是也。"劉寶楠贊成這個說法，並指出，漢唐人解釋"知新"，大多數都沿用此意。也就是説，舊學是傳統的知識結構體系，新知是時代變化出現的新知識，必須相互斟酌，才能發揮得宜。至於如何對舊學"通其大義"，就見仁見智，各有説法了。從這個通達的詮釋來討論近代西學東漸的情況，我們可以看到，"溫故而知新"在民國學人的心底，是產生"傳統"與"現代"糾葛的心理陷阱，不易跨越。若依照朱熹的説

法，"學能時習舊聞而每有新得，則所學在我而其應不窮"，雖然在哲理上可以模模糊糊説通，但在清末民初的具體歷史環節，西學的新知屬於完全不同的知識體系，在原有的舊學脈絡中，根本無從立足，如何"其應不窮"？所以，真要放之四海而皆準，提升"温故而知新"的普世意義，以理解域外漢學譯著與近代學術知識體系變遷的文化史意義，我們認爲，皇侃、邢昺，一直到劉寶楠的闡釋，是比較合適，並與現代文化闡釋學的説法相近。

伽達默爾（Hans-Georg Gadamer）在他的名著《真理與方法》中，説到認知理性與文化傳統的關係，特別指出，人們通過理性，來判斷歷史文化中事實的真相，但是人的理性與生存環境息息相關，與傳統所衍生的豐富文化底藴有關，不可能完全超越文化傳統的思維脈絡。他認爲，人生活在文化傳統之中，就不可能"遺世獨立"，以全能超越的抽象思辨來認識傳統，甚至是批判或顛覆傳統。傳統是歷史文化延續與傳承的表徵，不會一成不變，而我們的認知理性也會因時代變遷，而不斷重新詮釋傳統。伽達默爾的闡釋學以西方文化傳統爲例，説明新知如何納入傳統，而使文化傳統生機不斷，生生不息，與中國歷代經學家的説法（朱熹除外），有异曲同工之效。以此觀照民國時期的漢學譯著，我們認爲，這批學術新知傳入中國，對中國文化傳統的繁衍與發展，實有承先啓後之功。

《近代海外漢學名著叢刊》的出版，最值得感謝的是南兆旭先生二十多年來搜羅的執着與努力。雖然這套叢刊不能窮盡民國時期的漢學譯著，但是，能滙集上百冊自一九四九年以來在國内不曾重印的學術著作，再度公之於世，總是功不唐捐的大功德。忝爲本叢刊的主編，我面對這批民國學術材料，先是感到紛雜無章，有些原作者的學術素養也難副當前的學術標準，甚爲猶豫。後轉念一想，這是上個世紀中國最紛亂時期的學術記録，也是民生凋敝，國勢隤危，内亂外患交加之際，仍有許多學者孜孜矻矻，戮力翻譯域外漢學，爲中國學術的傳承拓展新知的坦途，不禁肅然起敬，開始用心整理分類。掛一漏萬，在所難免，好在有學

殖豐贍的諍友擔任分卷主編,並撰寫各分卷前言,實在是衷心銘感。有傅杰教授負責"歷史文化與社會經濟"、戴燕教授負責"古典文獻與語言文字"、霍巍教授負責"中外交通與邊疆史",吾道不孤矣。在整理編輯過程中,周威先生費心最多,也是我要衷心感謝的。

  道術之存亡,全在人心之嚮背。這批民國漢學譯著重新問世,對我們生長在承平之世的學人,應當有激勵的作用,爲學術研究多盡份力,讓中國學術發展更上一層樓。

鄭培凱

二〇一五年七月

前 言

  二十世紀三十年代是中國現代學術史上的一個黃金時期。從晚清的白話文運動，到白話文在民國初年被定爲現代國語，中國的語言也就是"漢語"本身便發生了一個很大的變化。在漢語的這一現代轉化過程中，"新文學"即白話文學、又或稱國語文學的异軍突起，又起到極爲重要的推進作用。因此，現代的漢語和文學，從一開始就如雙生子一樣關係密切，不可切分。

  當然，白話文與白話文學的興起，原因不止一個，但不能否認的是，在漫長的從"邊緣"變爲"正統"的道路上，它們都受到過外來的語言和文學的刺激。這裏面既包括有現代漢語對"外來語"的吸納、新文學對外國文學的模仿，也包括了引入歐美日的方法，對漢語和文學加以研究。這個研究，還不單單是針對現代的漢語和文學，也針對古代的漢語和文學。

  伴隨着漢語和文學自身的演變，而在語言學界及文學研究界發生的這些轉變，其實是中國學術在各個領域實現其現代轉型的一部分，也可以説是中國現代學術之建立的一個基礎。隨着對東洋、西洋從觀念到方法、從文獻到詮釋的全面開放，在一九三〇年前後，中國的語言學和文學研究也迎來了自己的黃金時代。

  這個黃金時代出現的很多學術成果，都是當時中國學者在傳統學問的基石上，吸收外國的方法、結論得到的，如王力所説，那時的語言學，"始終是以學

習西洋語言學爲目的", 文學研究也莫不如此。所以, 要想説明這個學術上的黄金時代究竟是什麼樣的, 又如何形成, 勢必要對當時的國外漢學知其一二, 尤其要對翻譯成中文出版的漢學書籍有一點瞭解。

語言學方面, 自《馬氏文通》引入西方語法之後, 在中國影響最大的恐怕就要數高本漢。從一九二七年的《左傳真僞考及其他》, 到一九七二年的《中國聲韵學大綱》, 他關於中國語言學的論著幾乎都有在中國（包括香港、臺灣）翻譯出版。據説早年間, 在他的音韵學論文尚未譯成中文出版前, 錢玄同就已經拿着其中幾頁, 作上課的教材用。他的《中國語言學研究》的譯者賀昌群也曾説, 在語言音韵學方面有所成就的學者, 都是借高本漢之力。

文學方面, 一個突出的現象是, 日本漢學家的著作被翻譯出版最多。究其原因, 大概是由於日本在歷史上受中國文化影響甚深, 日本漢學家普遍有很好的漢學功底, 到了明治維新以後, 又先於中國接受歐美的思想、文化和學術, 這兩方面的結合, 促使日本漢學界産生出很多新的研究成果, 其中就有像兒島獻吉郎、鈴木虎雄、本田成之、青木正兒、鹽谷温、梅澤和軒等人的著作。這些涉及中國古典文學、藝術、思想等領域的論述, 兼有東西之長, 比較容易爲中國學界理解和認同。因此, 在現代中國的文學史、文學批評史、藝術史、哲學史等學科領域, 日本的研究範式一度相當流行。

説到海外漢學的影響, 還不得不提及海外漢學論著的翻譯出版, 在二十世紀三十年代前後是又多又快, 像成書於一九三二年的石田幹之助的《歐人之漢學研究》, 一九三四年就有了中文譯本, 就是典型的一例。這固然是由於當時的中國學界對於及時掌握海外漢學動嚮, 有一種普遍的要求, 可是不能忘記的是這些漢學論著的譯者, 在這中間扮演了很重要的"驛騎"角色。

在這裏, 也許不需要再去重復趙元任、羅常培、李方桂這一黄金組合翻譯高本漢《中國音韵學研究》的故事, 不需要説明高本漢論著的大多翻譯者, 如張世

禄、賀昌群等，也都是很好的專業學者。就連最早的《左傳真僞考及其他》，也是經胡適推薦，由當年聲名鵲起的新鋭陸侃如翻譯的。而在陸侃如看來，他的譯介，就是爲了"東海西海互相印證"（譯跋）。

值得一説的，倒是譯過不少日本書籍、不限於漢學著作的孫俍工。孫俍工一九二四年赴日留學，他本來學的是德國文學，可是很快翻譯了鈴木虎雄的《中國古代文藝論史》、鹽谷温的《中國文學概論講話》、本田成之的《中國經學史》、兒島獻吉郎的《中國文學通論》，興趣完全轉到對中國古典的研究。他在各書的譯序中，談到過對中國衹有整理國故保存國故的口號、成績却不如日本的看法（《中國古代文藝論史》），談到過他要借翻譯來使人看到在被我們自己拋荒的文學園地裏，經别人代耕，而有怎樣一番禾黍芃芃的景象（《中國文學概論講話》），也談到過如本田成之對於孔子"别開途徑"的理解，可爲中國學者取法實多（《中國經學史》）。對中日學界當時情況的判斷，大概是他譯書的動機。據説他在一九二八年回國任教後，短短幾年就編出幾百萬字的書來，其中像《中國文藝辭典》、《世界文學家列傳》、《中國語法講義》等，有人説都涉嫌抄襲日人（彭燕郊《那代人·關於孫俍工》）。這也大可説明他心目中的日本學術，不光是漢學，何等優越。當然，他翻譯鈴木虎雄、鹽谷温的著作，按趙景深的説法，還是"對於中國文學的貢獻頗大"（《文壇憶舊·文人印象·孫俍工》）。

另外一位翻譯日文書極其勤奮的是王古魯。王古魯一九二〇年赴日讀的本來是英文系，一九二六年回國後也教過英文，但是他翻譯過的日本書籍，題材廣泛而雜駁，涉及小説與經史之學、語言文學、民族和對外關係，既有論述，也不乏考據。由於他對日本學界的追踪，與他對中日關係的觀察是聯繫在一起的，因此，他在一九三一年翻譯的田中萃一郎《西人研究中國學術之沿革》、一九三四年編譯的《傅斯年等編著東北史綱在日本所生之反響》、一九三六年編寫的《最近日人研究中國學術之一斑》，都在中國學界引起過强烈的反響。在他翻譯的文

學論著中，最有名的恐怕就是青木正兒的《中國近世戲曲史》。吳梅早已表揚過他在翻譯中表現出的專業態度，即對青木正兒引書"無不一一檢校"，故"可爲青木之諍友"（序）。一九五六年他寫信給青木正兒，又說此書不僅獲得"我國各方面極爲重視"，還作爲"中文本"，與王國維《宋元戲曲考》等六種，入選《蘇聯大百科全書》的"中國戲曲"條目，説明譯作本身成了經典。而這一次的翻譯，大概也爲他後來到日本搜集古本小說、戲曲，最後成爲造詣頗深的中國文學史研究專家做了很好的鋪墊。

中國現代學術史也應該銘記這些譯者的功勞。

戴　燕

二〇一五年六月八日於復旦

作者簡介

著 者

高本漢（Klas Bernhard Johannes Karlgren，瑞典人，一八八九年——九七八年），歌德堡大學教授、校長，遠東考古博物館館長。高本漢是瑞典最有影響的漢學家，他對瑞典漢學作爲一門專門學科的建立，起了決定性的作用。他一生著述達百部之多，研究範圍包括漢語音韵學、方言學、詞典學、文獻學、考古學、文學、藝術和宗教。他在中國歷代學者研究成果的基礎上，運用歐洲比較語言學的方法，探討古今漢語語音和漢字的演變，創見頗多。

譯 者

張世禄（一九〇二年——九九一年），中國當代著名語言學家，字福崇，浙江浦江縣人。他畢業於東南大學，獲文學學士學位。一九二八年到上海商務印書館任職。先後在暨南大學、復旦大學、光華大學、雲南大學、中山大學、重慶中央大學、重慶大學等校任教。從事中國文字學、訓詁學、語音學及詞彙學研究，尤其擅長漢語音韵學研究。運用西方現代語言學理論和方法，探索漢語各方面的内部規律，對建立中國現代語言學作了開拓性工作，發表論文一百篇左右，著有《中國音韵史》、《語言學概論》、《古代漢語》等。

著者高本漢先生近影

高本漢先生寄給衞聚賢先生的信

GÖTEBORGS HÖGSKOLAS
REKTOR

University, Gothenburg
17/7 1935.

Dear Professor Wei,

Excuse me for not having answered your letter earlier — I have been away for some time and for the rest so pressed by various works, that I have not been able to write earlier.

I thank you most heartily for your beautiful and valuable books.

I enclose here a list of my works on China. Please give my hearty compliments to professor Chang Shin-lin.

With best regards Yours very sincerely

B. Karlgren

譯者序言

一　對于高本漢先生的學說，近年來國內已經有不少的譯述。本篇序文的後面，附列着高先生所自擬的小傳和著作目錄；所以關于介紹高先生的話，此地無庸贅述。

二　本書原名 Word Families in Chinese, 登載于遠東古物陳列館集刊 (the Bulletin of the Museum of Far Eastern Antiquities) 第五卷；書中所稱本刊字樣，就是指此種集刊。

三　月前羅常培先生在東方雜誌第三十二卷十四號，發表一篇中國音韻學的外來影響，內中對于高先生的學說以及本書的內容，曾有一段簡明的敍述，請讀者參看羅先生原文。

四　羅先生稱本書爲漢語中的字系；譯者擬譯爲中國語詞的族類，後來羅先生給譯者的信，改稱漢語詞類，較爲簡明，因採用之。

五　本書大致分爲前後兩部分：前面的一部分是討論幾種上古音中的問題，羅先生說這是高氏「對于中國上古音最近

的總結論」。後面的一部分是依着擬定的上古音，把中國語中的二千多個語詞一類一類的分列，以表明同屬一類的語詞，在語源學上可認爲是有親族關係的；羅先生說「他已經能夠充分利用淸朝古韻學家考證的結果，漸漸從古音韻學轉向古語言學了」。所以後面的一部分可說是中國語源學的硏究，至少可認爲是語源研究的初步工作。

六　要研究中國的語源學，勢必至于進入印度支那比較語言學的範圍。而要把中國的語詞來和西藏語暹羅語上的相比較，第一步的工作還須在考定中國上古音。依着中國上古的音讀分列中國語詞的族類，這就是奠定印度支那比較語言學的基礎。

七　中國過去講音韻訓詁的，總是跳不出雙聲疊韻的圈套，只是把一個字音分做聲和韻的兩部分；現在把一個字音分做起首輔音，中介元音，主要元音，收尾輔音的幾部分，就覺得過去的粗疏簡陋了。而且對于古音上某某是雙聲，某某是疊韻，從前也只是一種模糊的觀念；現在利用音標把各個語詞的拼切——詳細考明出來以互相校量，實在覺得深切著明多了。

八　過去國內講音韻訓詁的，很少注意到收尾的輔音，于

譯者序言

是對于許多明明是同源的語詞，只說牠們是什麼「雙聲相轉」，「一聲之轉」，「陰陽入的對轉，旁轉」，而不知道牠們有個性質相同的收尾輔音。例如「迎」之與「逆」；「彤」之與「赤」；「策」之與「牘」；「沚」之與「島」，「洲」，「州」；誰注意到牠們原來都是以舌根音作收尾的，又如「圓」，「圜」之與「圍」，「回」；「丹」之與「紫」；「分」之與「別」；誰注意到牠們原來都是以舌尖音收尾的？我們必須要知道上古語詞的收尾音和後代有很多歧異的現象。近代西洋的學者，尤其是高本漢先生，研究中國語的，很注意這個收尾音的問題。

九 高本漢先生研究中國的上古音，以他所考定的隋唐音做個基礎。所以本書的讀者，同時最好要參看他所著的下列幾種著作：

1. 中國音韻學研究 (Études sur la Phonologie Chinoise);
2. 中國古音的構擬 (The Reconstruction of Ancient Chinese);
3. 中國語分析字典 (Analytic Dictionary of Chinese);
4. 諧聲字體的原則 (A Principle in the Phonetic Compounds);

5. 上古中國音當中的幾個問題 (*Problems in Archaic Chinese*);

6. 西藏語與中國語 (*Tibetan and Chinese*);

7. 詩經研究 (*Shï King Researches*), 頌詩的押韻 (*The Rimes in the Sung Section of the Shï King*);

8. 老子韻語 (*The Poetical Parts in Lao-Tsï*)。

因為這些和本書有間接直接的關係，本書裏也有很多處引據牠們的。

十 本書前面的一部分，一段論到上古音中以舌尖音收尾的諸部，就是關于眞諄元至脂祭諸部（依王念孫古韻表的部目）上古音讀的擬構。高先生對于脂部，不贊成林語堂先生語言學論叢上的解釋，而因西藏語裏的啓示假定着一個 r 的收尾音。又一段論到上古音中以舌根音收尾的諸部，許多話是對李方桂先生東冬屋沃之上古音（歷史語言研究所集刊第三本第三分）一文而發的，因而測定東耕幽宵等部的音讀；譯者曾經為此事訪問過李先生，據說他不久又有一文快要發表，為着討論這個問題答覆高先生的。(註一)

(註一) 請讀者參看歷史語言研究所集刊 第五本第一分 李方桂 論中國上古音的 *-iwəng, *-iwək, *-iwəg*。二十五年十月，譯者補註。

十一　本書對于上古音以雙脣音收尾的諸部，並沒有一段專門討論的文章；大概高本漢先生以爲在這方面過去所擬定的，並未發生什麼疑問。至于上古音的起首輔音，本書也只討論到複合輔音的問題；高先生說，上古音的語詞必定有許多是具有繁複的起首音的，這種現象必待將來印度支那語言的比較研究才可以完全明白。

十二　本書後面的一部分是依着上古的收尾輔音，先列成收舌根音的，收舌尖音的，收雙脣音的三大組，其次再依起首輔音的性質分做四組；于是把二千多個的語詞，依着牠們的起首輔音和收尾輔音的性質，列成十個表（沒有收尾輔音的，略而不論）。這十個表中的語詞，又依意義上的相同或相通把牠們各自類集起來，以表明牠們的親族關係。又從這些例子上歸納得起首輔音，中介元音，主要元音，收尾輔音上種種轉換的法則。中國語源的研究，可以說到此方成爲一種眞正的科學。

十三　去年冬間，高先生送贈原著一册給衞聚賢先生，衞先生就交給譯者從事譯述。嗣因譯者講課忙碌，中間又曾東渡一行，隨譯隨輟，至今年秋間，才行竣事，過去數月間，蒙衞先生的從旁鼓勵，又蒙他和張鳳先生的多多指導，譯者

應該在此一表謝意，尤其對于衛先生；假使沒有他，譯者便不會有這種工作。

十四　本書前後有互相參照之處，原文所注明「上文某頁，下文某頁」的，譯者一併改爲譯文排印後的頁碼，而特加括弧，注明「原文某頁」。原著排印略有錯誤，譯者隨時加以校正；間亦附以案語。原文附註則列有「原註」等字樣，以別于譯者的案語。

十五　序文後面所附的音標說明是譯者應用國際音標來參照說明；讀者懂得國際音標的，因此就可以瞭解高本漢先生所用的音標了。

十六　隨後附着高本漢先生的小傳和著作目錄，是高先生自己所撰述的，本年八月間寄到衛先生處，轉交譯者在此發表的。

　　　　　　　　譯者張世祿
　　　　　　　　民國二十四年，九月，于暨南大學

本書音標說明

元　音

$â =$ 國際音標的 $[a]$　　$ε = [ε]$

$a = [ɑ]$　　$ɵ = [ɵ]$

$å = [ɔ]$　　$i = [i]$

$ä = [æ]$　　$ô = [o]$ 較合

$ɐ = [ɐ]$　　$o = [o]$ 較開

$e = [ɵ]$　　$u = [u]$

$ŭ, ă$ 或 $ǒ, ǎ$ 等，係指 $u, a, ô$ 等之短音；

$i, e, ə$ 等，係指 $i, e, ə$ 等之弱音，非主要元音；

$w = [w]$，為輔音性之雙唇元音，常用以表明圓唇化作用；

$j = [j]$，為輔音性之舌前元音，常用以表明舌前化作用。

輔　音

$b = [b]$　　$v = [v]$

$p = [p]$　　$t = [t]$

$m = [m]$　　$d = [d]$

$f = [f]$　　$n = [n]$

本書音標說明

$n = [\text{n}]$　　　　$ś = [\textcipa{\textctc}]$

$l = [\text{L}]$　　　　$ź = [\textcipa{\textctz}]$

$r = [\textcipa{\textturnr}]$　　　　$\acute{n} = [\textcipa{\textltailn}]$

$s = [\text{s}]$　　　　$k = [\text{K}]$

$z = [\text{z}]$　　　　$g = [\text{g}]$

$\underset{\cdot}{s} = [\textcipa{\:s}]$　　　　$ng = [\text{ŋ}]$

$\underset{\cdot}{z} = [\textcipa{\:z}]$　　　　$x = [\text{X}]$

$\hat{t} = [\textcipa{\:t}]$　　　　$\gamma = [\textcipa{G}]$

$\hat{d} = [\textcipa{\:d}]$　　　　$\cdot = [\text{ʔ}]$

ts, $t\underset{\cdot}{s}$, $t\check{s}$ 等，係指 t 與 s, $\underset{\cdot}{s}$ $\check{s}$ 等所組成之合成摩擦音；

t', p', k', ts' 等，係指 t, p, k, ts 等之送氣音。

高 本 漢 先 生 小 傳

Bernhard Karlgren, born 1889, student in the Upsala University 1907, B. A. there 1909, studies in China 1909-1912, Paris 1912-1914, Doctor of Philosophy, Upsala 1915, Docent (assistant professor) of Sinology there 1915, Professor of Far Eastern languages and civilization at the Göteborg (Gothenburg) University 1918, Prorector of the University 1927, Rector (President) of the University from 1931 until now and to continue. Member of the Royal Academy of History and Letters, Stockholm, 1933, Member of the Royal Academy of Sciences, Stockholm, 1935. Corresponding Member of the National Research Institute of History and Philology (Academia Sinica) of China 1928, Honorary Member of the Royal Asiatic Society of Great Britain and Ireland 1929, Honorary Member of the Ecole Française d'Extreme Orient, Hanoi, 1930, Honoray member of the Société Asiatique, Paris, 1935. Stands in regular cooperation with the Museum of Far Eastern Antiquities, Stockholm, since 1929. Married 1916, two children (one boy and one girl).

高本漢先生，生于一八八九年，當一九〇七年時進烏布薩拉大學肄業，一九〇九年時得文學士學位，自一九〇九年至一二年間在中國研究，一九一二年至一四年間又在巴黎研究，當一九一五年時在烏布薩拉得哲學博士學位，旋任該處中國學的副教授，到了一九一八年在哥騰堡大學担任遠東語言和文化的教授，一九二七年任該大學的代理校長，一九三一年以來任該大學的校長，迄今仍繼續任斯職。至於高本漢先生所參加的學術團體：一九三三年時爲斯德哥爾摩地方王家文史學會的會員，一九三五年又爲斯德哥爾摩地方王家科學會的會員。一九二八年任中國中央研究院歷史語言研究所通訊研究員，一九二九年任英國王家亞細亞學會名譽會員，一九三〇年任河內地方遠東法文學院的名譽會員，一九三五年任巴黎地方亞細亞學會的名譽會員。從一九二九以來和斯德哥爾摩地方遠東古物陳列館常川合作研究。高本漢先生婚于一九一六年，現今有一男一女。

高本漢先生著作目錄

WORKS ON CHINA BY BERNHARD KARLGREN (關于中國的著作):

Études sur la Phonologie Chinoise (4 vols. 1915–1926).

A Mandarin Phonetic Reader in the Pekinese Dialect (1917).

Sound and Symbol in Chinese (1923).

Prononciation Ancienne de Caractères Chinois Figurant dans les Transcriptions Bouddhiques (T'oung Pao, 1919).

Le Proto-Chinois, Langue Flexionnelle (Journal Asiatique, 1920).

Contribution à l'Analyse des Caractères Chinois (Asia Major, 1922).

The Reconstruction of Ancient Chinese (T'oung Pao, 1922).

Analytic Dictionary of Chinese and Sino-Japanese (1923).

A Principle in the Phonetic Compounds of the Chinese Script (Asia Major, 1925).

Philology and Ancient China (Oslo, 1926).

On the Authenticity and Nature of the Tso Chuan (Gothenburg, 1926).

Problems in Archaic Chinese (Journal of the Royal Asiatic Soc. 1928).

The Romanization of Chinese (London, 1928).

The Authenticity of Ancient Chinese Texts (Bulletin of the Museum of Far Eastern Antiquities, Stockholm, (1929).

Some Fecundity Symbols in Ancient China (Ibid., 1930).

The Early History of Chou Li and the Tso Chuan Texts (Ibid., 1931).

Shi King Researches (Ibid., 1932).

Word Families in Chinese (Ibid., 1934).

Early Chinese Mirror Inscriptions (Ibid., 1935).

On the Date of the Piao Bells (Ibid., 1935).

Tibetan and Chinese (T'oung Pao, 1931).

The Poetical Parts in Lao-Tsi (Gothenburg, 1932).

Some Turkish Transcriptions in the Light of Irregular

Aspirates in Mandarin (Peking, 1933).

The Pronoun Küe in the Shu King (Gothenburg, 1933).

The Rimes in the Sung Section of the Shi King (Gothenburg, 1935).

Various books in Swedish about Chinese history, language, literature, philosophy, religion (其他用瑞典文寫的關於中國歷史，語言，文學，哲學，宗教等的書籍又有多種)。

漢 語 詞 類

研究中國語音歷史的一個主要目的，是在準備做印度支那(註一)比較語言學的基礎——所謂印度支那比較語言學，就是把中國語台語(註二) 西藏緬甸語作一種系統的比較，這些語言雖然是歧異的方言，而爲親屬的語言確實無疑。可是，依我的見解，這種的研究並不宜于掇拾孤獨的中國「語詞」而把牠們來和孤獨的西藏或暹羅語詞相比較。其理由是在中國語上並非包含着某某數千獨立的單音綴，牠們彼此間毫無親屬關係的；中國語裏也正和其他一切語言裏一樣，語詞組成許多族類，各類的親屬語詞由同一本原的語根所構成的。例如中國語的「目」上古音 $mi\hat{o}k$ (註三)（眼睛），如果我們沒有先把這個 $mi\hat{o}k$ 所屬的族類建立起來，就不能證明牠和西藏

(註一) 譯者案："Sinitic" 一語，直譯似應爲支那語，恐與單指中國的相混，改譯印度支那語，與原意相稱。下做此。吾友蘇君謂應譯震旦，或較稱。

(註二) 譯者案： 台語卽暹羅語。

(註三) 原註： 本文所謂上古音是指中國上古時的音讀，代表詩經的語言，而所謂古音是指中國古時的音讀，代表隋朝切韻的語言。

語的 *mig*（眼睛）係屬同一的。「眸」這個語詞，上古晉 *miôg*（瞳睛），牠和 *miôk* 屬于同類，確是無疑；也正是相像這個 *miôg* 乃直接相合于西藏語的 *mig* 的。換句話說：當印度支那比較語言學能夠安全的着手進行以前，在各語系當中，還有一種偉大的工作須待完成的。中國語裏的語詞必須依照原初的親族關係把牠們一類一類的分列起來，在台語和西藏緬甸語裏也是如此。從此，而且只是從此，我們才可以把這三大語系的「語詞族類」加以比較，而期待可靠的結果。

說中國語的某些語詞彼此間有親屬的關係，這自然不是一種創新的見解。奧古斯德 康拉底（August Conrady）在他的開先的作品印度支那語上使然指稱的附屬詞（Eine Indo-Chinesische Caustiv-Denominativ-Bildung, 1896 年出版）當中，已經用這種見解作為基本的出發點了。我的分析字典裏也曾在許多事例上，指出語詞間這種親族的關係，不僅是那些同一個語詞而用兩個各異的字體來代表的例子──例如，「集」 *dzʻiəp*：「輯」 *dzʻiəp*，因之似乎是兩個語詞了──而且又如「夾」古晉 *kap*（夾緊）：「狹」古晉 *γap*（狹窄）那樣的事例──牠們顯然是親屬的語詞。實在，中國文字上並且常有表示兩個親屬的形式，而用同一個字體來代表牠們

的，例如「長」$d'^{i}ang$ (註一)（長遠，長久）：「長」$\hat{t}iang$（生長，長成）。但是中國語詞的族類這個問題，還要拿來做一種更有系統的研究，這是很要緊的。本文是要作簡單初步的討論，我還希望更有巨大的作品能夠早日刊行于世，這不過作為一個引論罷了。

在進入這個主題以前，我還要說一些宂長的話。我們研究中國語詞的族類，既然對於中國上古音，就是詩經和（稍古的）諧聲字體的語言，上溯到了周代的初期，能夠得到相當詳細的瞭解，所以我們不當以切韻的語言（古音）做個基礎，牠是比較晚後的（西元後六世紀時）。關於那種上古的語言，我是願意先來作一些相當廣大的考察的。

我在詩經研究(本刊第四卷)當中，已經研究過中國上古音裏某些聲音的部類，這裏我也願意論到關於那些部類的幾點；在那篇論文裏，我還遺留着別些詩經韻部的考證給後來的討論，這裏也願意拿牠們來作一個詳細的解析。

(註一) 原註： 我早先的作品當中常慣所用的標音符號，表明舌前暴發音的是如此：t', d' 等，這是不方便的，因為上面的一撇，容易和送氣的符號相混，尤其是兩者合起來更覺得笨拙，例如 $d'^{i}ang$。所以在本文當中，我用輔音上的一個弧形來代替牠：$\hat{t}, \hat{d}$。

上古音裏以舌尖輔音收尾的諸部

中國古音裏（切韻）有 -iən 和 -iĕn 兩韻，彼此間語詞的分布，是依着一種很顯然的機械的方式（參看中國音韻學研究 174 頁）：

ki̯ĕn, ki̯uĕn; ti̯ĕn, ti̯uĕn; li̯ĕn, li̯uĕn; tsi̯ĕn, tsi̯uĕn; pi̯ĕn, ○;
ki̯ən, ki̯uən; ○　○　○　○　○　○　pi̯uən。

iən, iuən 的收尾音，在舌前音和舌尖音之後的，沒有存在了，只是有在舌根音和雙唇音之後的。自然要使我們推想到，這是由於普遍的消合作用趨勢的一種結果，這種趨勢在中國語上是很顯著的，中國上古音裏本來同具有兩類：ti̯ĕn 和 ti̯ən，可是這些已經混入於古音的 ti̯ĕn 了。

這種情形確是如此，可以用詩經的押韻來證明。讓我們先來敍說，我們須把這裏所討論的幾類語詞和上古音裏具有 â, a（長音）及 ă（短音）完全分析開來。牠們組成詩經的一個韻部，這裏稱爲 A 部，就是段玉裁很著名的六書音均表裏的

第十四部，王念孫同樣重要的古韻部（在高郵王氏遺書中）裏的第九部。我無需把他們所列的表全部抄錄出來；可以應用幾個代表的語詞很簡便的來總括的敍述，我又把這幾個代表的語詞填入上古音和古音的讀法：(註一)

    干 管 顏 關 展 轉 見 涓

上古音 kân, kwân; ngan, kwan; ti̯an, ti̯wan; kian, kiwan;

古 音 kân, kwân; ngan, kwan; ti̯än, ti̯wän; kien, kiwen;

      閒 患 言 原

上古音 kăn, g'wăn; ngi̯ăn, ngi̯wăn。

古 音 kạn, ɣwạn; ngi̯ɒn, ngi̯wan。

和這個 A 韻部很顯然劃分的是兩個另外的詩韻部：

B. 段氏的第十二部，等於王氏的第七部。這裏主要的語詞是：

  1. 賢年天田旬顛闐電塡千翩。 2. 淵。

  3. 姻駰引榛溱臻蓁陳臣塵身申神人仁麟親信薪盡燼賓濱頻蘋泯。 4. 均旬詢洵。

(註一) 原註：第七個字不見于詩韻，可是屬于這個韻部的。

1. 具有古音的 -ien: γien 等；

2. 具有古音的 -iwen: ·iwen;

3. 具有古音的 -i̯ĕn: ·i̯ĕn 等；

4. 具有古音的 -i̯uĕn: ki̯uĕn 等。

C. 段氏的第十三部，等於王氏的第八部。這裏主要的語詞是：

1. 艮跟。 2. 昆嚄存飱孫遜奔璊門。

3. 勤芹欣隱。 4. 君羣訓熏慍云雲員芬焚雰閽問。

5. 振辰晨畛忍貧縎瘽。 6. 春淳順鶉犉輪渝。

7. 先洒珍。 8. 艱。 9. 鰥盼。

10. 巾墐般慇。 11. 詵閔。 12. 隕囷。

1. 具有古音的 -ən: kən;

2. 具有古音的 -uən: kuən 等；

3. 具有古音的 -i̯ən: gʻi̯ən 等；

4. 具有古音的 -i̯uən: ki̯uən 等；

5. 具有古音的 -i̯ĕn: tsi̯ĕn 等；

6. 具有古音的 -i̯uĕn: tsʻi̯uĕn 等；

7. 具有古音的 -ien: sien 等；

8. 具有古音的 -ɑn: kɑn 等；

9. 具有古音的 -wɑn: kwɑn 等；
10. 具有古音的 -i̯ĕn: ki̯ĕn 等．
11. 具有古音的 i̯ɛn: tsi̯ɛn 等；
12. 具有古音的 -i̯wɛn: ji̯wɛn 等。

要預先注意的兩點：

其一，我在幾個事例上，列入了詩韻裏所未見的字，而是屬於這個韻部的，因爲依據其他上古的文辭或牠們的諧聲而知道的。其二，第十一行的第二個字，依照牠的古音的讀法，應該列入 w 的一行（第十二行）；旣然牠在上古音裏是沒有 w 的，所以我把牠列入無 w 的一行（第十一行）。

後面的這種現象是很重要的一點，這是關於幾個普通的語詞。我曾經得到了一個斷案，在切韻時代有兩種「合口」的 w：一種是原有的，上古音的，拼在一切的起音之後，一種是附屬的，晚後的，只是拼在 p, p', b', m 之後而由於起首雙唇調節作用的擴大的。原有的 $pi̯w$- 在切韻時代照常規都變成了 $f(w)$-：「方」$pi̯wang > fwang$,「分」$pi̯wən > fuən$,「非」$pjwei > fwei$ 等，可是一個附屬的而顯然更輕微的 w 並沒有起這種變化。如「丙」古音 $piwɐng$,「平」$b'i̯wɐng$,「明」$mi̯wɐng$ 在切韻時代確是已經有了一個 w, 這是實在的（「丙」

字是用「永」字的音拼切的），但是這個 piw- 既然「沒有」變成了 fw-，所以我斷定上古音的形式是 $piăng$, $b'iăng$, $miăng$，而那個 w 是附屬的，寄從的。這種事例，在宋韻表裏，除了梗攝之外，又見之於止攝，山攝，和臻攝當中。（中國音韻學研究 149, 171, 177, 185 頁）。

如果我們現在回頭來看我們詩經韻的 B 部和 C 部，細察牠們，就見到 B 部在切韻語言裏單是具有 e 的元音：$-en$ 或 $-ĕn$；C 部就有一大部分是具有 $ə$ 的：$-nən$, $-nei$, $-uən$, $-iən$, $-iuən$，此外又具有 $-ĕn$, $-en$, $-an$ 和 $-ɐn$ 的。照我的意見，這裏 C 部當中 $-ən$ 的韻素是原本的，主要的，而一切的 $-ĕn$ 和 $-en$ 是附屬的，這並不能有些許可疑的地方。所以 C 部的第五行是上古音的 $tiən$ 等，第六行是上古音的 $t'iwən$ 等；但是 $-iən$ 在舌根之後以及雙唇音之後而具有「合口音」的，保存到了切韻時代：第二行 $g'iən$，第四行 $kiuən$, $piuən$，可是在舌前音和舌尖音之後以及雙唇音之後而具有「開口音」的，$-ən$ 變成了 > $-ĕn$：第五行上古音 $tiən$ > 古音 $tśiĕn$，第六行上古音 $t'iwən$ > 古音 $tś'iuĕn$。這是解釋上面第四頁（原文第 2 頁）上所列的空缺啊！在切韻裏只有 $kiən$, $kiuən$ 和 $piuən$ 的幾類，而沒有 $tiən$, $tiuən$, $tsiən$, $tsiuən$ 等的幾類——因為後者存在

於中國上古音裏的，轉變爲 tsi̯ən, tsi̯uən, tsi̯ɛn, tsi̯uɛn，因之和 B 部原來的（上古音的）i̯ən, i̯uən（第三行和第四行）相混同了。C 部第七行正和這個相符合的，就容易來解釋了：正如第五行裏上古音的 si̯ən（具有短的 i 音）變成了古音的si̯ɛn（在舌尖音之後的），同樣上古音的「先」si̯ən（具有長的 i 音）變爲古音 sien（同樣在舌尖音之後的）。

抵觸了這種一般的說法的，似乎有個很大的疑難：就是我所列入第十行的語詞：「巾」古音 ki̯ɛn 等。假使一個上古音的 ki̯ən 保存了牠的 ə（在舌根音之後的）：第二行 g'i̯ən 等，那末，我們怎樣能夠解釋同是這個韻部裏的第十行的 ki̯ɛn 等具有舌根音之後的 ɛ 呢？對於這個疑難的解答，我們討論了 C 部第八，第九，第十一和第十二行之後就立刻會得到的。

在第八和第九行的 -an 不能認爲是原有的，因爲那樣，這些行裏的語詞就要押韻於上面的 A 部了。牠們上古音的音值是什麼，這是不難發見的。在我的詩經研究裏（157 和 160 頁），我曾經表示過，「革」上古音 kɛk（具有一個開，短而輕鬆的 ä 音：ɛ）和「戒」kɛg（＞古音 kɑi）押韻於 ək, -əg。所以 ɛ 和 ə 在詩經押韻上照常規是併合的。我斷定了在我們

的 C 部當中，古音的 -ɑn, -wɑn（第八，第九行）是從上古音的 -ɛn, -wɛn 轉變而來的：第八行 kɛn, 第九行 kwɛn。

其次我們再來看第十一行和第十二行。關於這一點，我能夠在這裏改進我所擬構的古音系統（切韻）覺得很愉快。第十一行在切韻裏是牠自己的一韻（內府藏唐寫本切韻和廣韻平聲裏的第十九部），我對牠竟未能給以獨立的收音；對於第十二行我也曾經給以一種很不滿意的構擬：我給牠和第六行的分別，只是應用「合口」w 裏的差異：第六行 -i̯uĕn: 第十二行 -i̯wĕn。實在這是很不自然而可疑惑的，先時我自己也曾經說過，須要尋求一個新的解決（詩經研究 126 頁）。我們的詩經韻系統幫助我們解決這個疑難。第十一行和第十二行是 i 音的相配於第八行和第九行的 -ɛn, wɛn: 第十一行 tsi̯ɛn, 第十二行 ji̯wɛn（上古音 gi̯wɛn）。上面第七頁（原文第 3 頁）這個表裏我已經填進了這些音值是因為預先作了這個討論的。

我們現在可以回頭來講那神祕難明的第十行的「巾」古音 ki̯ɛn 了。這個就用第十一行和第十二行的系統來解釋。假使我們把後二者合起來看，我們有了 tsi̯ɛn 和 mi̯ɛn, 我們又有了 gi̯wɛn, 可是我們並沒有 ki̯ɛn 的形式，就是在舌根音

和喉音（牠們是中國語上最常見的起音）之後的「開口」收音遺失着。這是顯然的，在第十行的「巾」「殷」古音 $ki̯ĕn$, $i̯ĕn$ 詩韻不列於 B 部（上古音 $-nə̆i̯$, $-i̯en$）而列於 C 部（牠們所具有的上古音，共總是 $-ne$, $-nei̯$, $-nem$, $i̯wem$, $-i̯et$, $tṣ/i̯en$, $-i̯wen$）的，我們正有個遺失的上古音 $ki̯en$ 一類。這樣我們就得着一個解釋，一方面牠們之所以列入於這個 C 韻部裏（和詩經的 $εk$: $ək$, $εg$: $əg$ 各部對照）另一方面牠們之所以演進到了中國古音：

上古音 $k/i̯en$ > 古音 $ki̯ĕn$;

上古音 $tṣ/i̯en$ > 古音 $tṣi̯ĕn$;

上古音 $k/i̯wen$ > 古音 $ki̯wen$。

我們或許可以期望，在「合口」當中，正如「開口」裏一樣，在舌根音之後的，$-i̯wen$ 也要變成 $-i̯wĕn$。不錯，在這個方向上確是有一種很強的趨勢。「囷」這個語詞在廣韻裏有 $g'i̯wen$ 和 $ki̯wĕn$（是眞韻，不是諄 $i̯uĕn$ 韻!）兩種讀法，「麕」這個語詞是讀爲 $ki̯wĕn$（不是 $i̯uĕn!$）。

對於我們這種說法，更有一個很強力的證據，第十行(「巾」等) 的古音 $-i̯ĕn$ 和 B 部的 $-i̯ə̆i̯$（「因」類）在上古音裏有個不同的來源，牠和上古音的 $-nei̯$（「斤」類）C 部第三行，

比之魠和「因」類（B 部第三行）實在更爲接近。日本的吳音是我們現今所能詳細認識的一種最古的方言，當中，「因」類（B 部第三行），上古音 -iən, 是譯爲 -in;「斤」類，「隱」（C 部第三行），上古音 -i̯ən, 照常規是譯爲 -on; 現在，C 部第十行的「巾」「殷」「慇」這些語詞在吳音裏並不是譯爲 kin, in, in, 而是譯爲 kon, on, on。顯然，在吳音所根據的方言當中，這些語詞裏的上古音 ki̯ɛn, ·iɛn, ·iɛn, 已經變爲 ki̯ən, ·iən ·iən, 因此合於 C 部第三行的一類（「斤」ki̯ən,「隱」·i̯ən），並不像切韻裏的那樣變爲 ki̯ěn, ·iěn（合於 B 部第三行的一類,「因」·i̯ěn）了。

我們現在可以填進我們的 B 表和 C 表上古音的音值：

B.　上古音　　古音　　　　　　上古音　　古音
　1.　 ien　＞ ien;　　　2.　 iwen　＞ iwen;
　3.　 i̯ěn　＞ i̯ěn;　　　4.　 i̯wěn　＞ i̯uěn。

C.　上古音　　古音　　　　　　上古音　　古音
　1.　 ən　＞ ən;　　　　2.　 wən　＞ uən;
　3.　 k/i̯ən ＞ k/i̯ən;　4.　 k/i̯wən ＞ k/i̯uən;
　5.　 t̂/i̯ən ＞ tś/i̯ěn;　6.　 t̂/i̯wən ＞ tś/i̯uěn;
　7.　 iən　＞ ien;

8. $\varepsilon n > an;$ 9. $w\varepsilon n > wan;$
10. $k/i\varepsilon n > k/i\check{e}n;$
11. $t\underline{s}/i\varepsilon n > t\underline{s}/i\check{e}n;$ 12. $iw\varepsilon n > iw\varepsilon n$ 。

上面所研究 A, B 和 C 這三個韻部，和牠們相配的有 D, E 和 F 收尾於 -t 和 -d 的三部。把牠們拿來討論以前，我願意要舉出預先須注意的一點。 在我的中國語分析字典 (1923 年)裏，我曾經指出許多「諧聲」的事例，如「割」古音 $kât:$「害」$\gamma\hat{a}i\grave{}$,「列」$li\ddot{a}t:$「例」$li\ddot{a}i\grave{}$, 顯示着 $\hat{a}i\grave{}, i\ddot{a}i\grave{}$ 當中在切韻時代以前一個上古音的收尾舌尖音失去了，或者更因元音化而變成 -i 的音了；叉在這些事例當中，照常規旣然具有一種「降音調」，所以我斷定那種舌尖音，我所認爲是 -d 的 ($\gamma\hat{a}d, li\ddot{a}d$ 顯然區別於 $k\hat{a}t, li\ddot{a}t$)，牠的喪失就產生了這種降音調。我在某些較後的論文當中，修改了我的學說，而謂上古音的收尾舌尖音在 $\gamma\hat{a}i$ 和 $li\ddot{a}i$ 裏的，也同樣是個 -t, 而那種降音調也是原來具有的，就注定了這種演化：「割」$k\hat{a}t\bar{\,}$,「列」$li\ddot{a}t\bar{\,}$ 還保存了牠們的 -t, 可是「害」$\gamma\hat{a}t\grave{}$ 和「例」$li\ddot{a}t\grave{}$ 因具有降音調而把 -t 元音化了（同樣, 「白」$b'\!\!\:vk > b'\!\!\:vk;$「怕」$p'\!\!\:vk > p'a\grave{}$）。這種修正的學說有很大的便利（見詩經研究 119 頁）；可是這裏我忽然要轉向過

來，回到我在分析字典當中所草定的原來的說法。我所以要如此的理由，將在下文第五四頁(原文第 23 頁)裏說明。

我們現在回頭來說 -t, -d 的相配於 A, B 和 C 三部。當中的二部 (-at 的一類和 -ət 的一類)段玉裁曾經誤混為一：他的第十五部(入聲部分)。這是在他另外精美的詩韻論裏的一個弱點。關於這一點，王念孫比段氏高明；他很清楚的析為三部。

D. 王氏的第十四部等於段氏第十五部的入聲部分。主要的語詞是：

1. 葛曷渴褐怛達闥。 2. 帶大害艾藹拔肺茷。
3. 括佸活闊濊掇奪撮捋茇撥秣。 4. 外嘳祋兌脫翽。
5. 殺。 6. 蠆。 7. 八。 8. 噲敗邁。
9. 桀揭愒孽吞烈滅。 10. 厲栵逝晢世泄愒。
11. 說懱絕威。 12. 帨說衞歲蹶。 13. 截。 14. 蠨。
15. 墍。 16. 療。 17. 刮。 18. 拜。 19. 揭竭偈。
20. 刈。 21. 蕨闕月越鉞發伐髮。 22. 吠喙。

    1. 具有古音的 -ât: kât 等；

    2. 具有古音的 -âi`: tâi 等；

    3. 具有古音的 -uât: kuât 等；

4. 具有古音的 -uâi`: nguâi 等;
5. 具有古音的 -at: sat,
6. 具有古音的 -ai`: t'ai;
7. 具有古音的 -wat: pwat;
8. 具有古音的 -wai`: k'wai 等;
9. 具有古音的 -i̯ät: g'i̯ät 等;
10. 具有古音的 -i̯äi`: li̯äi 等;
11. 具有古音的 -i̯wät: i̯wät 等;
12. 具有古音的 -i̯wäi`: si̯wäi 等;
13. 具有古音的 -iet: dz'iet;
14. 具有古音的 -iei`: tiei;
15. 具有古音的 -ɑt: kɑt;
16. 具有古音的 -ɑi`: tṣɑi;
17. 具有古音的 -wɑt: kwɑt;
18. 具有古音的 -wɑi`: pwɑi;
19. 具有古音的 -i̯ɒt: ki̯ɒt 等;
20. 具有古音的 -i̯ɒi: ngi̯ɒi;
21. 具有古音的 -i̯wɒt: ki̯wɒt 等;
22. 具有古音的 -i̯wɒi`: b'i̯wɒi。

開始就見到單數行和雙數行之間一種嚴格的對照。前者的收音 -t 相配於後者的收音 -i。這個 -i 乃是遺失了的 -d 的痕跡，-d 音失落而使成為降音調(去聲):「葛」kât 保存了牠的 -t, 可是「帶」tâd 已經變為 > tâi` 了。

更進，這個韻部的全體又是和上面 A 部裏的 -n 一類正確的相配。於是我們求得下列的上古音音值:

                    D 部   A 部

1. ât,   2. âd;   3. wât,   4. wâd;   ân; wân;

5. at,   6. ad;   7. wat,   8. wad;   an; wan;

9. i̯at, 10. i̯ad; 11. i̯wat, 12. i̯wad;   i̯an; i̯wan;

13. iat, 14. iad;   ○   ○   ian; (iwan);

15. ăt, 16. ăd; 17. wăt, 18. wăd;   ăn; wăn;

19. i̯ăt, 20. i̯ăd; 21. i̯wăt, 22. i̯wăd;   i̯ăn; i̯wăn。

現在我們可以論到 E 部了，乃是 -t 和 -d 的音相配於 B 部的。主要的語詞是:

  1. 結袺襭噎蚉垤胅節。 2. 嚏疐。 3. 血穴。

  4. 吉一逸室實窒秩挃櫛瑟日漆七疾栗慄匹韠駜密。

  5. 至。 6. 恤。

1. 具有古音的 -iet: kiet 等；
2. 具有古音的 -iei`: tiei 等；
3. 具有古音的 -iwet: xiwet 等；
4. 具有古音的 -i̯ĕt: ki̯ĕt 等；
5. 具有古音的 -i`: tsi;
6. 具有古音的 -i̯uĕt: si̯uĕt。

這裏又是第一行和第二行，第四行和第五行各具有相同的上古音收音，只因 -t: -d 的相異而分別罷了，後者又因元音化變爲 -i 而成降音調。因此我們求得下列的上古音音值：

	E 部		B 部
1.	iet,	2. ied;	ien
3.	iwet;		iwen
4.	i̯ĕt,	5. i̯ĕd;	i̯ĕn
6.	i̯wĕt。		i̯wĕn。

稍爲複雜一點的乃是 F 部，是 -t 和 -d 的音相配於 C 部的。主要的語詞是：

1. ○ 2. 溉愛優。 3. 卒沒。 4. 對懟退潰薈妹內。
5. 仡。 6. 氣墍。 7. 鬱弗茀拂。 8. 貴謂渭蔚味。

9. 颾。10. 利浺肆四駟伙比紕寐畀。
11. 出卒述歇率律。 12. 類遂檖稼醉萃誶瘁穗。
13. 挈。 14. 戾棣涕。 15. 闋。 16. 惠嘒。 17. 戛。
18. 屆。 19. 滑。 20. 簀。 21. 曁。 22. 棄器。
23. 橘。 24. 匱季悸位。

    1. 沒有代表的字體；

    2. 具有古音的 -âi`: kâi 等；

    3. 具有古音的 -uət: tsuət 等；

    4. 具有古音的 -uâi`: tuâi 等；

    5. 具有古音的 -i̯ĕt: ngi̯ĕt;

    6. 具有古音的 -jĕi`: k'jĕi 等；

    7. 具有古音的 -i̯uət; ·i̯uət 等；

    8. 具有古音的 jwĕi`: kjwĕi 等；

    9. 具有古音的 -i̯ĕt: li̯ĕt;

    10. 具有古音的 -i`: lji 等；

    11. 具有古音的 -i̯uĕt: tśi̯uĕt 等；

    12. 具有古音的 -wi`: ljwi 等；

    13. 具有古音的 -iet: p'iet:

    14. 具有古音的 -iei`; liei 等；

15. 具有古音的 -iwet: k'iwet;

16. 具有古音的 -iwei`: γiwei 等;

17. 具有古音的 -ɑt: kɑt;

18. 具有古音的 -ɑi`: kɑi;

19. 具有古音的 -wɑt: γwɑt;

20. 具有古音的 -wɑi`: k'wɑi;

21. 具有古音的 -i̯ĕt: ki̯ĕt (姓族名);

22. 具有古音的 -i`: k'ji 等;

23. 具有古音的 -i̯wĕt: ki̯wĕt;

24. 具有古音的 -wi`: kjwi 等。

這裏，又是像 D 部和 E 部裏的，雙數行具有和單數行相同的上古音收音，只是前者的 -d 和後者的 -t 不同罷了。-d 音已經變成 -i 而產生降音調了。-əx 的音在 -t 組裏並無代表的字體，只是在 -d 組裏有的。第二行 kəd 變成了 > kâi` (參照 -g 部，其中的「來」上古音 ləg 變成了 > 古音 lâi, 見詩經研究 124 頁)。依同樣的方式，第三行 -uət (-wət) 還保存着，可是第四行 -bəd (-wəd) 已經變爲 uâi` 了。這種情形可以用「悴」這個字體來巧妙的證明，牠兼具有古音 t'uət 和 t'uâi` 兩種讀法 (上古音 t'wət 和 t'wəd)。

更進，第六行 -i̯ĕi` 是 -d 音的相配於第五行 -i̯ət，又 -i̯wĕi`
的相配於 -i̯uət 有許多兩讀和「諧聲」的字體來證明，例如
「气」的兩讀 k'i̯ət 和 k'i̯ĕi`（上古音 k'i̯ət 和 k'i̯əd）；「蔚」的
兩讀 ˙i̯uət 和 ˙i̯wĕi`（上古音 ˙i̯wət 和 ˙i̯wəd）；「沸」的兩讀
pi̯uət 和 pi̯wĕi`（上古音 pi̯wət 和 pi̯wəd）；「弗」pi̯uət 諧聲於
「怫」pi̯wĕi`（上古音 pi̯wət 諧聲於 pi̯wəd）等。

在這一類裏，正如 C 部裏的一樣，上古音的 -i̯ət 依據於
在牠前面的是個舌根音和雙脣音或者是個舌尖音和舌前音而
具有一種不同的演化。正如上古音 k/nei > 古音 k/nei，而上
古音 t/nei > 古音 tśi̯ĕn（參看上面 C 部），同樣的方式，第
五行上古音 k/i̯ət > 古音 k/i̯ət，而第九行上古音 t/i̯ət > 古音
tśi̯ĕt；又依同樣的方式，第六行上古音 k/i̯əd > 古音 k/i̯ĕi` 而
第十行上古音 t/i̯əd > 古音 tś/i`。「合口」語詞的情形也恰是
一樣：第七行上古音 k/i̯wət > 古音 k/i̯uət，而第十一行上
古音 t/i̯wət > 古音 tś/i̯uĕt；又第八行上古音 k/i̯wəd > 古音
k/i̯wĕi`，而第十二行上古音 t/i̯wəd > 古音 tś/wi`。

我們再可以接下去：具有長 i 的，正如上古音 -i̯ən > 古音
-i̯en，同樣，這裏第十三行上古音 -i̯ət > 古音 -i̯et 和第十四行

上古音 -iəd > 古音 -iei`; 第十五行上古音 -iwɛt > 古音 -iwet 和第十六行上古音 -iwəd > 古音 -iwei`。

最後，正如上古音 -ɛn > 古音 -ɑn，同樣第十七行上古音 -ɛt > 古音 -ɑt 和第十八行上古音 -ɛd > 古音 -ɑi`; 第十九行上古音 -wɛt > -wɑt，和第二十行上古音 -wɛd > -wɑi`。又相配於上古音 -iɛn,-iwɛn 的，我們這裏有了第二十一行上古音 $k/i\varepsilon t$ > 古音 $k/i\check{e}t$ 和第二十二行上古音 $k/i\varepsilon d$ > 古音 k/ji`; 第二十三行上古音 $k/iw\varepsilon t$ > 古音 $k/i\u{u}\check{e}t$，和第二十四行上古音 $k/iw\varepsilon d$ > 古音 $k/jwi$`。

我們可以把這一切總述在下表當中：

F 部		C 部	
上古音	古音	上古音	古音
1. (ət)	1. (ət)	ən	ən
2. əd	2. âi`		
3. wət	3. uət	wən	uən
4. wəd	4. uâi`		
5. $k/i\text{ət}$	5. $k/i\text{ət}$	$k/i\text{ən}$	$k/i\text{ən}$
6. $k/i\text{əd}$	6. $k/j\text{ei}$`		
7. $k/iw\text{ət}$	7. $k/iu\text{ət}$	$k/iw\text{ən}$	$k/iu\text{ən}$

漢語詞類

F 部		C 部	
上古音	古音	上古音	古音
8. k/i̯wəd	8. k/jwẹi̯ˋ		
9. t̂/i̯ət	9. tś/i̯ět	t̂/i̯ən	tś/i̯ěn
10. t̂/i̯əd	10. tś/iˋ		
11. t̂/i̯wət	11. tś/i̯uět	t̂/i̯wən	tś/i̯uěn
12. t̂/i̯wəd	12. tś/wiˋ		
13. i̯ət	13. i̯et	i̯ən	i̯en
14. i̯əd	14. i̯eiˋ		
15. iwət	15. iwet	○	○
16. iwəd	16. iweiˋ		
17. εt	17. ɑt	εn	ɑn
18. εd	18. ɑiˋ		
19. wεt	19. wɑt	wεn	wɑn
20. wεd	20. wɑiˋ		
21. i̯εt	21. i̯ět	i̯εn	i̯εn, i̯ěn
22. i̯εd	22. iˋ		
23. i̯wεt	23. i̯uět	i̯wεn	i̯wεn, i̯wěn
24. i̯wεd	24. wiˋ		

漢　語　詞　類

在最後的這一部，F, 當中，我們有了大多數具有古音收尾 -ɡi 和 -i 的語詞，我又曾經表示過，這些收尾音是一個上古音 -d 的遺跡。可是，同樣的這種收尾音，-ɡi 和 -i, 仍又見於詩經的別一個大韻部中，牠也必需要拿來考察的：G 部，見王念孫的第十三部，等於段玉裁第十五部（只是這後者一半）。主要的語詞是：

1. 哀。 2. 回鬼潰推頹摧罪雷壘枚。

3. 幾譏豈頎睎衣依。 4. 歸遠煇韋圍韡畏威飛菲腓騑霏微薇尾。

5. 脂指旨坻耆底邸祇鴟砥犀遲師尸屎矢視夷羕棟訨資茨咨姊泚玭秭私死兕履毗朏匕妣悲美眉湄糜鬝。

6. 追水維唯騅惟崔綏纍蘲。

7. 氐弟涕體妻婁棲淒齊薺穧蠐躋隮懠濟泲犀禰瀰醴體黎泥迷。 8. 皆偕階喈湝。 9. 懷壞。 10. 几飢祁伊。

11. 葵睽遺。 12. 邇瀰。 13. 譏萎。

　　1. 具有古音的 -âi: -âi;

　　2. 具有古音的 -uâi: ɣuâi 等;

　　3. 具有古音的 -ɡi: kjɡi 等;

4. 具有古音的 *-wei: kjwei* 等;
5. 具有古音的 *-i: tsi* 等;
6. 具有古音的 *-wi: îwi* 等;
7. 具有古音的 *-iei: tiei* 等;
8. 具有古音的 *-ai: kai* 等;
9. 具有古音的 *-wai: γwai* 等;
10. 具有古音的 *-i: kji* 等;
11. 具有古音的 *-wi: gʻjwi* 等;
12. 具有古音的 *-ie: ńzie* 等;
13. 具有古音的 *-wie: xjwie* 等。

這個韻部的解釋或許似乎是很簡單的：一切的語詞差不多都是以 *-i* 音收尾的，而因此押韻，又因為那種事實，我們就可以推想牠是代表原來具有上古音收尾 *-i* 的語詞了。但是，事實上的問題乃是極其複雜的，需要廣大的探究。

我上面討論 C 部時曾經把幾種奇怪的押韻故意遺留着，其中如古音的 *ən* 和 *-iei* 押韻，例如「晨」:「煇」:「旂」: 古音 *tśiĕn* (＞上古音 *ðiən*): *xjwei: gʻjei* (庭燎詩);「芹」:「旂」古音 *gʻiən: gʻjei* (采菽詩)。這些事例是比較有趣的，因為「煇」 *xjwei* 以「軍」古音 *kiuən* (具有 *-n* 的) 為音符，又「旂」

以「斤」$ki̯ən$ 為音符。牠們自然使我們記起關於別種元音的事例，其中也是具有 $-n$ 的語詞和收尾於元音的語詞有押韻和諧聲的關係，例如「儺」古音 $nâ$ 以「難」$nân$ 為音符；「皤」$b'uâ$ 以「番」$b'i̯wɑn$ 為音符而和「翰」$\gamma ân$ 押韻（易經第二十二卦）；「𧥾」$d'âi$ 以「單」$tân$ 為音符，而和「旰」押韻（左傳宣二年）。在一切這些事例上很自然的要想到鼻音化的現象，如同某個 $ân$ 變成了 $-a^n > -â$，某個 $-i̯ən$ 變成了 $i̯ə^n > i̯e^n > i̯ei$。我在本報第一卷 182 頁裏曾經提出過這種說法，又林語堂教授在他的語言學論叢 82 頁以下，也是同樣的計議。

這種說法要提示「儺」原來是 $*nân$，「皤」$*b'wân$，「𧥾」$*d'ân$，又「旂」原來也是 $*g'i̯ən$，牠們因為鼻音化而分別變成古音的 $nâ, b'uâ, d'â$ 和 $g'i̯ei$。但是，果真如此，我們便須解答這個疑問：這種鼻音化曾經怎樣的進行呢？假使「單」是上古音的 $tân$ 而恆常保持了牠的 $-n$（古音 $tân$，北京音 tan），那末，「𧥾」假使是上古音的 $*d'ân$，怎樣會把牠的 $-n$ 消除了而變為古音的 $d'â$（北京音 $t'o$）呢？牠們怎樣會有不同的發展呢？依同樣的方式，假使「旂」和「芹」都是上古音的 $g'i̯ən$，怎樣前者會變成古音 $g'i̯ei$（北京音 $k'i$）而後者

變成古音的 $g'iən$（北京音 $k'in$）呢？在「同一界線的語言範圍以內」，沒有這種可能的。如果是如此，那必定是由於「方言混合」的一種結果。詩經和「諧聲」字體的語言，就是高等中國語 (High Chinese)，在這種主要的語言界線當中，-n 被保持而流傳到了切韻時代，可是在某種或某幾種居於高等中國語的側面的（和牠並行的）方言當中，-n 却受鼻音化了：所謂從這種不正軌的方言當中，像「鼉」$d'â$，「旂」$g'jěi$ 的幾個形式透入了高等中國語裏，於是把這些語詞正常的形式 $*d'ân$, $*g'iən$「排除」而替代牠們了。所以，在中國古音裏（切韻）我們得到了「鼉」$d'â$（方言的借貸語詞）可是又有「單」$tân$（正常的形式），得到了「旂」$g'jěi$（方言的形式）可是又有「芹」$g'iən$（正常的形式）。

對於這樣的一種解釋，在原則上便沒有反對的餘地。我們在別些語言當中可以見到許多類似的現象。例如，在法語裏我們有了 "*cage*," "*canevas*," "*caillou*" 這些語詞。牠們在高等法語當中，依據那種語言正常的語音法則，應該適當的讀爲 "*chage*," "*chanevas*," "*chaillou*," 這種具有 "*ch-*" 的形式也確實存在於早先的時候，可是，在高等法語裏，被 "*cage*," "*canevas*," "*caillou*" 這些方言的形式（畢伽的

Picardie, 諾曼底 *Normandie*)「排除」了。又，在高等瑞典語裏，"*spår (spōr),*" "*lēn,*" "*stråk (strōk),*" "*påse (pose)*" 這些語詞照常規應該是 "*spòrr,*" "*lĕnn,*" "*strökk,*" "*pòsse*" (參照 "*bòrr,*" "*tĕnn,*" "*lòkk,*" "*mòsse*")，可是牠們得到了長元音，因爲牠們是從別種方言上借貸而來的形式，並非高等瑞典語所正常依據的。北京語中在某些特有的事例上也可以見到同樣的現象。「孕」和「貞」照常規應該爲北京音 "*ying*" 和 "*cheng,*" 可是牠們因受某種方言裏 *-ng* > *-n* 的影響讀爲 "*yün*" 和 "*chen*" 了。又某些上古音的語詞同樣轉進於牠們所不應隸屬的中國古音的韻部裏：「生」上古音 *sĕng* 應該爲古音的 *sɛng*（廣韻第十三韻），可是實際上却是古音的 *sɐng*（廣韻第十二韻）；「川」上古音 *t'i̯wen*（上面的 C 部）應該爲古音的 *ts'i̯uĕn*（廣韻第十八韻），可是實際上却是古音的 *tsʻiwän*（廣韻二卷第二韻）。這裏常爲一種特有的不依常規的問題。

實在，我在過去一個長久的期間，也設想這種解決是不錯的。可是我研究了這個問題愈長久，愈要相信這種解決必定是錯的。西門氏（W. Simon）所發表過的。（上古中國語收尾輔音的擬測 Zur Rekonstruktion der altchinesischen

Endkonsonanten II, 8 頁），我雖然並不和牠相同，可是漸漸發生了和牠接近的一種意見。

這裏必須把上古音押韻，諧聲字體及假借當中 -n 的收尾音和元音的收尾音彼此轉換的許多重要的事例，統統拿來作一個總檢查。我把表上所列的限定於先漢或漢代的事例；出於切韻和集韻的晚後例子，所關的語詞沒有六朝以前的證據，自然不足以用來證明上古音。這個總檢查當中所註明的音讀都是用中國古音的。

1. 儺 2. 左 3. 難 4. 癉 5. 齹 6. 黿 7. 疼 8. 嘽 9. 檀 10. 揣 11. 團 12. 搏 13. 瑞 14. 惴 15. 溫 16. 戰 17. 縵 18. 湍 19. 稬 20. 端 21. 挈 22. 嬰 23. 嬰姍 24. 婆娑 25. 裸 26. 灌 27. 果 28. 番 29. 嘽翰憲 30. 嶓 31. 翰 32. 睅 33. 磻 34. 磋 35. 播 36. 盤 37. 觀 38. 浣 39. 珍 40. 烜 41. 爒 42. 火 43. 觶 44. 舩 45. 戁 46. 敦 47. 遺攜 48. 錞 49. 羣 50. 憝 51. 懣悶 52. 焞 53. 雷威 54. 賁 55. 變 56. 辰 57. 屯 58. 自堆 59. 釁揮 60. 樺 61. 煇輝暉 62. 晨 63. 暉 64.

暈 65.韗 66.鬼 67.萎 68.菩 69.威
70.歸 71.山 72.偕 73.邇 74.近 75.微
76.遠 77.祈 78.蘄 79.靳 80.旂 81.芹
82.頎 83.衣妻私 84.懇 85.至 86.圻 87.
畿 88.垠 89.沂 90.衣 91.冠 92.殷 93.
匪 94.分 95.洗 96.西 97.栖棲 98.茜
99.哂 100.西施 101.先施 102.棲跧 103.
殷辰 104.巡 105.戰巔民門安眠開 106.洒
107.矧 108.汎 109.犀 110.寅 111.牝
112.死 113.伊 114.堊 115.祇 116.振
117.震 118.楮 119.禮 120.選 121.兕
122.先邊 123.泄 124.瀰 125.鮮 126.水
127.弟 128.準 129.悲 130.門。

I. 已經說過的 1.*nâ*, 在詩（竹竿）裏是和 2.*tsâ* 押韻的，可是又以 *nân* 爲音符。

II. *nâ* 這個語詞（廣大也）或（詩，隰桑）寫作（假借）3.*nân*。

III. 4.這個語詞，廣韻有 *tân* 和 *tâ* 的兩讀；以 *tân* 爲音符。詩板押韻作 *tân*。

IV. 已經說過的 5. d‘â (切韻，非廣韻，有一種 d‘ân 的異讀) 以 tân 爲音符而和 6. ngiwɒn 押韻 (禮記月令)。

V. 7. 切韻音 t‘â 和 t‘ân (唐韻也音 tâ, 切韻裏無此音)；以 tâ 爲音符；說文引詩 四牡作 7.；毛本作 8. t‘ân。

VI. 9. tuâ 說文：「箠也」(一種馬鞭)，以 tuân 爲音符。此字無先漢文書上的例子。

VII. 10. 古音 ts‘wie̯ (揣量)，以 tuân 爲音符。前漢書上所載賈誼 (約西元前 168 年) 作的賦 (四十八卷三頁)，此字假借用來代表 11. d‘uân。郭璞注方言讀作 zi̯wän。

VIII. 13. zwie̯, 以 tuân 爲音符。

IX. 14. tswie̯ 以 tuân 爲音符，和 15. ·uən 及 16. tsi̯än (詩，小宛)，又和 17. muân (莊子，齊物論) 押韻。孟子二(Legge 氏本 187 頁) 丁氏以 18. 讀爲 tsi̯wän 來替代 14.

X. 19. 玉篇音 tuân 和 tuâ, 以 tuân 爲音符；說文謂：『讀若 20. (tuân)』。

XI. 21. b'uân 和 b'uâ，以 puân 爲音符。

XII. 22. b'uân 和 b'uâ; 用在 24. b'uân-sân 這個雙音綴的語詞當中（司馬相如 子虛賦，文選卷七，十四頁；李善注讀爲 b'uân），可是這個顯然和詩裏（東門之枌）的 24 b'uâ-ṣa（爾雅裏也如此）是同一的語詞。

XIII. 25. kuân (灌奠)。古代注釋家（毛亨，許慎，鄭衆，鄭玄）都訓作 26. kuân (灌奠)，牠在語原學上必定和這個有親屬關係的；可是，牠又以 27. kuâ 作爲音符。

XIV. 28. b'i̯wᴅn (足跡)，p'i̯wᴅn (次數)，b'uân, p'uân, b'uâ 各異的地名，puâ (勇敢)。詩（崧高）裏，牠和 29. tân, γân xi̯ᴅn 押韻。

XV. 30. b'uâ, puâ。易經（第二十二卦）裏，牠和 31. γân 押韻，左傳（宣二年）裏，又和 32. γân 押韻。

XVI. 33. b'uân 一個地名，puâ (用作箭鏃的石頭)，參照 34. puâ。

XVII. 35. puâ; 管子（弟子職，第五十九節）裏和

36. $b'uân$ 押韻（今本已誤，增衍一文，致破壞韻律，必須刪除）。

XVIII. 37. $luâ$ 以 $luân$ 爲音符。

XIX. 38. $muâi$ 以 $miăn$ 爲音符，詩（新臺）裏和

39. 上古音 $d'iən$ 押韻；可是唐朝的一個注釋家丁公著對於孟子二裏的（Legge 氏本 207 頁）也給以 $muân$ 的一種讀法（見孫奭音義中），又郭璞（約西元後 324 年）注方言（三卷四頁）也已經給以此讀。

XX. 40. $xiwɒn$（暴乾），易經（說卦）；$xjwie$（火），周禮（司烜氏），廣韻和經典釋文如此讀。牠們都是根據於鄭玄的，他說這個讀如 41.（齊語用來代表 42. 的語詞）。

XXI. 43. $tsię$（廣韻，玉篇，禮記 檀弓 經典釋文及經典釋文引字林）。以 tan 爲音符。說文或讀爲 41，乃是以 $ziĕn$ 爲音符的。

XXII. 45. $niei$，以 $nân$ 爲音符。

XXIII. 46. 通常有各種的異讀異義（許多的是假借）：

tuən, tśiuěn, t'uən, d'uən, d'uân, tuâi。詩（北門）裏，牠和 47. *jwi, tsʻuâi*; 於是毛亨讀爲 *tuən*，鄭玄讀爲 *tuai*。

XXIV. 48. *źiuěn*（上古音 *diwən*），*tuən*（一種鐘類之樂器）; *d'uâi*（鎗的根端）。詩（小戎）裏牠以 *d'uâi* 的音和 49. *g'iuən* 押韻。

XXV. 50. *d'uâi* 以 46. *tuən* 爲音符。宋玉風賦（文選卷十三，二頁）裏，用在一個複音語詞 51. *d'uai-γuən* 當中，這個複音語詞雖然在註釋裏讀爲 *d'uâi* 的音，我想應該讀爲 *d'uən-γuən*（依於無數的這種複音語詞的形式）。

XXVI. 52. *t'uən* 和 *t'uai*。詩（采芭）裏和 53. *luâi, ·jwęi* 押韻。

XXVII. 54. 具有許多古音的讀法: *pjię, b'jwęi, b'iuən, piuən, b'uən*。對於易經（第二十二卦）的 *pjie*，鄭玄謂:『義同 55. *piän*』（見於經典釋文），這個顯然是一個音訓（以恰相同音的語詞來解釋意義的）。依 *puən* 的讀法牠在左傳（僖五年）裏和 56. *źiěn*（上古音 *dięn*）押韻。

XXVIII. 57. *ťįuěn* 在莊子（至樂，末段）裏，依假借用來代表 58. *tuâi*。

XXIX. 59. *xjwęi* 以 *kiuən* 爲音符。

XXX. 60. *γuən*（犂上曲木）；*xjwęi*（挂衣木釘）。

XXXI. 61. *xjwęi*（光輝）在詩（庭燎）裏和 62. *ťįěn* 押韻（Legge 氏譯作 "smoke," 讀爲 "*huǎn*," 就是古音的 *xįuən*; 又 Couvreur 氏譯作 "*fumée*" 而讀 *hiun*, 就是古音 *xįuən*; 他們都是依據於朱熹的，朱氏揑造了一個「詩」讀；毛亨說是義同 「光」 *kuang*, 表明這個語詞通常的音義的，陸德明注其下說：『讀如 63. *xjwęi*』。）廣韻和集韻所注明的別種音讀是 *xiuen*, *xįwɒn*, *γuen*, 可是關於牠們並沒有先漢的例子。不過在周禮（眡祲）裏，牠依假借用來代表 64. *jįuən*, 又在禮記（祭統）裏，用來代表 65. *jįuən*。

XXXII. 66. *nguâi* 和 67. ·*jwię* 在詩（谷風）裏和 ·*įwɒn* 押韻。

XXXIII. 關於 68. *kįwɛn*, 說文說：『讀若 69. *jwęi*』。

XXXIV. 70. $kjw\varrho i$ 在詩(東山)裏和 71. $\underline{san}$ 押韻(是段玉裁所不承認的，而王念孫江有誥和朱駿聲都承認如此)。

XXXV. 72. $k\varrho i$ 和 73. $\hbar zie$ 在詩(杕杜)裏都和 74. $g'i\partial n$ 押韻。

XXXVI. 75. $mjw\varrho i$ 在大戴禮(五帝德)裏和 76. $ji wun$ 押韻。

XXXVII. 77. $g'j\varrho i$ (祈禱) 以 $ki\partial n$ 爲音符。

XXXVIII. 78. (草名) 讀爲 $g'j\varrho i$ 和 $g'i\partial n$, 以 $ki\partial n$ 爲音符，一方面依假借用來代表 77. $g'j\varrho i$ (祈禱)(在銅器文上很通常的)另一方面在張衡西京賦(文選卷二，七頁)裏又用來代表 79. $ki\partial n$。

XXXIX. 80. $g'j\varrho i$ 以 $ki\partial n$ 爲音符，在詩(庭燎)和左傳(僖五年)裏，牠和 62. $zi\check{e}n$ 押韻，詩(采菽)裏又和 81. $g'i\partial n$ 押韻。

XL. 82. $g'j\varrho i$, 在詩(碩人)裏和 83. $\cdot j\varrho i$, $ts'iei$, si 押韻，以 $ki\partial n$ 爲音符，又在禮(檀弓)裏依假借或是用來代表 84. $k'\partial n$ (依陸德明說)或更是用來代表 74. $g'i\partial n$ (依朱駿聲說，乃是

根據於鄭玄的注，以爲『等於 85.』）又在周禮（考工記輈人）裏依假借用來代表「堅強」的一個語詞，鄭衆(西元前第一世紀)所讀爲 k'ən 的。

XLI. 86. g'i̯ei 和 87. g'i̯ei 同，也用來代表 88. ngi̯ən，又以 ki̯ən 爲音符。

XLII. 89. ngi̯ei 以 ki̯ən 爲音符，又依假借用來代表 88. ngi̯ən（前漢書 敍傳）。

XLIII. 90. ·i̯ei 在楚辭(卜居)裏和 91. kuân 押韻。

XLIV. 92. 上古音 ·i̯ɛn 鄭玄(禮記中庸注)說是齊人讀如 90. ·i̯ei。(參看林語堂語言學論叢)。

XLV. 93. pi̯wei 周禮(冢宰)裏依假借用來代表 94. pi̯uən——依照鄭玄所說已經是如此。

XLVI. 74. g'i̯ən 在禮記(祭法，Couvreur 氏本 259 頁）裏依假借用來代表 80. (77) g'i̯ei——依照鄭玄所說已經是如此。

XLVII. 95. sien 和 siei; 以 sien 爲音符。

XLVIII. 96. siei (鳥巢) 等於 97 siei。依假借用作「西」siei。但是牠又作音符於 98. ts'i̯en 和 99. si̯ɛn

當中。100.「西施」這個名字 枚乘的七發(文選卷三十四，五頁)裏寫作 101.「先施」，又唐時李善這個注釋家在這段文辭的注上引證戰國策(齊策四)，因以表示他的國策本子是有「先施」的。96. $siei$，一方面在詩(六月)裏和 102. $siei\ g'jwi$ 押韻，另一方面又和各種 $-n$ 音的語詞押韻：詩(桑柔)裏押 103. $\cdot i\varepsilon n, z_i\check{e}n;$ 禮記(祭義)裏押 104. $z_iw\check{e}n;$ 在易林(三：一，十一：五十四，十二：三十七，十二：五十一，十三：七，十三：三十四，二十七：十四，三十二：五十四，三十七：五十四，四十三：十二，五十一：八) 和一大批的 $-n$ 音的語詞押韻(105. $ts_i\ddot{a}n$ 等)。

XLIX. 106. ςai (灑撥), $siei$ (洗滌)。依後面這種讀法牠和上面的 95. ($siei, sien$) 是同一的。又這個字體依假借用來代表別些各種具有 $-n$ 音的語詞：$sien$ (敬肅)(禮記 玉藻), $sien$ 和 $siei$ (驚懼)(莊子 庚桑楚)。在詩(新台)裏的，陸德明讀爲 $ts'u\hat{a}i$，可是牠和 107. $d'ien$ 押韻。

$sąi$（灑撥）須要用來和 108. $si̯ěn$, $sien$（灑撥）相比。

L. 109. $siei$ 以 $si̯ěn$ 爲晉符。

LI. 110. 切韻 玉篇以及陸德明（尙書晉義一，三頁）都讀爲 ·$i̯ěn$。110. 並未曾見到用在押韻上，可是諧聲於各種以 -n 收尾的語詞當中。

LII. 111. $b'i̯ěn$ 和 $b'ji$（玉篇，廣韻，經典釋文）。牠在老子裏和 112. si 押韻。

LIII. 113. ·i 在東漢 熹平時的石經上洪範一篇裏依假借用來代表 114. ·$i̯ěn$。

LIV. 在禮記（內則，$Couvreur$ 氏本 666 頁）裏的 115. tsi 鄭玄給以 116. $tsi̯ěn$ 的異讀，又同是這個字體，在尙書（無逸，$Couvreur$ 氏本 291 頁）裏的，司馬遷（周公世家）又翻作 117. $tsi̯ěn$。

LV. 116.（異體 117.）$tsi̯ěn$ 在易經（第三十二卦）裏的說文引作 118. tsi。

LVI. 119. $liei$ 在禮記（禮運）裏和 120. $si̯wän$ 押韻。

LVII. 121. *siei* 在楚辭(招魂)裏和 122. *sien*, *γwan* 押韻。

LVIII. 123. *ts'i* 和 124. *mjie* 在詩(新台)裏和 125. *si̯ən* 押韻。

LIX. 126. *swi* 和 127. *d'iei* 在詩(泂水)裏和 128. *tsi̯uěn* 押韻。

LX. 129. *pjwi* 在易林(六十四：五)裏和 130. *muən* 押韻。

我們見到 -n 音的語詞收尾於元音的語詞彼此相接合的極其衆多，而方音上鼻音化的那種解釋也因此覺得有些可疑的了。可是我們如果把這些事例的幾個更細密的考察，便更要覺得可疑的了；那種學說實在是很難成立的。

第一點，我們必須追訴於「兩種」各異的鼻音化的現象：

(甲) 像 XXXIX. 「旂」 *g'jei* 具有「斤」 *ki̯ən* 的音符而和「晨」 *z̯i̯ěn* 上古音 *di̯ən* 押韻這樣的事例當中，我們便不得不要說古音 -i 的語詞「旂」 *g'jei* 原來是具有 -n 的：*g'i̯ən*，因此牠得到「斤」的音符而和 -n 的語詞 *di̯ən* 押韻。可是「在方言上」牠的演化是 *g'i̯ən > g'i̯ei̯ⁿ > g'jei*。換句話說，一種鼻音化在詩經語言中，在「諧聲」語言中以及較後高等中

國語的主要界線當中都所「未曾」存在的，却發生於方言當中，而從這種未曾知道的方言上透入了（由於某許多的借貸語詞）切韻語言裏。

（乙）另一方面，像 LVIII.「泚」$ts\lq i$ 和「鮮」$si̯ăn$ 押韻這樣的事例當中，我們便不得不要假定古音 $-n$ 的語詞 $si̯ăn$ 是在某種上古的方言上已經被鼻音化了：$si̯ăn > si̯a^n > si̯ăi$，因此可以——在一種具有方音色彩的詩篇當中——和 $-i$ 音的語詞「泚」$ts\lq i$ 押韻。換句話說，一種詩篇要對我們顯示着一種鼻音化，是在往後時期上並未曾留下何種遺跡的，在切韻的語言裏也未曾有反照出來的。

必需要有這兩種各異的鼻音化學說，這已經是很煩擾的了；我們更進一步又必須假定 $i̯ən > i̯ə^n > i̯ei$ 和 $ân > â^n > â$ 這種全部的轉變在方言上已經進行於詩經時代了。在某種方言中，「頎」還是具有牠的 $-n$ *$g\lq i̯ən$ 乃是「頎」：「芹」$g\lq i̯ən$（詩，采菽）這一類押韻所根據的，可是在別一種方言中，原來同音語詞的「頎」*$g\lq i̯ən$ 已經變成了 $g\lq i̯ei$，這又是「頎」：「衣」 $\cdot i̯ei$：「妻」$ts\lq iei$（詩，碩人）這一類押韻所根據的。同樣，「西」（XLVIII）在桑柔詩的方言裏曾經是 *$si̯ən$ 的音，可是在六月詩的方言裏又是 $siei$ 的音。「豔」在諧聲字體（以

「單」 *tân* 爲標音)和禮記月令裏「嘒」:「龜」 *ngiwən* 的押韻所根據的方言當中,是個 **dân* 的音,可是,「儺」在詩經時代竹竿詩的方言當中(和「左」 *tsâ* 押韻)又已經是 **na* 的音了。這種說法完全是極端不得成立的。

第三點,——是最壞的一點——我們很難設想一種方言上鼻音化的性質可以解釋上面所列 *-i: -n* 的接合。我們只可以妥切的假定「鮮」 *siän* 在方言上因爲要和「泚」 *tsʻi* 押韻變成了 $si̯ä^n > si̯äi$。但是對於「山」 *ṣan* (上古音 *săn*) 和「歸」 *kjwei* 的押韻,或「冠」 *kuân* 和「衣」 *ˑi̯ei* 的押韻,又怎麽辦呢?這裏我們便不能妥切的假定 $săn > *sai, kuân > *kuai$ 在方言上的轉變。卽或我們這樣的大膽,也便要歸引於不可能的結果了;因爲假使 *kuân* > 方言上的 **kuai* 是爲了和 *kjwei* (原來具有音的)押韻的,那末,「儺」爲了和「左」 *tsâ* 押韻,怎麽可以是 **nân* > 方言上的 **nâ* 而不是 *nâi* 呢?顯然這種說法完全是不可能的。

於是,我們只有廢棄鼻音化的學說以爲解釋共總這些 *-i: -n* 相接合的一種用途,而要搜尋別種方法了。

其次,我們也可以設想那種的可能,就是我們不必適用一種方言的現象,而「旂」只是一個眞正上古音的 *-n* 語詞(旣

然牠有了 *ki̯ən* 爲音符而和 -*n* 語詞押韻），不過在某方面和「近」*g'i̯ən* 的有些不同罷了。於是這種說法要解釋爲何前者變成了古音的 *g'i̯ei* 而後者變爲古音 *g'i̯ən*。一看上面所列的事例，凡是關於 -*n* 的語詞和元音收尾的語詞彼此相接合的，就使我們認定這並不是屬於一種元音性質的問題——具有各類的元音，這些元音也都同樣的顯現於保持 -*n* 音到了現今的語詞當中。這也不是屬於一種音調的問題。

對於某些語詞，似乎也可以引起一個舌前音 -*ṅ* 的假定：「旂」**g'i̯əṅ*:「近」*g'i̯ən*。這種說法要解釋爲何 *g'i̯əṅ* 變成了 *g'i̯ei* 而 *g'i̯ən* 保存了牠的 -*n*: *g'i̯ən*，這是很巧妙的。另一方面，也還可以用來解釋爲何一個假定的「順」**g'i̯əṅ* 能夠和一個「衣」·*jei* 押韻——因爲牠的舌前化（*i* 音的意味）的語尾的緣故。但是我們立刻就相信這種解釋的不可能。牠只可以用來說明幾個事例。牠永不能適用於「山」上古音 *săn* 和「歸」*kjuęi* 押韻或「匪」假借用來代表「分」*pi̯wən* 這一類的事例，因爲我們不能推想一個舌前音的 -*ṅ* 也存在於 *săn* 和 *pi̯wən* 當中，牠們是把 -*n* 保存於切韻時以至現在的；這種說法也不適用於「儺」*nâ*（〈*nân?）和「左」*tsâ* 押韻「皤」*b'uâ* 和「睅」*γân* 押韻這一類的事例。那又是很顯然的了。

設有一種說明可以認爲是對的，總不能解決「一切」這些相接合的問題，而這些相接合的，確是彼此有關係，必須有一種共通的解釋。而且，建立「旂」$g'i̯ǝt:$「近」$g'i̯ǝn$ 這樣一種上古音的對偶，這是很大膽的，因爲那樣我們必須要推尋爲何 $-n$ 在某個事例上是「滑音性」($mouillé$): $-ń$, 而在別個事例上却並不是的一種理由；僅僅說這是由於未曾知道的一種早先現象（在先世中國語裏的），那便使人很不滿意的了。

最後，我們可以設想在一切這些事例（I-LX）當中一部分在古音上收尾於元音的也曾經具有上古音的 $-n$, 不過那個 $-n$ 比之保存下來的 $-n$ 較爲薄弱罷了：「旂」$g'i̯ǝn$（短的 $-n$）：「近」$g'i̯ǝn$（長的 $-n$），「儺」$nân$（短的 $-n$）：「難」$nân$（長的 $-n$）等。但是這種說法又要適用另外一種的推諉，就是歸於我們所未曾知道的先世中國語了，剛纔說過，這種學說本身上是太冒險的。而且，上面 I-LX 當中各種 $-i$ 音的語詞旣然和上面詩韻 G 部全體的語詞自由押韻，那末，我們在這個韻部的全體也就必須要適用一個微弱的語尾 $-n$ 音了。而這種又是絕對不可能的，因爲那樣我們便永不能解釋爲何這個韻部在通常事例上是和我們上面的 C 部劃分得很清楚的。

我們知道這些試行的解決都不能成功。我們要是始終堅持「儺」「幡」b'uâ,「旎」g'i̯ei 等類一切這些語詞,眞眞具有一個上古音的 -n, 而依某種或別種方式喪失了的,我們便不能得到一個圓滿的解釋。我們定要向着另外的一方進行,而要把這一大類的收尾於 -i 的語詞更細細的考察,查驗牠們的 -i 是否除了中國上古音裏的 -n 或 -i 之外,還可以代表了旁的東西。

從收尾於舌根音的幾類當中所得來的經驗,曾經指示我們上古音的收尾音 -g 極大多數遺失了以致發生着 -i 音,例如「來」ləg > lâi,「戒」kɛg > kai,「子」tsi̯əg > tsi,「賄」xwəg > gwəx > xuâi。同樣,如上所述 (D, E, F 各部), -d 音變成了 -i: li̯ad > li̯äi, ti̯et > tsi, g'âd > γâi 等。如今我們在目前的 -i 這一類 (G 部) 裏,見到 -âi, -ɑi, -ɐi,-iei 等各類的語詞,這時很自然的要猜想,一切這些 -i 音是由某種收尾輔音的元音化;那不過是依據於中國語言上那種確實證明的一般演化罷了。和 -n 音的語詞彼此常常相通,顯示着在這樣的一種事例上必定是某種「舌尖」收尾音問題。

還有一種事實可以增強這種說法,除了上面所引證的押韻,諧聲以及假借當中許多 -i 音和 -n 音語詞彼此相接合的以

外，又在 -i 音和 -n 語詞之間有一種語源學的關係可以推尋出來，在許多事例上是具有很大的確實性的：

(a)「衣」·jei（衣服）和「隱」·iən（遮蔽，隱藏）之間；

(b)「扆」·jei（一種遮蔽物），「翳」·iei（一種遮蔽物）和「隱」·iən（遮蔽，隱藏）之間；

(c)「依」·jei（依靠）和「隱」·iən（依靠）（常語謂「隱几」，卽「靠着几子」）之間。

(d)「幾」kjei（近於）（常語謂「幾近」，卽「近於」）和「近」g'iən（近於）之間；

(e)「畿」g'jei（近畿）（王畿）和「近」（近於）之間；

(f)「饑」kjei（飢荒），「飢」kji（饑荒）和「饉」（饑荒）g'iən 之間；

(g)「水」świ（水）和「準」tśiuěn（上古音 śiwən）（水準線）之間；

(h)「圍」jwei（圍繞，周圍）和「運」jiuən（運轉）之間；

(i)「緯」jwei（織物）和「繵」jiuən（織物）之間；

(j)「飛」pjwei（飛）和「奮」piuən（奮起，奮飛）之間。

這裏，更是在押韻，諧聲和假借之外的，也可以明白顯出 -i 是一個遺失了的舌尖音之遺跡。

現在我們要來決定這個舌尖音的性質，我們這時究竟不應該像西門氏那樣（在所引的書裏），在這裏也列着一個和 D, E, F 各部裏相同的舌尖音：如「例」$li̯ǎi$` 以「列」$li̯ät$ 爲音符（西門氏注作「例」$li̯ad$,「旅」$g'jed$）這一類的事例。牠們絕對是兩樣的。在 $li̯ǎi$ 類（D, E, F 各部）當中——上古音的 $-d$——在押韻和諧聲上是和 $-t$ 的音相交接的；這裏，在「旅」$g'jei$ 類（G 部）當中，是和 $-n$ 的音相交接的（上面 I-LX 的事例）。這兩類實際絕不會相混。

在我們 G 部的 $-i$ 音語詞裏，舌尖收尾音過去不會是個 $-t$，因爲照常規牠們並不和入聲的 $-t$ 押韻；我們不能測定「旅」上古音 $g'jet$ 等。

因同樣的理由牠也不會是個 $-d$。$-d$ 音的語詞是在 F 部裏的，通常和 $-t$ 音的語詞押韻，正如從別些韻部上得來的經驗顯示我們，例如 $-k$ 和 $-əg$ 很自由的押韻。可是這裏我們的 G 部和 F 部有很少押韻的關係（參看下面第五三頁）（原文 24 頁）；另一方面，$-t, -d$ 音的語詞實際永不和 $-n$ 音的語詞押韻，而我們的 G 部，剛纔看見過了，有怎樣衆多的 $-n$ 音的關係。所以 $-d$ 和 $-t$ 一樣的須加以擯斥；我們不能適用「旅」上古音 $g'jed$ 等。

牠決不能是個 -n。爲何「旂」不能有個 -n 的音，已經討論得很多了。測定「旂」*gʻi̯ən (>gʻi̯ei)，「禮」*lien (> liei)，「回」*gʻuân (> γuâi) 乃是不可能的，因爲那樣，我們便無法解釋爲何有了「近」gʻi̯ən「憐」lien，「丸」γuân 保存着的 -n。

換句話說，這個收尾的舌尖音不會是 -t 或 -d 或 -n 那末，還有什麼遺留着呢？顯然是 -r, -l 和 -s 的了。

這裏有一種顯明的事實，西藏語，無疑的是中國語的親屬語，牠有很多的語詞是屬於 -r, -l, -s 各類的，例如 dur, dul, dus 等。希望中國語上也有某些和牠相符合的詞類，這並不是不合理的，而可以推測這些詞類潛伏於其間的，惟一的音韻部類，也就是我們這個詩韻的 G 部，就是古音上收尾於 -i 音的語詞。我在別處地方以及上文的第一頁裏曾經說過，我們要把孤獨的西藏語詞拿來和中國語詞比較，我認爲尙未到了成熟時期；所以下列的事例並不是當作眞正同一的語詞，不過作爲一些例子；怎樣的「可以」證明中國語詞和西藏語 -s, -r 和 -l 的語詞相符合罷了：

　藏語 "g-ñis" (二)，等於中語「二」ñi (西門氏著西藏與中國語詞的比較 Tibetisch-Chinesische Wortgleichungen, 1930 年出版, 29 頁)；

藏語 "lus"（身體），等於中語「體」t'iei（西門氏書，30頁；這個字的音符是 liei）；

藏語 "bras"（米），等於中語的「米」miei（西門氏書，30頁）；

藏語 "'p'ur"（飛），等於中語的「飛」pjwei；

藏語 "k'or"（回復），等於中語的「歸」kjwei；

藏語 "ser"（指頭），等於中語的「指」tśi；

藏語 "ts'il"（肥，脂油），等於中語的「脂」tśi（西門氏書，27頁）。

一個 -r 收尾音的可能的指示，發見於「師」古音 ṣi 這個語詞裏，牠是屬於我們的 G 部，當初漢時用來稱「獅子」的，這是其先中國所未曾知道的動物，這個問題很有趣的聯接於另外一個借貸語詞，是用這部的各種語詞來代表的。伯希和氏（Pelliot）曾經很聰明的見到這些形式都指示着一個 -r 音。他說（通報第二十六期，1929 年出版，141 頁）：『腰帶的金屬扣子，有一個匈奴的名詞來表示，見於中國文書上「鮮卑」siän-pjie，「師比」ṣi pji………「犀毗」siei -b'ji，「犀比」siei-pji………「私鈚」si-b'ji 這些譯文上；這個名詞原來的形式是無從知道了………自然是一個名詞………天然因此想起那個 sien-pi 的部落（同樣的寫法）………鮮卑的這個老名

詞留存於唐朝「室韋」(註一) che-wei 這個部落當中，並不是不可能的，因此也假定古代原來的形式 *särbi, *serbi（因一種奇異的符合，「師比」的「師」漢時用來翻譯獅子的這個新奇名詞，牠是殘留着收尾的 -r 音，也關於波斯語的 šēr）。」關於這些語詞裏的收尾音的 -r, 很覺得伯希和是對的。si（獅子）或者那時是用來翻譯一個伊蘭語的 šary, 這是依據我的朋友摩爾哲斯帝納教授（Prof. G. Morgenstierne）所告訴我的。

要是我們 G 部的語詞原初是這樣收尾於 -r, -l, -s 的，那末，在詩經時代牠們並非有某些是收尾於 -r, 有別些是收尾於 -l, 又有別些是收尾於 -s 的，這是顯然的。牠們的押韻都是依着常規，又彼此間是很自由的，因此並無可能再依着 -r: -l: -s 把這個韻部重分爲小類。或者都是具有 -r 的音，或者都是具有 -l 的音，或者都是具有 -s 的音。

從中抉擇，並非難事。所推究的這個語尾乃是 -r。牠們裏的一個 -s 音是最容易被廢棄的。如同「旂」$g'jei$:「芹」$g'i\partial n$ 這種的押韻當中，我們不能列着一個「旂」$g'i\partial s$ 的音，「斤」$ki\partial n$ 也不能作爲一個「旂」$g'i\partial s$ 的音符；「匪」$pjw\partial i$ 假使是個上古音的 $piw\partial s$, 也便不能依假借用來代表「分」$piw\partial n$。

（註一）唐時爲 $si\check{e}d$-$jw\varrho i$。

從押韻，諧聲和假借的觀點上看來，-r 和 -l 是同等的可能。如同「旂」g'i̯ər:「芹」g'i̯ən 的一種押韻，如同「旂」g'i̯ər:「斤」ki̯ən 的一種諧聲，和「匪」pi̯wər 用來代表「分」pi̯wən 的這樣一種假借，是可以通的；牠們並不很相宜，所以牠們的發生也只是例外的（上文 I-LX 的事例），實在是不很正常的押韻，不很確切的諧聲和假借，可是牠們還是時常的發現；-l 的音也和 -r 同等的相宜也同等的不相宜：g'i̯əl: g'i̯ən, pi̯wəl: pi̯wən。但是我的決定却贊成 -r 而不贊成 -l, 乃是根據於那種事實的，就是我們設想先世中國語 -s > 上古音 -r (例如「二」si̯əs > ńi̯ər) 的一種演化比之先世中國語 -s > 上古音 -l (si̯əs > ńi̯əl) 較為容易。後面的這種要違背一切語言學上的經驗。前面的那種却是普通常見的變化。我只需回想日爾曼語的收尾音 -s, 照例變成古冰洲語 (Old Icelandic) 的 -r: 哥德語 "sunus": 冰洲語 "sunr"; 及拉丁語上的「r 音化」(rhotacism) ("generis" 裏的 genes - > gener-, 動詞 "esse" 裏的 es > er)。而且，這種親屬語的西藏語更特別的足以啓示的，其中有時發生着語尾輔音上 -s: -r 的一種轉換："mdzes-pa"（美麗）："mts'ar-ba"（美麗）；"byus"（無幸運）；"byur"（無幸運）等等。

所以，我斷定先世中國語的這三種形式，a/s, a/l, a/r 都變成了上古音的 a/r，而我們的 G 部的全體都是收尾於 $-r$ 的。

我在這裏是合於正軌的，我以爲已經得到證明了，我們再回轉到上面第二三頁（原文 11 頁）裏所列 G 部的表而塡入上古音的音值。證實了這個具有舌尖音收尾 $-r$ 的韻部恰好成爲先時所研究的另外兩個具有舌尖音收尾 $-n$ 和 $-t$ ($-d$) 的韻部，C 部和 F 部，的一種對比，我認爲這是一個強固的論證：

G 部（第二三頁）		F 部（第二二頁）		C 部（第二二頁）	
（原文 11 頁）		（原文 10 頁）		（原文 10 頁）	
上古音	古音	上古音	古音	上古音	古音
1. $ər$	$>âi$	$(ət), əd$	$>一, âi\grave{}$	$ən$	$>ən$
2. $wər$	$>uâi$	$wət, wəd$	$>uət, uâi\grave{}$	$wən$	$>uən$
3. $k/iər$	$>k/jĕi$	$k/iət, k/iəd$	$>k/iət, k/jĕi\grave{}$	$k/iən$	$>k/iən$
4. $k/iwər$	$>k/jwĕi$	$k/iwət, k/iwəd$	$>k/iuət, k/jwĕi\grave{}$	$k/iwən$	$>k/iwən$
5. $t̂/ier$	$>tŝ/i$	$t̂/iət, t̂/iəd$	$>tŝ/iĕt, tŝ/i\grave{}$	$t̂/iən$	$>tŝ/iĕn$
6. $t̂/iwer$	$>tŝ/wi$	$t̂/iwət, t̂/iwəd$	$>tŝ/iuĕt, tŝ/wi\grave{}$	$t̂/iwən$	$>tŝ/iuĕn$
7. $iər$	$>ici$	$iət, iəd$	$>iet, iei\grave{}$	$iən$	$>ien$
8. $εr$	$>ɑi$	$εt, εd$	$>ɑt, ɑi\grave{}$	$εn$	$>ɑn$
9. $wεr$	$>wɑi$	$wεt, wεd$	$>wɑt, wɑi\grave{}$	$wεn$	$>wɑn$
10. $i̯εr$	$>i$	$i̯εt, i̯εd$	$>i̯ĕt, i\grave{}$	$i̯εn$	$>i̯ɐn, i̯ĕn$
11. $i̯wεr$	$>wi$	$i̯wεt, i̯wεd$	$>i̯uĕt, wi\grave{}$	$i̯wεn$	$>i̯wɐn, i̯wĕn$

就第二三頁（原文第 11 頁）上 G 表的第一行到第十一行看來，這是配合得很整齊的。因此只有兩行留着要說明的了：等十二行，古音 $ńẓi̯ę$ 和第十三行 $xi̯wi̯ę$。這兩行押韻的例子很少，又只能認為是例外的，正如別些照常規分析的韻部，彼此間也可以偶然發生混亂的。我們這裏有一些 $a : ə$ 的相押：第十二行上古音的 $ńi̯ar, mi̯ar$，第十三行上古音的 $xi̯war$，$·i̯war$ 和 -$ər$ 音的語詞押韻（註一），正如 $a : ə$ 兩音（$A : C$ 兩部）有一種不規則的押韻，例如詩 楚茨裏：「熯」$xân$（A 部）：「愆」$k'i̯an$（A 部）：「孫」$suən$（C 部）；詩 小戎裏：「羣」$g'i̯wən$（C 部）：「苑」$i̯wăn$（A 部）。

關於我們上面所列的表，這裏又宜於回頭來討論上古音收尾 -d 的問題了（參看上文第一四頁）（原文第 7 頁）。我所以把具有下降調的 -$t` > $ -i，我的這種設想除去了而回轉到分

（註一）以「爾」為音符的一組是很難明白的。 牠自己是古音的 $ńẓi̯ę < ńẓi̯ęg$，這個語詞是沒有收尾輔音的。但是一方面牠依假借用來代表「耳」上古音 $ńi̯əg$，由牠轉成的「彌」古音 $mi̯e$ 也用來代表「弭」$mi̯e < mi̯ĕg$，牠們都指示着一個收尾舌根音；另一方面牠又作音符於「濔」古音 $niei < ni̯ər$ 和「邇」古音 $ńẓi̯ę < ńi̯ar$ 當中，牠們是具有舌尖收尾音的。說是依段玉裁，牠在周時屬於第十五部（-r）而在漢時屬於第十六部(-g)，這是一種不妥當的說法。 大概我們在這裏得到了有分別的幾組而在很早的一個時期混亂了的。

析字典上 -d > -i，我的那種擬構，正是因爲 -tʻ 的說法並不足以滿足上古語言的一般系統。我早先曾經表示過（依從西門氏最初貢獻的意見），中國上古音具有 -k 音的語詞，也具有很大類的 -g 音的語詞。實在，如果有了 -t 音和 -r 音的語詞而沒有 -d 音的語詞，那覺得是不合常道的。因此大家的推度，在上面 D, E, F 各部的 -i 音部分當中，總要贊成一個 -d 而不贊成 -tʻ。但是推度並非就是證據。我用別的方法求得了證據。我上面說過，F 部照常規並「不」和 G 部，就是 -r 音的語詞押韻。可是也有某些例外，而且這些是極其重要的。我要舉出幾個例子：

1. 閟:濟 2. 至:禮 3. 利:濟 4. 利:禮 5. 致:示死 6. 隧:衰階 7. 至:濟死 8. 比:壘水 9. 棄:飢 10. 至:視 11. 至利:視 12. 利:威指 13. 位氣:威 14. 瘁:磙 15. 慄:歠。

1. 詩 載馳； 2. 詩 賓之初筵； 3. 易 繫辭下； 4. 禮記，坊記 5. 禮記 儒行； 6. 禮記 曲禮； 7. 楚辭 九辯； 8. 宋玉 高唐賦； 9. 書 舜典； 10. 莊子 知北遊； 11. 荀子 成相； 12. 韓非子主道； 13. 韓非子 解老 14. 管子 心術； 15. 宋玉 風賦。

在雙點符號左邊的語詞屬於 F 部，在右邊的語詞屬於 G (-r) 部。現在，有一種顯著的事實，就是只在一個事例當中 (15) 我能夠見到眞正一個入聲的 -t 和 -r 押韻的。其他一切事例上就是關於一個收尾舌尖音的問題，在中國古音以前失去了以致成爲一種降音調的；這個舌尖音，我起初說是 -d，後來又說是 -t`。這裏十分明白了，前面的一說必定是對的。因爲假使那時是個 -$t$` 的音，便無何種理由來說明，爲什麼 -r 音和 -t` 音的押韻必定要比和 -t 音的押韻爲多。另一方面，要是那時是個 -d 音，便只是這種理由，-r 音和 -d 音的押韻比和 -t 音的押韻要容易。因此我們很可以瞭解上列的事例了，照常規 -t 和 -d 都不應和 -r 押韻；可是例外的押韻 -d: -r 有時可以發生的，因爲 -d 和 -r 在發音上很相類似的，而 -t: -r 便很難發生的了。

因這些的考慮使得我回轉到了我原來在分析字典裏 -d 音（以及「怕」等字裏的 -g 音）的構定。實在，對於我在詩經硏究 120 頁裏所討論的現象，因此也必需尋求一個解釋了。異日有緣我當回頭來討論那個問題。

我們得到了一個收尾的 -r 音以解決 G 部的，假使回轉到上面所舉 I-LX 的事例——必須要記得牠們畢竟都是例

外的，是不正常的押韻，諧聲和假借——我們就得到下列的結果：

I. *nâr* 以 *nân* 爲音符，又例外的和 2. *tsâ* 押韻 (-*âr*: -*â* 偶然的相押在發音上並不很急劇的；參照高等英語的讀 "*far*" 音，實際上只是後面跟着一個元音的時候，才把那個 -*r* 讀出來)。

II. *nâr*（廣大）假借寫作 3. *nân*。

III. 4. 有 *târ* 和 *tân* 兩種讀法。

IV. 5. *d'âr* 和 *d'ân* 以 *tân* 爲音符，又和 6. *ngi̯wăn* 押韻；

V. 7. *t'âr* 和 *t'ân* 以 *tâ* 爲音符（參照上面 I.）

VI. 9. *twâr* 以 *twân* 爲音符。

VII. 10. *t'i̯war* 以 *twân* 爲音符，假借用來代表 11., 12. *d'wân*，郭璞讀爲 *ẓi̯wän* < *ḍi̯wan*。

VIII. 13. *ḍi̯war* 以 *twân* 爲音符。

IX. 14. *ẓi̯war* 以 *twân* 爲音符，和 15. *wən*, 16. *ti̯an*, 17. *mwân* 押韻。

X. 19. *twân* 和 *twâr* 以 *twân* 爲音符，說文：『讀若 20. *twân*』。

XI., XII. 21, 22. *bʻwân* 和 *bʻwâr* 以 *bʻwân* 爲音符。

XIII. 25. *kwân* 以 27 *kwâr* 爲音符 [這「果」的一組都具有 -*r* 音的，因事實上牠並沒有押入於 -*â* 部（段氏第十七部），而得證明的]。

XIV. 28. *bʻi̯wăn, pʻi̯wăn, bʻwân, pʻwân, bʻwâr, pwâr*。

XV. 30. *bʻwar, pwâr* 和 31, 32 *gʻân* 押韻。

XVI. 33. *bʻwân, pwâr*。怎樣這個是用來代表 34. *pwâ* 的，乃是一個繁複的問題；這必定是合理的表示着, -*r* 音遺失了的形式必定很早已經發生了。

XVII. 35. *pwâr*, 和 36. *bʻwân* 押韻。

XVIII. 37. *lwâr*, 以 *lwân* 爲音符。

XIX. 38. *mwâr, mwân*。

XX. 40. *xi̯wăn, xi̯war*, 41. *xi̯war*; 注意, 42. 必定具有兩種上古音的讀法：詩經裏的 *xwər*（照常規是押入於 G 部的）和 *xwâr* > 切韻 *xuâ* > 國音 *huo*。

XXI. 43. *ti̯ar* 以 *tân* 爲音符（或是 44. *di̯ən*）。

XXII. 45. *ni̯ər* 以 *nân* 爲音符。

XXIII.	46. twən, tˆi̯wân, tˆwən, dˆwən dˆwân, dˆwər (和 47. gˆi̯wɛr, tsˆwər 押韻)。
XXIV.	48. dˆi̯wən, twən, dˆwər (dˆwər 和 49. gˆi̯wən 押韻)。
XXV.	50. dˆwər。
XXVI.	52. tˆwən, tˆwər, 和 53. lwər, ˙i̯wər 押韻。
XXVII.	54. pi̯ar, bˆi̯wər, bˆi̯wən, pi̯wən, bˆwən; pi̯ar (鄭玄) 釋爲 55. pi̯an (< pli̯an)。
XXVIII.	57. ti̯wən 假借用來代表 58. twər。
XXIX.	59. xi̯wər 以 ki̯wən 爲音符。
XXX.	60. gˆwən 和 xi̯wər。
XXXI.	61. xi̯wər, 和 62. di̯ən 押韻, 假借用來代表 64, 65. gˆi̯wən。
XXXII.	66. ngwər 及 67. ˙i̯war 和 ˙i̯wăn 押韻。
XXXIII.	68. ki̯wɛn。說文謂:『讀若 ˙i̯wər』(根據於讀音上極相類似的一種解釋)。
XXXIV.	70. ki̯wər 和 71. săn 爲例外的押韻。
XXXV.	72. kɛr 及 73. ńi̯ar 和 74. gˆi̯ən 押韻。
XXXVI.	75. mi̯wər 和 76. gi̯wăn 押韻。

XXXVII. 77. g'i̯ər 以 ki̯ən 爲音符。

XXXVIII. 78. g'i̯ər 和 g'i̯ən，假借用來代表 77. g'i̯ər 和 79. g'i̯ən。

XXXIX. 80. g'i̯ər 以 ki̯ən 爲音符，和 62. di̯ən 及 81. g'i̯ən 押韻。

XL. 82. g'i̯ər 和 83. ·i̯ər, ts'i̯ər, si̯ər 押韻，以 ki̯ən 爲音符，又依假借用來代表 84. k'ən，或是更適合的用來代表 74. g'i̯ən。

XLI. 86. g'i̯ər 依假借用來代表 88. ngi̯ən。

XLII. 89. ngi̯ər 以 ki̯ən 爲標音，又依假借用來代表 88. ngi̯ən。

XLIII. 90. ·i̯ər 和 91. kwân 爲例外的押韻。

XLIV. 92. ·i̯ən, 鄭玄說是齊人讀如 90. ·i̯ər。

XLV. 93. pi̯wər 依假借用來代表 94. pi̯wən。

XLVI. 74. g'i̯ən 依假借用來代表 80. (77.) g'i̯ər。

XLVII. 95. si̯ən 和 si̯ər 以 si̯ən 爲音符。

XLVIII. 96. si̯ər 等於 97. si̯ər，假借以爲 si̯ər（西方），作音符於 98. ts'i̯ən 和 99. si̯ən 當中。「西方」的 si̯ər 和 102. si̯ər, g'i̯wər，又和 103. ·i̯ən, di̯ən,

104. $dz'i̯wən$ 等押韻。

XLIX. 106. $sɛr$ (灑撥), $si̯ər$ (洗滌), 假借用來代表 $si̯ən$ (敬肅), $si̯ər$ (驚懼)。詩新臺裏，讀爲 $tsʼwər$, 和 107. $d'i̯ən$ 押韻; 和 108. $si̯ən$ (灑撥) 爲親屬語詞。

L. 109. $si̯ər$ 以 $si̯ən$ 爲音符。

LI. 110. $di̯ən$ 和 $di̯ər$。

LII. 111. $b'i̯ən$ 和 $b'i̯ər$, 和 112. $si̯ər$ 押韻。

LIII. 113. $˙i̯ɛr$ 依假借用來代表 114. $˙i̯ən$。

LIV. 115. $ii̯ər$, 有 116. $ti̯ən$ 的異讀。

LV. 116. (117.) $ii̯ən$ 有 118. $ti̯ər$ 的音讀。

LVI. 119. $li̯ər$ 和 120. $si̯wăn$ 爲例外的押韻。

LVII. 121. $si̯ər$ 和 122. $si̯ən$, $g'wɛn$ 押韻。

LVIII. 123. $tsʼi̯ər$ 及 124. $mi̯ar$ 和 125. $si̯ən$ 押韻。

LIX. 126. $si̯wər$ 及 127. $d'i̯ər$ 和 128. $ii̯wən$ 押韻。

LX. 129. $pi̯ər$ 和 130. $mwən$ 押韻。

雖然這些押韻，諧聲和假借是例外的，可是爲數衆多很足以顯示，當上古時中國人對於 -n 音和 -r 音的語詞間密切的親族關係，具有一種很強的感覺。這種不僅是由於發音上的

類似（如同 ˑiər: kwân 這一類的押韻，在發音上必定認爲是很不妥當的），也是，而且最重要的，因爲牠們有了許多 -n: -r 音的雙偶語詞，牠們所知道而且覺得是親屬的，同一語根的兩種形態。我們再回頭來看上文第四五頁（原文 20 頁）上的例子：

(a) ˑiər（衣服）: ˑiən（遮蔽，隱藏）；

(b) ˑiər（遮蔽物），ˑiər（遮蔽物）: ˑiən（遮蔽，隱藏）。

(c) ˑiər（依靠）: ˑiən（依靠）；

(d) kiər（近於）: gʻiən（近於）；

(e) gʻiər（近畿，王畿）: gʻiən（近於）；

(f) kiər（飢荒），kiɛr（飢荒）: gʻiɛn（飢荒）；

(g) siwər（水）: tiwən（水準線）；

(h) giwər（圍繞）: giwən（運轉）；

(i) giwər（織物）: giwən（織物）；

(j) piwər（飛）: piwən（飛起）。

在這些事例上我現在還可以加進下列的幾條，是出於我們上面 I-LX 的事例當中的，牠們也顯然是這類同一語根的兩種形態：

III. 4. târ 和 tân（痛苦，疾病）；

IV. 5. dʻâr 和 dʻân（大蜥蜴）；

漢語詞類 61

V. 7. *t'ar* 和 *t'ân*（疲困）；

X. 19. *twâr* 和 *twân*（稻麥垂下之穗）；

XI. 21. *b'wâr* 和 *b'wân*（搬開）；

XIX. 38. *mwâr* 和 *mwân*（沾汙）；

XX. 42, 41, 40. *xwər, xwâr, xi̯war* 和 *xi̯wăn*（火）；

XXVI. 52. *t'wər* 和 *t'wən*（整列完齊之狀）；

XXXIII. 78. *g'i̯ər* 和 *g'i̯ən*（一種草名）；

XLVII. 95. *si̯ər* 和 *si̯ən*（洗滌）；

XLIX. 106. *sɛr* 和 *si̯ĕn*（灑潑）；

LI. 110. *di̯ər* 和 *di̯ən*（敬肅）；

LII. 111. *b'i̯ər* 和 *b'i̯ən*（雌）。

這種事例為數衆多，很足以構成一種似乎大膽的學說，就是在同一類似的語根以內 *-r* ～ *-n* 兩音的一種轉換。而且，我們在西藏語裏也見到和這種相並的事實，是很足以啟示我們的；在西藏語中，*-r* ～ *-n*, *-l* ～ *-n* 以及 *-r* ～ *-l* 都有一種通常的轉換：

-r ～ *-n*:

"*sbur-ma*"（糖）: "*spun-pa*" "*sbun-pa*"（糠）；

"*gčer-ba*（袒，裸）: "*rjen-pa*"（袒，裸）；

"*byor-ba*"（來到）："*'byor-ba*"（來到）；

"*dkor*"（珍奇，寶貴）："*dkon*"（貴重品）；

"*gnyer-ba*"（忍耐）："*nyen-pa*"（受苦，勞苦）；

"*nyer-ba*"（製熟，使軟）："*muyen-pa*"（柔，軟）；

"*star-ba*"（緊縛）："*brtan-pa*"（堅固），"*gtan*"（關閉門戶）。

-l ～ -n:

"*p'ul*"（完全，完美）："*p'un*"（完全，完美）；

"*rtsol-ba*"（勤奮，努力）："*brtson-pa*"（勤奮，努力）；

"*'dra-ba*"（拆毀，扯碎）："*'dren-ba*"（牽曳，裂出）；

-r ～ -l:

"*dgar-ba*"（分開）："*gol-ba*"（分開）；

"*'byer-ba*"（退避，移開）："*'byol-ba*"（退避，讓開）；

"*gžor-ba, gžer-ba*"（秤量）："*gžal-ba*"（秤量）；

"*k'al*"（負擔，貨儎）："*k'ur*"（負擔，質儎）；

"*ǰur-ba*" "*'dzur-ba,*" "*'čor-ba*"（避匿）："*ǰol-ba*"（退匿）；

"*sbyor-ba*"（聯接，混合）："*spel-ba*"（聯接，混合）；

"*'k'yer-ba*"（拿去），"*'k'ur-ba*"（拿取）："*skyel-ba*"（拿

去），"*'k'yol-ba*"（被拿）；

"*'k'or-ba,*" "*'k'yir-ba*"（旋轉）："*'k'al-ba,*" "*'kel-ba*"（纏繞，旋轉），"*'k'yil-ba*"（纏繞）；

"*sgor-ba*"（沸騰）；"*skol-ba*"（沸騰）。

這裏所略述的，中國上古音建立的系統，表示着我已經得到那個結論了，凡是上古音的音綴裏，用一個 -i 音作爲收尾和主要元音的，當時畢竟沒有存在；i（強的，元音性的）或 i（短的，輔音性的）只是作爲一個『中介的 i』而顯現的，只是音綴當中的一種附屬成分，和別種元音混合起來的。這是表示着，我在重要的一點上對於西門氏的擬構，就他所斷定我們 G 部裏的一個收尾收尖音來說（雖然並不是我所得到的一個 -γ 音），我却不得不放棄我的反對（『西藏語和中國語』通報，1931 年，24 頁以下）了。他關於印度支那語上收尾輔音的一般學說，似乎我也要捨棄我在那邊所發表的批評和反對了。我曾經（在所注那篇論文裏 31, 32 頁）從一切印度支那的語言上引證「四」（古音 si），「死」（古音 si）以及「水」（古音 swi）這幾個語詞語根的許多形式，以表明各個形式都暗示着印度支那語的語根是收尾於「元音」的，並非收尾於舌尖「輔音」的，所以我曾經反對西門氏憑

藉於中國語舌尖音的形式——我所爭論的一個舌尖音——而列着先世西藏語的「四」$bźið$ 和「死」$śið$。現在，因為「四」：「紖」：「畀」$(si):biəd:piəd$（因諧聲上的理由，後面二個字的 $-d$ 音是確鑿的）這類的押韻，我不能不承認「四」$siəd$ 裏那個 $-d$ 音了；又因為上面所說的各種理由，我也不能不承認「死」裏那個 $-r$ 音，這時，推論的結果似乎我要承受西門氏的先世西藏語 $bźið, śið$（或者近於這樣，至少是「某個」舌尖收尾音）了，就是指印度支那語上這些語詞裏一個收尖收尾音。

但是表面上雖是如此，而並不。在剛纔所引的那篇論文當中，我曾經舉出廣博的例子，顯示中國語 $-k$ 及 $-t$ 的語詞和「原始的」（一般印度支那語的）$-k$ 及 $-t$，我們須加以區別的，例如「六」上古音 $liôk$（18 頁），「八」$pwat$（15 頁）在大多數的印度支那語裏是具有牠們的 $-k$ 及 $-t$ 的，至於單是中國語上 $-k$ 及 $-t$ 的語詞，其中這些 $-k$ 及 $-t$ 必定是一種「新創」的，是一種或幾種印度支那語言裏的某類接尾語，而並非原始的，牠們所共同具有的。關於這樣的例子我曾經舉出「百」上古音 $păk$（17 頁），「日」$ńiĕt$（9 頁），「月」$ngiwăt$（21 頁）——牠們都是具有元音收尾的印度支那語根的代表。

「九」 $kiŭg$ 字裏的 -g 音也正是相同，牠必定是中國語上特殊的現象，在別種印度支那語裏並無符合的形式（西藏語的 dgu 等，在所引的論文裏 36 頁）。現今，「四」（西藏語 $bži$ 等）「死」（西藏語 si 等）「水」（西藏語 $č'u$ 等）這些語詞也是元音收尾的印度支那語根的代表（在所引的論文裏 31, 32 頁），所以從中國上古音的「四」$siəd$「死」$siər$「水」$siwər$ 上，我無論如何不敢斷定印度支那語的任何收尾舌尖音。牠們的收尾輔音也正如「日」$ńiĕt$ 及「月」$ngiwăt$ 裏的一樣，是中國語上特有的。

必須要加重說明的，大家所知道「具有」眞正印度支那語的 -k, -t（「六」,「八」）這種的事例，其中 -k 和 -t 的音「曾」發現於極大多數的印度支那語言當中，顯示着印度支那語的 -k 和 -t,「除了中國語之外，在其他一切語言中並沒有不顯現出來」）只因爲有了這種反照的事實，所以我否認「日」$ńiĕt$,「月」$ngiwăt$ 這樣事例當中的一個原始印度支那語的 -t 音和「四」$siəd$ 裏的一個 -d 音。假使不是因爲有了這種反照，我便不否認在後面的那個當中有原始印度支那語的 -d 音，在理論上的可能，牠是除了中國語外在其他一切語言中遺失了的。在理論方面，這種情形本身上是可以容許的。我們必

須記得——除了中國語之外——只關於一種語言，西藏語，我們所知道的可達於西元後第七世紀那樣古的一個時期；關於暹羅語只不過西元後的第十三世紀。其他大多數的印度支那語，我們只知道牠們現代的以及確實經過極強演化了的形式。從一切現代的日爾曼語言中，我們絕不能擬構一種古代日爾曼語，至少類似於我們靠了哥德文辭和印歐比較語言學所知道的那種古代日爾曼語。從冰洲語的 "steinn," 德語的 "stein," 瑞典語的 "sten," 英語的 "stone," 我們絕不能推出古代日爾曼語的 "stainaz"。這種理由是顯然的。在這些日爾曼的人民當中，固有的附着某種共同的心理傾向，這種傾向——即使這些人民的交接斷絕之後——總要使他們的語言「沿着並行的路線」而起演化。所以 "stainaz" 遺失了牠的收尾輔音以及牠末尾的元音，在這些語言中是彼此獨立而依據於一種並行的演化的。在一切的印度支那語言當中正可以發生同樣的情形，所以依據一種並行的發展，在「四」這個語詞裏都喪失了牠們的 -d，只是除了中國上古音（後來的中國語上却也是如此）。那就是我所以說要否認「四」$si̯əd$ 裏的一個 -d 音是這樣一種全般的遺失，只因爲和那些語詞「保存了」印度支那語收尾輔音的相反照的緣故。

我們一經想到，例如暹羅語和中國語間的一種比較，那就是很必需的要記着這種獨立而並行演化的可能。馬伯樂氏 (H. Maspero) 在他的『唐代長安方音的研究』（遠東學報 BEFEO 1920 年）這篇論文裏曾經舉出一批暹羅與中國語詞的比較，其中的幾個似乎是很可相信的 (註一)。假使我們把暹羅語的形式和我所擬構的中國古音（西元後六世紀時）和中國上古音排成一個表，那末，暹羅語的形式似乎「對於」我上古音的擬構給予着破壞的證據：

	暹語	古音	上古音
「九」	kαo	kiə̯u	ki̯ŭg
「舊」	kαo	g'iə̯u	g'i̯ŭg
「丘」	k'αo	k'iə̯u	k'i̯ŭg
「牛」	nguα	ngiə̯u	ngi̯ŭg
「告」	klau	kâu	kôg
「袋」	tai	d'âi	d'əg
「害」	hai	γâi	g'âd
「雞」	kai	kiei	kiər

(註一) 在全體上看來自然是很不準確的；84 頁上舉出暹羅語的 k'ao，以爲相等於中國語的「丘」，86 頁上又是暹語的 k'uα 以爲等於這個相同的語詞！

似乎邇語的形式不許擬構上古音的收尾輔音了。可是，就在這些的幾個語詞當中，也有牠們存在的絕對的證據。

「舊」和「時」押韻，而「時」也常常和 -k 音的字押韻（例如莊子：大宗師，淮南子：覽冥，逸周書：度訓等）；

「丘」在楚辭裏和「之」押韻，而「之」常和 -k 音的字押韻（例如書：呂刑，荀子：君道）；在荀子：大略裏牠又和「背」押韻，「背」字有「北」 pək 這個成分，確是收尾於 -g 音的。

「牛」在詩裏和「哉」押韻，而「哉」常和 -k 音的字押韻（例如莊子：大宗師和山木等，「哉」和「載」具有同樣的音符，照常規「載」又和 -k 音的字押韻，而用來代表「則」tsək 的）又在莊子裏和「來」押韻，「來」是照常規和 -k 音的語詞押韻的（例子甚多）；

「告」有兩種古音的讀法 kâu 和 kuok，照常規和 -k 音的字押韻（到處可以看到）；關於牠的上古收尾的舌根音，並不能有些許可疑的地方；

「袋」具有和「貣」 d'ək，以及「貸」t'âi 和 t'ək 同樣的音符；牠的音符「代」以「弋」(d)iək 爲音符；

「害」 γâi` 是作音符於「割」kât 字當中的，又依假借用來代表「曷」 γât。

因此，雖然暹羅語上是那樣，我們總不得不承認這些語詞裏上古收尾的輔音，我又見不到何種理由，以為先世台語 (Proto-T'ai) 不能同樣有收尾的輔音，正如中國語上依同樣的方式又根據於並行的演化，遺失了或變成了 -u, -i 的。

論到這裏，我們就幾點顯著的地方來觀察西藏語音和中國語音在最近千年間並行演化的狀態，實在是很有趣味的。西藏語收尾的 -d 音在中部地帶遺失了的：$nad > n\ddot{a}, bod > b'\ddot{o}, dpyid > \check{c}i$ 等，正如中國北方全部入聲的 -t 遺失了的一樣：「八」$pwat > pa$，「七」$ts'i\check{e}t > ts'i$，「骨」$ku\partial t > ku$ 等。又西藏語裏某些樂音化的起首音，就是摩擦音，變成了氣音，也正如中國全部，除了吳音之外，某些樂音化的起首音，就是暴發音，合成摩擦音，和摩擦音變成了氣音的一樣：中國語「是」$zi\varrho > \check{s}i$，「祥」$zjang > siang$，西藏語 $\check{z}a > \check{s}a, za > sa$。

上古音裏以舌根輔音收尾的諸部

關於上古收尾於舌尖音的語詞，已經討論完了，至於以 -k, -g, -ng 收尾的語詞的問題，在我的詩經研究裏已經講過很多，我願意再拿來討論。李方桂教授最近發表了一篇論文：東冬屋沃之上古音 (Ancient Chinese -ung, -uk, -uong, -uok, *etc. in Archaic Chinese*）（中央研究院歷史語言研究所集刊第三本，第三分，1933 年出版），其中大部分是對於我的結論的一個爭辯，而是牠自己擬構的一種系統。這篇論文裏包含很多有趣味的觀察和意見，在某幾點上我又因他的計議得修正我的系統；但是就全體而言，我總不能接受他的結論，據我的意見，他的擬構的計畫又是不可能的。

我所認爲可以接受的幾點當中，第一我是指他的意見，以爲諧聲的字體必定較詩經的詩歌爲「更古」，這種事實我從前曾經懷疑過的。其實，在上面這 -ət 部（F）裏，有某些現象證明李氏的意見。其中我們見到，很依常規的，「內」及「對」和 -t 音的語詞押韻，這種顯然是詩的 nwəd, twəd。可是「內」字原來有個 -b 音也是很確實的。那個雙唇的收尾音從「納」上古音 nəp（古音 nâp，國音 na）字上顯示出來，牠原來只寫作「內」；又顯然的，這個上古音的 nəp（納進）：「內」 nwəb（內部）：「入」 ńiəp（進入） 只是同一語根的三種形態罷了，又「對」 twəb（對答，對當等）相當於「答」 təp（對答），正如 nwəb（內部）相當於 nəp（納進）。詩經時代的 nwəb 已經依據異化作用（註一）變成了 nwəd。

（註一）原注:當我說到諧聲字體的年代，這時必須要把我自己表明更精密一

李氏論文當中另外有價值的一點是關於我詩經研究裏 136 -140 頁上所討論的語詞，例如「路」字。這個字旣然以「各」 *klâk* 作爲音符，所以是個原來的 *glâg*。可是牠在詩經裏和「故」 *ko* 類的語詞押韻，而絕沒有和入聲的 *tsâk* 等押韻。李氏曾經設想牠在諧聲時代和詩經時代之間已經遺失了牠的收尾音 -*g*。但是旣然照常規「故」 *ko* 類和「家」 *kå* 類押韻，「路」類又和「故」類押韻而並沒有和「家」 *kå* 類押韻，所以我曾經斷定「路」在詩裏不單是 *glo* 的音，因此我又曾經假定一個閉塞的收尾音：「家」 *kå*「故」 *ko:*「路」 *glo*$_k$。現在李氏調轉來，提出一個收尾的喉音：「路」 *glo.*（『聲門塞音』），牠在現代方言裏替代一個早先入聲的 -*k* 是極其普通的，李氏因此得到一種很巧妙的押韻的系統：*kå: ko; ko: glo·*；而絕無 *kå: glo·*，因爲後面的兩個在發音上太不相似了。我想這種解釋比我自已的要好得多。所以我們要說收尾的 -*g* 音，在 *e, ə, o* 和 *u* 之後的，當詩經時代仍舊存在着（例如「來」 *ləg* 和 -*k* 的音押韻）可是在元音 *a* 之後的很早變成了。

點。 年代較後的許多諧聲的字體在周初都寫作「無形旁的」，正確說起來，就是牠們只是假借的字體，往後才把牠們加進了特殊意義的形旁的。 從語言學的觀點看來，那時是否單獨用作「音符」的，或者是否寫作一個具有一個明白的意符（「形旁」）的，這自然是無關緊要的。

（聲門塞音）：「路」glâg,「怕」p'ăg,「夜」ziag 變成了 glâ‥ p'a·, zia·, 這些音在詩的語言中又變成了 glo·, p'o·, zio·, 因此可以釋明牠們在段玉裁的第五部裏的押韻, 否則便無法可以解釋的了。

就這些上, 是很好的。但是其餘, 李氏的擬構却很令人失望的。他似乎以一種假設作出發點, 就是每一個上古音元音必定和每一個上古的收尾輔音結合而存在的——假使有了空缺, 便必定是擬構的錯誤了。 $8 \times 8 = 64$ 個方格的象棋盤必定要把 64 個方格一個一個裝滿着, 否則, 便是我們走錯路途了。至少要說, 這是一個滑稽的名言。我所知道的語言並無具有這種組織的, 我也看不出爲何中國語却必須是這樣的一種語言。李氏見到中國古音, 在 -əng 一類裏的:

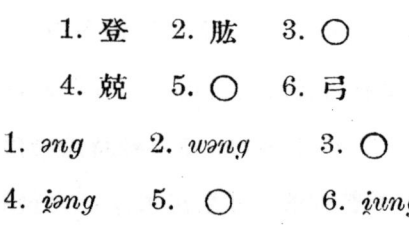

1. əng   2. wəng   3. ○
4. i̯əng   5. ○   6. i̯ung

旣然沒有古音的 iwəng, 又沒有古音的 -ung (在詩韻的這一類裏), 他就斷定牠們的上古音:

1. əng   2. wəng   3. ○

漢語詞類

4. $i \partial ng$ 5. ○   6. $iw \partial ng$

實在，看起來這是很巧妙的，但是一經應用於 -k 音 和 -g 音相當的語詞，那就極端困難的了。

1. 得   2. 國   3. ○
4. 麥   5. 域   6. 囿
7. 來   8. 灰   9. 母
10. 子   11. 龜   12. 久

在中國古音裏牠們是：

1. $t \partial k$ 2. $kw \partial k$ 3. ○
4. $ki \partial k$ 5. $ji w \partial k$ 6. $ji uk$
7. $lâi$ 8. $xuâi$ 9. $m \partial u$
10. tsi 11. $kjwi$ 12. $ki \partial u$

李氏依據於他解釋 -ng 音語詞的類比，就不得不把 5. 和 6.；8. 和 9.；以及 11. 和 12. 測定相同的上古收尾音。於是：

1. $t \partial g$ 2. $kw \partial g$ 3. ○
4. $ki \partial k$ 5. $gi w \partial k$ 6. $gi w \partial k$
7. $l \partial g$ 8. $xw \partial g$ 9. $mw \partial g$
10. $tsi \partial g$ 11. $ki w \partial g$ 12. $ki w \partial g$

但是，這樣一個上古音的 -$iw \partial k$ 有時可以成爲古音的 -$iw \partial k$；

有時也可以爲 -iuk；一個上古音的 -$wəg$ 有時可以成爲古音的 -$uâi$，有時也可以爲 -ue；又一個上古音的 -$ɡ^{c}mi$ 有時可以成爲古音的 -wi，有時也可以爲 -$iəu$，旣然是不可能的，他就不得不對於這些岐異的處置要尋求解釋。

第一處 (5.:6.)，一部分他須要論到雙唇音起首的語詞，例如「副」$p^{\prime}iwək$:「服」$b^{\prime}iuk$。這些並不發生眞實的困難，因爲 $p^{\prime}iwak$ 裏的 w 是一個『假的合口』音（參看上文第七頁）(原文 4 頁)上古音的形式是開口的 $p^{\prime}iək$。一部分他須要論到舌根起首的語詞：「域」$(g)iwək$: 囿 $(g)iuk$，這裏李氏沒有別的更好方法來解除困難，只是歸引於『類比作用』罷了：「囿」*$giwək$ 因受詩韻別一類裏其他 -iuk 音的語詞的影響，依類比作用變成了古音的 $(g)iuk$——但是「域」$giwək$（古音 $jiwək$）並「沒有」受了這種類比作用的影響！他又發表這種帶有嚴重性的判斷 (391 頁)：『我們討論中國音韻學的時候，竟很少應用到了類比作用，可是這種有效的原則在許多語言中，證據很多，不能不在中國語言中留有遺跡。... 我相信，高本漢的擬構失敗了，因爲 ... 他不曾確切的認明某些類比作用的進行是極端重要的。』(註一)

(注一) 譯者案：李氏此文在中央研究院歷史語言研究所集刊上所發表的，是用英文寫的；因將本書所節引的臚譯爲中文。

我深怕我很知道了各種語言裏類比作用進行的重要，因此而覺得不能依李氏這種饒倖而混亂的方法來引用：我們如果要解釋一種由於類比作用的演化，我們必須示明那一個或那幾個特定的語詞曾經受了另外那一個或幾個特定的語詞的影響，並且牠們爲何要這樣；對於一個「囿」*$giwək > ji̯uk$，假使同時我們沒有示明爲何「域」$giwək$ 並未「同樣」的變成 $ji̯uk$ 而仍爲古音的 $ji̯wək$，那末，就「決不」允許我們用類比作用來解釋。李氏在這裏已經離開言語科學的立場了。(註一)

第二處 (8.:9.)，李氏要說明爲何某些 -$wəg$ 變成了 -$uâi$，而別些變成了 -$ąu$。這裏，他尋得比較一種很聰明的解釋。他想其中有音調上的差別：上聲(升調)字的 -$wəg$ 變成了 -$ąu$，平聲(平調)字的 -$wəg$ 變成了 $uâi$。假使眞正是如此的，這便是一個美妙的方法。李氏爲要證明是如此，就從廣韻上引

(註一) 原注：必須要記得，這裏並不是關於 $iwək$ 和 $i̯uk$ 間一種讀法「變異」的問題，如同北京語裏，「學」可以讀爲 $hüe$，也可以讀爲 $hiao$ 和 $hüo$，「角」可以讀爲 $küe$，也可以讀爲 $kiao$ 和 $küo$，乃是由於方言混合的結果。這裏却是有某些語詞單具有古音 $iwək$ 的讀法，另外有某些語詞單具有 $i̯uk$ 讀法的。

出一些統計。他所舉給我們的字體，其中許多是六朝時的構造，並非發生於周秦漢時代的——畢竟不足以用來證明的（這是一種方法上的錯誤，統李氏論文當中，時有發見）。假使我們抱定眞正適切的語詞，尤其是那些存於詩經當中的，我們便見到，例如平聲字的「掊」b'ə̯u，依李氏須是 b'uâi，又上聲字的「每」muâi 和「悔」xuâi 依李氏須是 mə̯u, xə̯u。後面的二字，旣然在這種語言裏屬於最普通的語詞，所以牠們特別的重要。李氏須把這些上聲字的 muâi, xuâi 認爲是『例外的』了！

要是李氏的音調說是這樣顯然不成功的，我就毫不遲疑的要想，過去我在詩經研究裏假定 9. 上古音的 mug 乃是錯誤的。必須注意，9. -ə̯u 單是拼在雙脣音之後的：pə̯u, b'ə̯u, mə̯u。另一方面，7. âi 拼在一切的起首音之後：kâi, tâi, lâi, tsâi, 只是「除了雙脣音之後」; 是沒有 pâi, b'âi, mâi 的音的。我斷定 9. mə̯u 是雙脣音起首的一類，相對於那些 7. âi：7. kəg > kâi, ləg > lâi, tsəg > tsâi: 9. məg > mə̯u。

對於這種說法有一種疑難似乎是很重要的：諧聲字體裏的一種普通條例，說是開口和合口的語詞沒有互相的應用。一個 kân 很少作爲一個 kuân 裏的音符，反之，也是如此。但

漢語詞類　　　　　　　　　　　　　77

是這裏有個「母」 *mə̯u* 是「每」 *muâi* 字裏的音符，那末，要建立「母」上古音 *məg*, 作音符於「每」 *mwəg*, 是可以的嗎？

是的，可以的。因爲具有雙脣起首音的語詞是那種普通條例的例外。舉出幾個例子就足以表明這種情形。

1. 非排　2. 分貧　3. 麻摩　4. 曼慢　5. 門閩

6. 免晚　7. 皮波。

1. 古音 *pjwei: bʻai*; 2. *piwən: bʻi̯ěn*; 3. *ma: muâ*; 4. *muân: man*; 5. *muən: mi̯ěn*; 6. *mi̯än: mi̯wɐn*; 7. *bʻi̯e* (< *bʻia*): *puâ*。因此，一個 *məg* 很可以用作一個 *mwəg* 裏的音符。而且，同是這個「每」 *mwəg*, 又確是一個顯然開口語詞「海」 *xâi* (< *xməg*) 裏的音符。

等三處，(11.:12.)，李氏須說明爲何某些 *-iwəg* 變成 *-wi* 而別些變成 *-nei*。這裏難解的事例，其一半是可以除去的。在我們這部裏有舌根音起首的語詞 (*kjwi: ki̯əu*)，也有雙脣音起首的語詞 (*pjwi: pi̯əu*)。*pjwi* 並沒有變成唐朝的 (和較後的) *fi*, 而保存了牠們的 *p-*, 這裏就是顯示合口的 *w* 是個後起的，是附加於起首音 *p-* 的（參看上文第七頁）（原文 4 頁）因此牠們並不是上古音的 *piwəg*, 而是 *piəg*, 這是無需起疑的。可是總還留着 *kjwi: ki̯əu* 的差異要李氏來解釋；他在

此不能引證於音調，所以他想這種差異是由於『方音的一種區別，或是在一種方音裏的變化。』那末，這種便是我在上面第　　頁)（原文 12 頁）上舉例過的那一類事例了：方音的一種混合，切韻的語言曾經從親屬的方言當中得到某些 -wi 音的語詞，這種音就把正常的 -iəu 廢棄了，或者是反轉來的事實。

最後的這種意思，雖然我們立刻要曉得，畢竟不是必需要如此的，牠的本身上自然也並非不可能。但是，我們看到，李氏因爲要克服「三種」嚴重的困難，就是阻礙他的擬構的計畫的，就要引用「三種」不同的解釋：一種是類比作用說，並沒有科學上的基礎；一種是音調說，却被其中最普通的語詞所否認的了；又一種是切韻語言當中的『方言變異』說——那末要依從他，也是不可能的了。

簡單的道理只是五個古音的收尾音 -ək, -wək, -iək, -iwək, -iuk 不能減少成功爲「一個」上古音的收尾音 $(i)(w)$ək；又六個古音的收尾音 -âi, -uâi, -əu, -i, -wi, -iəu 不能減少成功爲「一個」上古音的收尾音 $-(i)(w)$əg。我有很可能的理由以維持我早先的擬構（只除了關於 9. 的）：

    1. ek   2. wək   3. ◯

漢語詞類　　　　　　　　　　79

4. $i\partial k$　　5. $iw\partial k$　　6. iuk
7. $k/\partial g$　　8. $w\partial g$　　9. $m/\partial g$
10. $i\partial g$　　11. $iw\partial g$　　12. iug

不過，要是我要這樣，我還須對於兩個問題須給予合意的答覆：這個詩韻部裏為何有 $-iung, -iuk, -iug$ 的存在，而沒有 $-ung, -uk, -ug$ 的呢？又 $-iung$ 為何要和 $-\partial ne, -i\partial ng$ 押韻，$-iuk$ 為何要和 $-\partial k, -i\partial k$ 甚至和 $-\varepsilon k$ 押韻的呢？——從聽感上觀察，顯然是一種不妥切的押韻。我想，要解答這兩個問題是可能的。(參看下文第九三頁)(原文 43 頁)。

假使李氏在這個韻部裏很苛刻的要除去我的 $iung, iuk, iug$，那便是因為他想到這些上古音的收韻已經發現於另外一類詩韻當中，就是段氏的第九部，王氏的第一部。在這部裏我看到古音有五類的語詞：

1.「江」古音 $kång$:　2.「工」$kung$:　3.「宮」$k\underset{\sim}{i}ung$:
4.「冬」$tuong$:　5.「恭」$k\underset{\sim}{i}wong$。

又，在入聲裏和牠們相配的：

1.「角」$kåk$:　2.「谷」kuk:　3.「絜」$k\underset{\sim}{i}uk$:　4.「酷」$k'uok$:　5.「曲」$k'\underset{\sim}{i}wok$。

古音的- $ång: -ung: -\underset{\sim}{i}ung: -uong: -\underset{\sim}{i}wong$ 在詩經當中或是

組成一個韻部，或是組成兩個韻部（又 -ăk: -uk: -i̯uk: -uok: -i̯wok 或是組成一部，或是組成兩部）這是中國語文學家當中一個很大的爭論問題。兩個最大的權威，段玉裁和王念孫却贊成是「一」部（不過，王氏只就 -ng 的語詞而言），又著名的語言學家朱駿聲也是依從他們的。 可是另外兩個專家，孔廣森和江有誥認為分析這 -ng 音的兩類（並且 -k 音的兩類）是可能的。一類是由古音的 -ăng, -ung, -i̯wong 組成的；一類是由古音的 -uong 和 -iung 組成的。李方桂依從後者。他引據了許多的材料以表明，一方面古音的 -ăng: -ung: -i̯wong 之間, (以及 -ăk: -uk: -i̯wok)，另一方面古音的 -uong: -i̯ung 之間，(以及 -uok: -i̯uk 之間)，不但在詩韻裏而且在諧聲字體當中，各自具有通常和密切的關聯；可是一個 -uong 或一個 i̯ung 混入於 -ăng: -ung: -i̯wong 各組裏的，或者，反過來，一個 -ăng, 一個 -ung 或一個 i̯wong 混入於 -uong: -i̯ung 各組裏的，(同樣也在 -k 音的各類裏)，乃是一種比較稀少的現象(雖然並不是絕對沒有)。依我的意見，他是對的，並沒有些許可疑的地方。「降」這個字，古音 kăng, 照常規和 -uong, -i̯ung 聯合，而並沒有和別些 -ăng, 也沒有和 -ung, -i̯wong 聯合，這個似乎是一種障礙，李氏很敏銳的猜

想，以爲這是異於別些古音 kǎng 的一個語詞。他引出了完全合法的結論，以爲我早先擬構的系統：

	1.	2.	3.	4.	5.
上古音	ång	ong	i̯ong	uong	i̯wong
古　音	ång	ung	i̯ung	uong	i̯wong

是有缺點的，因爲並不曾解明 1.: 2.: 5. 對 3.: 4. 這些押韻和諧聲上奇異的相互關係。所以他以爲古音的 -ång: -ung: -i̯wong 在中國上古音裏有一種的主要元音，-uong: -i̯ung 另有一種的主要元音。又前面的幾組旣然包含着 -ång，他就斷定那些是上古音的 1. ång: 2. ong: 3. i̯ong (-ong 變成古音的 -ung，又 -i̯ong 進而爲 -i̯wong 正如我所證明的 -i̯o > -i̯wo.)，而後面的幾組是上古音的 4. -ung: 3. -i̯ung (-ung 進而爲古音的 -uong)。同樣，古音的 1. -åk: 2. -uk: 5. -i̯wok 是上古音的 -åk: -ok: -i̯ok，組成一個韻類，又古音的 4. -uok: 3. -i̯uk 是上古音的 -uk: -i̯uk 組成另一個韻類。

這種說法似乎是很巧妙的，我也承認我初次看到很要傾向於接受牠。可是終於不能承受。因爲有各種的疑難。就李氏所說得對的，只是在這細分的兩部，主要的元音上有一些差別；但是在其餘的地方，他便陷於錯誤了。

第一處，必須記得；在這兩類之間，並沒有保持着一種「嚴格」的分界。牠們常常混用，足以使段氏和王氏聯合牠們為一大韻部（王氏只就 -ng 音的語詞而言）。詩（烈文）押「邦」pång:「崇」tṣ'iung, 易經也常押「邦」pång:「中」tiung, 那末, 這時李氏的上古音音值: pång: tṣ'iung, pång: tiung 便不很可信了。

第二處，可以爭辯的，牠是違背了古代方音上的證據。我在詩經研究裏，曾經提出古音的「工」-ung,「谷」-uk 和「宮」-iung,「菊」-iuk 是由上古音的 -ong: -ok: -iong, -iok (ung < ong 是李氏所承認的) 轉變而來的，這是因為我能夠示明，卽在切韻時代也有許多方音是具有 o 的音素的。如今，不但關於 -uk（「谷」，李氏的上古音 -ok）而且關於 -iuk,（「菊」李氏的上古音 -iuk），這是確實的，牠們在日譯吳音裏照例具有一個 o 音（參看詩經研究 127 頁）: 切韻 kiuk, tṣ'iuk, liuk, siuk, piuk, miuk = 吳音的 koku, soku, roku, soku, poku, moku, 又拼在雙脣音之後的漢音和高麗譯音裏也是如此: 切韻 miuk = 漢音 boku, 高麗譯音 mok。更其重要的: 切韻 冬韻，依照李氏便是上古音的 -ung, 在高麗譯音上照例却都是 -ong, 在漢音和吳音上又都是 -ou! 假使我

們對於「公」「谷」切韻的 -ung, -uk，因爲切韻語言的親屬的方言具有 o 音，就把牠們斷定爲上古音的 -ong, -ok，那末，我們似乎迫得也要把「冬」（切韻 -uong）列成一個上古音的 -o，因爲這個音也恰是表示同樣的現象的。可是，這種疑難並不很要緊，因爲，我把切韻的 -ung, -uk 測定爲上古音的「工」-ong,「谷」-ok 乃是錯誤的，關於此點我們就可以見到（我立刻要回轉來討論這個問題）；實在，隋時的各種方音對於中國上古音上的這些收尾音具有一種極紛岐的形式，要從牠們引出牽強的結論也是危險的。

　　第三處，還有一種疑難，尤其利害的。有某些上古音的押韻和李氏的解釋不相符合。因爲「破格的詩體」，於是隨處遇着比較自由的押韻，就是各異韻部的相押，而這些也常是很重要的。我們看到詩（烈文）裏的「崇」古音 *dzʻi̯ung*:「皇」 *ɣwâng*; 易經（艮）裏的「躬」 *ki̯ung*:「正」 *tsi̯ăng*:「終」 *tśi̯ung*; 楚辭（九章）裏的「中」 *ti̯ung*:「窮」 *gʻi̯ung*:「行」 *ɣɔng* (< *gʻăng*) 等等，這時我們就可以安然的斷說，以爲上古音的 *i̯ung* 就是古音的 *iung* 乃絕對要否認的。不正則的押韻如一種 -ong: -âng，一種 -ong: -äng，一種 -ong: -ăng 是可以行的，但是一種 -ung: -âng，一種 -ung: -äng，一種 -ung:

-ăng 那就不行了。不，古音的 -iung 無疑的是某種上古音 -iong; 古音的 -uong 具有某種 o 音也是無容爭論的。

現在，對於這細分的兩部，旣然我早先的擬構顯明的不通（參看上文第八一頁）（原文 37 頁）那末，我們怎樣的去解釋呢？我想，我們的研究最好不要從 -ng 的語詞入手，而從 -k 和 -g 的語詞開始進行；因爲這裏，正如 -əng 部裏的一樣，事實上 -ng 的語詞在一切可能的聯合關係上完全代表出來的，比之 -k 和 -g 的語詞要稀少。我們試把代表的語詞列出一個表，牠們是代表歸入這詩經三個韻部（關於 -ng 的語詞只有二部）裏的各種古音的收尾音，在諧聲字體上的區別也是很相符合的（要注意這點是極端重要的）。我爲着下文討論的便利起見，就依一種特別的方式來排列牠們。

I		II		III	
		11. 樂	12. ○		
1. 學	2. 包	13. 較	14. 郊	23. 角	24. 觳
3. 酷	4. 老	15. 沃	16. 高	25. 谷	26. 督
5. 矞	6. 休	17. 藿	18. 飫	27. 曲	28. 仆
7. ○	8. 陶	19. 虐	20. 廟		
9. 戚	10. 蕭	21. 的	22. 苕		

漢語詞類　　　　　　　　　　85

I	II	III
29. 降		32. 江
30. 冬		33. 工
31. 宮		34. 恭

(24., 26. 和 28. 爲段氏誤入於別部裏的；牠們的音符足以證明是屬於我們這裏的 III 部)。

這些代表語詞的古音音值是：

　　　I　　　　　　　II　　　　　　　III

　　　　　　　　11. âk　12. ○

1. âk　　2. au　　13. âk　　14. au　　23. âk　　24. ̯ǝu
3. uok　4. âu　　15. uok　16. âu　　25. uk　　26. ̯ǝu
5. i̯uk　6. i̯ǝu　17. i̯uk　18. i̯wo　27. i̯wok　28. i̯u
7. ○　　8. i̯äu　19. i̯ak　20. i̯äu
9. iek　10. ieu　21. iek　22. i̯ǝu

29. âng　　　　　　　　　　　32. âng
30. uong　　　　　　　　　　33. ung
31. i̯ung　　　　　　　　　　34. i̯wong

我把 -k 和 -u 的語詞相並的列着，因此具有兩種音讀的

諧聲字體表示着牠們的並屬。例如「覺」是讀 $kăk$ (1)，也讀 kau (2)；「告」是讀 $kuok$ (3) 也讀 $kâu$ (4)；「祝」是讀 $tśiuk$ (5)，也讀 $tśiəu$ (6)——等等。

I 部是<u>王念孫</u>的第二十一部，II 部是他的第二十部，III 部是他的第十九部（入聲）。這三部之間有很不少的相押；我在<u>詩經研究</u>裏甚至對於 I 和 II 兩部的分析是否正當，也起了疑問。經過了長久的考慮才使得我相信，這一種的區別畢竟必需要承認的。I 和 II 兩部，雖然牠們的差異並不一定很顯著，可是必需要分開來的，正不僅因為<u>詩經</u>和別些經典上的用韻關係，雖然有許多的相押，大體上說，定要把這三類彼此分開來的；又是而尤其因為這三部的區別在諧聲字體上是明白顯示的，這是一種極端有趣極端重要的事實。<u>李方桂</u>氏把這種公表出來是很可嘉尚的。（註一）

（註一）原注：對於這個原則似乎有一種重要的例外。 在諧聲字體上 I 和 II 兩部的古音 $âu, au, iâu, ieu, iəu$「不僅」和古音的 uok, iuk 互用，依據上面表上的<u>詩韻</u>系統這是牠們所應當如此的，可是在某些事例上又和古音的 $-uk$ (III) 互用，這是牠們所不應當的，參看我的<u>詩經研究</u> 152 頁（表）。 但是實際上情形並不像那樣的惡劣。 和古音 uok, iuk 接合的事例極其衆多，而和 $-uk$ 接合的却與之相反，表上只有六個事例；其中的五個事例是 $puk, p'uk\ muk$——顯然雙脣的起首音在這裏已經和早先的 $puok$ 或類似的音相混合了。 而且，六個事例當中只有二個是存在於<u>漢</u>代或<u>漢</u>前的字體。因此這種普通的原則是很堅固的。

所以，就這點上，李氏得了我的信從。但是他的構擬的計劃竟遭受着那樣大的錯誤，因之牠是完全不能承受的。李氏爲着要在這三部裏得到一種相異的主要元音，於是「除了」通常的 o 和開 â——這是 o 和 â 的「中間音」（如在英語 "all" 裏的）——之外，竟然又引進了一個第三的開 o 音，寫作 ω, â 和 â 的中間音！這個在發音上自然是很勉強而且不可能的。更其牽強的，尤在李氏所用來表出這種意思的方式：

I		II		III	
		11. ωk (﹥âk)	12. o		
1. ?	2. og (﹥au)	13. âk (﹥âk)	14. âg (﹥au)	23. âk (﹥âk)	24. ?
3. uk (﹥uok)	4. ug (﹤âu)	15. wωk (﹥uok)	16. ωg (﹥âu)	25. ok (﹥uk)	26. ?
5. iuk (﹥iuk)	6.	17. ?	18. ?	27. iok (﹥iwok)	28. ?
7. o	8. ?	19. iωk (﹥iak)	20. iωg (﹥iâu)		
9. iuk (﹥iek)	10. iug (﹥ieu)	21. iωk (﹥iak)	22. iωg (﹥ieu)		
29. ?				32. âng (﹥âng)	
30. ung (﹥nong)				33. ong (﹥ung)	
31. iung (﹥iung)				34. iong (﹥iwong)	

我們一看就可以見到這個，全部怎樣的不妥切：

（1）像李氏 I 部裏的那些上古音音值（幾乎都具有 u 的音素）和 II 部裏的那些（幾乎都具有較 â 更開的一個元音，實際是一個 â）這樣的不同，而在各個細目上差不多都可以發生同樣的古音結果，有誰能堅決的信從？

(2) 關於一切的空缺，特別是 1, 24, 26, 28, 29 (8, 17, 18 關係尚輕，我們就要見到的)，又是怎麼辦？係照李氏的系統，要把任何合理的上古音音值填入其中，又如何是可能？李氏竟乖巧的把這些地方避而不論。可是這些語詞(以及牠們所代表旁的許多語詞) 明明是屬於這些韻部的。假使，依據段玉裁，李氏要把 26 和 28 不放在 III 部而放在 I 部，他就要從炒鍋跳進水爐裏去了；那末，使他給這些類的語詞分別尋求上古音的音值，更其不可能的了。他的系統在這裏是完全不能維持了。

(3) 假使 II 部有一個介於 $å$ 和 $â$ 中間的元音，那末 II 部又怎樣會和「作」類上古音 $tsâk$ 等的語詞 (段氏第五部) 以及 III 部 (依李氏為 $åk$) 並沒有常常的互用，而在 I 部和 II 部之間許多接合的事例上，却和 -u- 的語詞互用呢？那完全是不可解的。

(4) 為何 13 "$åk$," 14 "$åg$" 並不和 23 "$åk$" 相押呢？

這種顯然都是不可能的。我們要尋求解決的途徑，和李氏的那些很不相同。

我們開始先來討論 III 部，又立刻要認定詩經研究裏所犯的一種根本錯誤：借助於日本譯音和高麗譯音這樣晚後的方

言來竭力解釋牠。我的結論以爲古音 25. *kuk* 就是上古音的 *kok*, 這是沒有價値的。我們暫時離開 24, 26, 28 而專注於主要的各類: 23, 25, 27 古音的 *âk, uk, i̯wok*, 依孔廣森和江有誥所證實的, 牠們組成一個韻部分別於 I 和 II, 我們將要根據上古音的本身來判斷牠們, 有兩種顯著的事實要拿來討論的:

(1) 在押韻和諧聲上, I 和 II 的 *âk, uok, i̯uk*, 和 *âk, i̯ak, i̯ek, i̯äu, i̯eu* 諸類顯然都具有開口的語詞有通常的關聯, 而和 III 的 *âk, uk, i̯wok* 却沒有這樣的關聯 (還要參看第八六頁附註)(原文 40 頁附註)。

(2) 在不規則的押韻上, III 部和段氏的第四部極常相混 (但是 I 和 II 絕不如此), 段氏的第四部爲上古音的 -*u*, -*i̯u* 是很確實的 (參看詩經研究 145 頁)。例子:

 1. 驅續穀 2. 奏祿 3. 木附屬 4. 谷穀垢 5. 屬具 6. 谷鮒漏

 1. (詩, 小戎) 古音 *k'i̯u: zi̯wok: kuk;* 2. (詩 楚茨) 古音 *tsəu* (< *tsu*): *luk;* 3. (詩 角弓) *muk: b'i̯u: zi̯wok;* 4. (詩 桑柔) *kuk: kuk: kəu* (< *ku*); 5. (離騷) *zi̯wok: g'i̯u;* 6. (易經, 井) *kuk: b'i̯u: ləu* (< *lu*)。

實在，這種現象是很明顯的，因之王念孫曾經把我們的 III 部（古音 ăk, uk, i̯wok）作爲相配於古音 ou, i̯u（上古音 u, i̯u）的入聲韻。

這兩種事實足以消除關於 25.「谷」古音 kuk, 27.「曲」k'i̯wok 諸類上古音音值的一切疑竇。牠們並非，像我在詩經研究裏所假定的，ok, i̯wok; 也不是，像李氏所假定的，ok, i̯ok。牠們明明是合口語詞：25. uk, 27. i̯uk。所以變則的押韻可以容有上面　頁（原文 41 頁）的表上那些樣子：上古音 1. k'i̯u: dzi̯uk: kuk; 2. tsu: luk; 3. muk: b'i̯u: d̑i̯uk; 4. kuk: kuk: ku; 5. d̑i̯uk: g'i̯u; 6. kuk: b'i̯u: lu。（依李氏的系統：1. k'i̯u: dzi̯ok: kok; 2. tsu: lok 等等，便很不可解了。）

上古音的 -uk 在切韻的方言裏保存着，但是在別種古代的方言裏變成了 uok（日本譯音拼「屋」爲 woku,「翁」爲 wou); i̯uk 變成了 i̯wok。可是在相配的 -ng 音語詞裏，上古音 34. -i̯ung 透進了我們所知道古代方言的一種最古的，就是日本吳音所根據的吳地方言當中。我們見到（高氏中國音韻學研究 853 頁）切韻 ki̯wong, g'i̯wong, ˙i̯wong, ti̯wong, li̯wong, si̯wong 等，相當於日本 吳音的 ku, gu, iu, ĕu, riu, šu 等。

即此一切通行無阻了。但是 23. 一類古音 ăk 似乎成爲一

個嚴重的阻難。假使 25. 是上古音的 uk 而 27. 是 $i̯uk$, 那末這 23. $ăk$ 是什麼呢？

這是顯然的，III 部的 $ăk$ (23) 和 I 部的 $ăk$ (1.) 以及 II 部的 $ăk$ (13.) 這三類，既然沒有一類和任何其他的一類相押韻，所以有一種不同的上古音的來源。III 部的 $ăk$ (23, 相配於上古音 $-g$ 的語詞 24. 古音 $-g̯u$, 而 I 部的 $ăk$ (1) 和 II 部的 $ăk$ (13) 相配於 2, 14 古音 au, 顯然 III 部的 $ăk$ (23) 比較其他的二類具有一個較「沈濁」的元音。牠既然和 25. 上古音 uk 以及 27. 上古音 $i̯uk$ 押韻，又在諧聲上常和牠們互用，所以必定是某種的 u 音。但是分別所在是什麼呢？我想祕奧的地方是在「音量」上。

馬伯樂是最初注重中國古音裏（自然也是上古音裏）長元音的（緊元音的）和短元音的（鬆元音的）音綴之間根本重大的差別的。這是一種富饒的意義，使得我們解決了很多的難題。幾乎在各個上古音的韻部當中都有這種的區別。有了 ang: $ăng; i̯ang; i̯ăng; an: ăn; i̯an: i̯ăn; ien: i̯ĕn; ieng: i̯ĕng; am: ăm; i̯am: i̯ăm.$ 假使我們細察 a 音諸類裏短元音的各韻，便見到牠們，當具有介音的 $i̯$ 時，只是存在於舌根音（以及喉頭音）和雙唇音之後的，而沒有存在於舌前音和舌尖音之後的：

古音 $ki̯ɒn, ki̯wɒn, pi̯wɒn; ki̯ɒng, ki̯wɒng, pi̯wɒng$ 等諸類；更進，又看到牠們，沒有介音 $i̯$ 時，也存在於所謂舌根音和雙脣音之後，此外，在某些事例上也存在於 $t, d, tṣ, tṣ', dẓ',$ 但是沒有存在於 $l, t, t', d', ts, ts', dz', s$ 之後的：$kɒn, pwɒn, sɒn$ 諸類。這裏，我們現在的 I, II 和 III 部當中，見到古音 $ǎk$ 的三類 (1, 13, 23) 恰好具有這種特性：牠們主要的只是存在於舌根音和雙脣音之後的 $(kǎk, pǎk)$，以及如「捉」$tṣǎk$ 等幾個事例當中。同樣，古音 $ǎng$ 的二類 29, 32 是 $kǎng, pǎng$ 以及一個偶然的 $ṣǎng$ 等。我斷定 1, 13, 23, 29, 32 諸類是屬於這種短元音的音綴，這種也給我們對於 I, II 和 III 我們表上各種差別的顯示，否則便無法可以解釋了。假使我們，第一步，先論到 III 部，我們現在就可以填進上古音的音值：

23. 上古音 $ŭk > ŏk >$ 古音 $ǎk$; 25. 上古音 $uk >$ 古音 uk; 27. 上古音 $i̯uk >$ 古音 $i̯wok$;

又，在相配的 $-g$ 音諸組裏：

24. 上古音 $ŭg > u >$ 古音 $ǝu$（正如「句」上古音 $ku >$ 古音 $kǝu$）; 26. 上古音 $ug > u >$ 古音 $ǝu$; 28. 上古音 $i̯ug >$ 古音 $i̯u$。

漢 語 詞 類　　　93

在 -ng 音諸組裏：

32. 上古音 ŭng > ŏng > 古音 ång; 33. 上古音 ung > 古音 ung; 34. 上古音 iung > 古音 iwong。

又這裏，我們對於上面ə部當中困擾我們的難題（第七九頁）（原文 36 頁）也出於意料的得到解決。那個上古音的韻部裏：

əng	wəng	○
iəng	—	iung
ək	wək	○
iək	iwək	iuk
əg	wəg	○
iəg	iwəg	iug

我們有了 iung, iuk iug, 可是，說也奇怪，只沒有 ung, uk, ug。在現今這部裏：

| ŭng, ŭk, ŭg | ○ | ○ | ○ |
| ung, uk, ug | | iung, iuk, iug |

我們有 ŭng, ŭk, ŭg, 可是沒有 iŭg, iŭk, iŭg! 我們看到ə部裏「弓」iung,「囿」iuk,「久」iug 只是存在於舌根音（喉頭音）和雙唇音之後的，kiung, kiuk, piuk, kiug, piug

諸類，但是並沒有其他起首音之後的，因之顯然符合於 a 音諸類裏短元音的各類 ($ki̯ăn, ki̯wăn, pi̯wăn$ 而沒有其他的起首音的)，這時我們一眼可以看到 $ə$ 部裏的「弓」,「囿」,「久」，就是那些類（短元音的）：我們這裏 III 部當中正遺失着的 $i̯ŭng, i̯ŭk, i̯ŭg$。

那末，牠們爲何不和我們這裏 III 部當中 $ŭng, ŭk, ŭg$ 押韻而和 $ə$ 部當中的 $əng, ək, əg$ 押韻呢？其理由是在短的 $ŭ$ 音，當前面有個 i 的時候，必定已經改變了，因之使這種音的圓唇性和舌根性較 $ŭng, ŭk, ŭg$ 裏的要減退了。牠必定已經成爲某種和瑞典語"$kung$"裏的"u"或英語"$value$"裏的"u"相似的音。實在，這種音在構成上和聽感上很接近於 $ə$ 音；我們也容易瞭解牠在押韻和諧聲上與其和狹小的圓唇化及強度的舌根音 $ŭ$ 和 u 相接合，毋寧和 $ə$ 音相接合。說了這種音之後並且巧妙的解釋了文字上和押韻上這種特性，我們可以妥切的寫作「弓」$ki̯ŭng$,「囿」$gi̯ŭk$,「久」$ki̯ŭg$ 在語源學上是對的， 而要記着在這些類的音綴裏 $ŭ$ 音比之 $kŭng, kŭk, kŭg$ 諸類裏的 $ŭ$，具有一種不同的及較開的「音色」。

我們現在把上面（第八五頁）（原文 39 頁）裏繁雜的 I 部

和 II 部拿來查考一下。假使看了牠們古音的音值，便有一種令人驚異的類似。對於上古音的這二部，要竭力來尋求主要元音性質上的一種分別，似乎是絕端無謂的。可是，牠們旣然很明顯的區分作相異的韻部——實在,具有許多混合的，這樣的一種分別必定是存在的。而我們必需的要來解決這個難題。

第一步我們要稍爲減除這兩部明顯的類似點。上面第八五頁(原文 39 頁)的表是正確的，可是牠有幾分不對。因爲所舉的幾類並非都是同等的正常和普通的。I 部裏「正常」的諸類是 1, 2, 3, 4, 5, 6, 9, 10; 8. $i\check{a}u$ 這一類幾乎是難列入的。在某些押韻上，用「陶」古音 $i\check{a}u$ 這個語詞代表出來。而且，段玉裁把「茇」 $g'i\check{a}u$, 和「椒」 $tsi\check{a}u$, 因爲牠們所具的音符，列入我們的 I 部，但是在詩經裏牠們只是一度的互相押韻，而沒有和其他的語詞相押，所以我們不能恰恰斷定牠們是屬於 I 或是屬於 II。切韵裏具有古音 $i\check{a}u$ 的語詞當中，極大多數顯然是 II 部的，是具有屬於那部的音符的；有幾個語詞具有屬於 I 部的音符，但是因此也並非必需的要把那些語詞放入上古音的 I 部，因爲這些字體也許由於諸聲上 I 部和 II 部之間(無疑的是很相類似的)的相接合。總之，可以

說古音的 *iău* 是 II 部裏正規和通常的音，照例並不應存在於 I 部當中，正如 *iəu* (I 部，6.) 是 I 部裏正規和通常的音，畢竟不應存在於 II 部當中的。那末，這裏就是 I 和 II 之間一種有力和真正的區別。

II 部裏「正常」的諸類是 11, 13, 14, 15, 16, 19, 20, 21, 22。17 和 18 兩類各只有一個單獨的語詞來代表，這兩類既然牠們是不能用來建立的，我們也不必計及。牠們也許由於單個事例裏某種特殊的情形。所以我們可以減少我們這三部正常代表語詞的系統，而重行寫作如次：

I		II		II	
		9. 樂	10. ○	19. 角	20. 殼
1. 學	2. 包	11. 較	12. 郊	21. 谷	22. 督
3. 酷	4. 老	13. 沃	14. 高	23. 曲	24. 仆
5. 茮	6. 休	15. 虐	16. 廟		
7. 戚	8. 蕭	17. 的	18. 茗		
25. 降				28. 江	
26. 冬				29. 工	
27. 宮				30. 恭	

漢　語　詞　類　　　　　　　　　　　　　　97

在中國古音裏：

	I		II		III	
		9. $\hat{a}k$	10. ○			
1. $\hat{a}k$	2. au	11. $\hat{a}k$	12. au	19. $\hat{a}k$	20. $\underset{\sim}{a}u$
3. uok	4. $\hat{a}u$	13. uok	14. $\hat{a}u$	21. uk	22. $\underset{\sim}{a}u$
5. $i̯uk$	6. $i̯\underset{\sim}{a}u$	15. $i̯ak$	16. $i̯äu$	23. $i̯wok$	24. $i̯u$
7. iek	8. ieu	17. iek	18. ieu		
25. $\hat{a}ng$				28. $\hat{a}ng$	
26. $uong$				29. ung	
27. $i̯ung$				30. $i̯wong$	

既然 III 部是具有 u 的音，那末 I 和 II 就不可以再有 u 音。又 $ək, εk, \hat{a}k, ak, ek$ 既然在別的一些詩經韻部裏見到，那些韻部和我們這裏的 I 部和 II 部整然區分的，所以我堅持着我在詩經研究所說的，反對着李方桂的意見：以為這兩部有了某種的 o 當作主要的元音。但是李氏所說 II 部必定比 I 部具有一個「較開」的主要元音，確是對的。這樣就使我們把 I 部定為合 $o：\hat{o}$，把 II 部定為開 $o：o$ 和 $\hat{a}$。於是我們就要適用我們所已經決定的長元音和短元音的音綴間那種區別了：$\hat{o}$ 用來別於 o，$\hat{o}$ 用來別於 $\hat{o}$（因為印字體上的

理由，要除去一個難看的 δ，我就把短 $\hat{o}$ 寫作這樣：$\hat{o}$)。最後我們又可以把上古晉音值填進於我們所列的表上，這些音值對於這三部間在押韻上和諧聲上的「分界」以及牠們彼此間，同樣在押韻上以及諧聲上，許多例外的相接合，都會得到美妙的解釋了。要注意這 -ng 音的一類比之 -k 和 -g 的兩類，貧乏得多。其中的形式具有介音 i 的較少，又只有配屬於 I 和 III 的形式，沒有配屬於 II 的。後面的這一種情形是否因爲是原始相異的兩類彼此的混亂，現在不能斷說；我們只可以說詩經韻和諧聲上在這裏都沒有表明符合於 -k 和 -g 的語詞中那種的區別。

I				II				III			
				9. $\hat{a}k$ (> $\hat{a}k$)		10. $\circ$					
1. $\hat{o}k$ (> $\hat{a}k$)		2. $\hat{o}g$ (> au)		11. $\hat{o}k$ (> $\hat{a}k$)		12. $\hat{o}g$ (> au)		19. $\hat{u}k$ (> $\hat{a}k$)		20. $\hat{u}g$ (> ϱu)	
3. $\hat{o}k$ (> uok)		4. $\hat{o}g$ (> $\hat{a}u$)		13. ok (> uok)		14. og (> $\hat{a}u$)		21. uk (> uk)		22. ug (> ϱu)	
5. $i\hat{o}k$ (> juk)		6. $i\hat{o}g$ (> $i\varrho u$)		15. iok (> iak)		16. iog (> $i\ddot{a}u$)		23. juk (> $jwok$)		24. jug (ϱu)	
7. $i\hat{o}k$ (> iek)		8. $i\hat{o}g$ (> ieu)		17. iok (> iek)		18. iog (> ieu)					
25. $\hat{o}ng$ (> $\hat{a}ng$)								28. $\hat{u}ng$ (> $\hat{a}ng$)			
26. $\hat{o}ng$ (> $uong$)								29. ung (> ung)			
27. $i\hat{o}ng$ (> $jung$)								30. $jung$ (> $iwong$)			

此外，還有舌根音收尾的一類，需要幾句話說明的。段氏的第十一部，王氏的第六部包含着具有古音 εng, $i\ddot{a}ng$, $ieng$

的語詞,(註一)既然這部和段氏第十部的 ang, ĭang, ăng, ĭăng 等絕不相押,我們可以知道那個舌前元音是屬於上古音的。以 -k 和 -g 的語詞來和這個 -ng 的韵部相配的是段氏的第十六部,王氏的第十一部,具有古音的 -ię, iei, ai, iwei 的。這個韵部的 ię 必須要完全分別於段氏第十七部的 ię (< ia),例如「何」古音 γâ,「過」kuâ (< kwâ),「皮」b'ję (< b'ia),「爲」jwię (< gwia),「加」ka, 牠們在上古音裏是具有 -a（開音綴）的。等十六部裏的 -ię 是相配於古音 -ĭăng 的 -g 音。

我在詩經研究裏（157 頁）說過,古音 -εng, -εk 兩韻:「耕」kεng,「革」kεk 等,前者在詩經裏押入於 e 音的一類,就是具有 -ĭăng, -ieng 的,後者押入於 ə 音的一類,就是具有 -ək, -əg 的。這是確實的,但是並不盡然。古音 εng (εk) 包含着兩種字體,在上古音的來源上是很相異的。其中的一種,具有一個開、鬆的 ä 音:上古音 -εng, -εk, 和中性的鬆 ə: əng, ək 押韻;另一種,在中國古音裏是「符合」於開 ε

(註一)原注「生」古音 şʋng 的一組必要期望牠是上古音 săng 而押入於 -ang 部裏的。但是牠很依規則的押入於 ăng-eng 一類當中,這是表示着這裏的一個上古音 ɛ̆ng 是不依規則的轉入於古音韻 ʋng 的。

的,（既然「耕」ɛng:「清」i̯äng:「青」ieng 在切韻裏是各異的韻）在中國上古音裏必定是另外一種的 ä 或 ə。依據上文（第八頁，第一二頁）（原文 3 頁，6 頁）B 部當中，我們有了上古音的 i̯ĕn: ien 作為收韻的這種類比，我斷定在這部裏三種主要的收韻是 ĕng: i̯ĕng: ieng, 因此我得到下列的系統：

上古音 ɛ 的一類，押入於 -əng, -ək 部的：

    1. 橙   2. 革   3. 戒
    4. 宏   5. 麥   6. 怪

1. εng ($>\varepsilon ng$)   2. εk ($>\varepsilon k$)   3. εg ($>ai$)
4. $w\varepsilon ng$ ($>w\varepsilon ng$)   5. $w\varepsilon k$ ($>w\varepsilon k$)   6. $w\varepsilon g$ ($>wai$)

上古音 e 和 ĕ 的一類，構成段氏的第十一部和第十六部：

    1. 耕   2. 戹   3. 解
    4. 嶸   5. 劃   6. 挂
    7. 清   8. 易   9. 知
    10. 營 11. ○ 12. ○
    13. 青 14. 錫 15. 提
    16. 扃 17. 具 18. 圭

1. $\breve{e}ng$ ($>\varepsilon ng$)   2. $\breve{e}k$ ($>\varepsilon k$)   3. $\breve{e}g$ ($>ai$)
4. $w\breve{e}ng$ ($>w\varepsilon ng$)   5. $w\breve{e}k$ ($>w\varepsilon k$)   6. $w\breve{e}g$ ($>wai$)

7. i̯ĕng (> i̯äng)   8. i̯ĕk (> i̯äk)   9. i̯ĕg (> ia > i̯ĕ)
10. i̯wĕng (> i̯wäng) 11. ◯   12. ◯
13. ieng (> ieng)   14. iek (> iek)   15. ieg (> iei)
16. iweng (> iweng) 17. iwek (> iwek) 18. iweg (> iwei)

關於 3. ĕg > ĕi > ai 可與德語的 ei > ai 相比。i̯ĕg > ia 那種轉變必定很早已經發生了，因爲古音的 i̯ĕ < 上古音 i̯ĕg （我們現在的這部，段氏的第十六部）和古音的 i̯ĕ < 上古音 ia（段氏的第十七部），牠們在詩經裏是劃分得很清楚的，而在老子和莊子當中已經很自由的相押了。

中國上古音，約當二五〇〇年前的一種語言，把牠細微小節的擬構出來，單是靠了內在的證據，沒有應用比較印度支那語的材料，並且在某幾點上似乎「違背」着暹羅語上那樣的證據（參看上文第六七頁）（原文 30 頁），這未免總是冒險的。但是，必須要注意的，我們對於這樣的一種構擬，比之那些學者僅僅靠了分散而「晚後」的材料，來擬構一種更早時期的語言的，在立場上實在好得多。上文第六六頁（原文 30 頁）上所引的例子，steinn, stein, sten, stone: stainaz 是對於後者所犯的危險，極足以啓示的。先時語言裏的重要現象也許有晚後的材料所絕不能顯示的。我們的立場却便宜得多，因

為我們有了「材料來考求中國上古音，追溯到這種語言的那個時期」（粗略的說西元前一〇〇〇年——六〇〇年），這些材料並沒有表出具體的音值，這是實在的，但是所表出的，可以說是要給我們填入的一種「框架」，就是只需加以解釋的「音韵部類」。而這些早先的材料的價值，因那種事實而大大的增進，就是有了「兩種」材料是彼此絕對獨立的：詩經韵和諧聲字體。這兩種材料，依着一個很幸運的機緣，都是對於那種實際上同一的語言顯出曙光，確實的, 在幾點上, 諧聲字體所顯示的是這種語言稍爲更古的時期（參看上文第七〇頁）（原文 32 頁），但是在大多數的部類當中，彼此妥切的符合是很可驚異的：在這兩種材料上可以見到各類音韵當中的語詞有同樣的區別，同樣的分界。這是顯然的，詩經各篇最後形式的訂定和諧聲（原來是假借）標準系統的創立，是在同一的中心地帶，姑且假定爲周代的朝庭上，而方言的紛歧只是在偶然的事例上得顯現於押韵和字體當中。

可是，還有一個大缺點要指出來的。假使我們依靠兩重的材料，對於上古的元音和收尾輔音的構擬，得有便宜的措置，那末，一論到「起首音」的時候，我們便受很大的阻礙，因爲這裏只有諧聲的「一套」材料可爲依據了；自然，這裏詩篇

是對於我們完全無用的。這是確實的，在許多重要點上，諧聲曾經使我們得因以覺察上古的起首音很多異於古音的（$g\text{'}>\gamma, d>z, \dot{n}>\hat{n}z, t>t\check{s}, s/a>\rlap{,}sa, gi>ji, d\dot{\imath}>\dot{\imath}$ 等，參看我的分析字典）；但是上古音和古音間起首音系統的差異，有許多並不曾由這種單獨的材料，諧聲，偶爾顯示出來，當然是我們所不能覺察的。尤其是，我所深怕的，也許有很多「複合輔音」存在的地方，我們却只能覺察為單獨的輔音的。我們絕不要忘記，在我們的方程式上容有許多這樣的 x，只待將來因印度支那語的比較才可以把牠們填出來的。牠們或許在某種範圍上使得下列的研究比之初見到時所覺得的更少了確實性。雖然如此，我們却要來嘗試一下，相信着這種系統，雖或在孤獨的幾點上有重訂的必要，而在大體上總是可靠的。

關於起首的複合輔音，有一點我要說幾句話的。我們在諧聲上所常見的，有一種 $k\text{-}: \text{-}l$ 和 $p\text{-}: l\text{-}$ 的轉換，例如「各」古音 $kâk:$「洛」$lâk$，「變」$pi̯än:$「孌」$li̯wän$，這時似乎要起疑惑，那種複合的輔音還是存在於 $k\ (p)$ 音的字，還是存在於 l 音的字，或是兩者當中都有存在着。這樣的三種解釋，由因推果，似乎都是有可能性的：

A.「各」$klâk:$「洛」$lâk;$ B.「各」$kâk:$「洛」$klâk\ (glâk);$

C.「各」*klâk:*「洛」*glâk*。

自然，對於這種情形，不能希望得到固定的條例，因爲諧聲的字體並非統統建立於恰好相同的諸原則之上的。但是在許多事例裏，這三種的說法當中有一種決定是最可取的：*C* 的說法。

A 的說法在幾個例子裏是要排除的，就中我們可以有可靠的證據做基礎。第一，有個「藍」字，古音 *lâm*（靛青），先時常常論到的。幸爾這裏我們有兩重的佐證，因此事實就可以得到一個定案。我們一方面有了「監」古音 *kam* 作爲音符，這時，另一方面又有暹羅語的 *k'ram*（靛青）＜ 較古的 *gram*，那末，上古音 *lâm* 前面的舌根音是確實的：上古音 *glâm*（靛青）。此外，還有一個有趣的事情，就中可以表明 *l* 前面的舌根音曾經保存到了前漢時代，這是摩爾岑斯 (*G. Morgenstierne*) 教授指示給我的。羅布淖爾上的樓蘭城爲斯文赫定 (*Sven Hedin*) 所首先發見和發掘的，在張騫旅行的報告（西元前第二世紀時）上已經稱爲「樓蘭」了，這個外國語詞的譯文必定是密合於那時的語音的。「樓」(*lou*) 字具有和「窶」*g'iu* 字相同的音符，顯示着一個舌根音，又此城有在可哈洛斯底文 (*Kharoshti*) 的記載當中稱爲 "*Kroraimna*"

漢　語　詞　類　　　　　　　　105

（見於斯泰因氏 Stein 近印度 Serindia 41 頁）。所以 ləu 是漢朝的 glu。在這兩種的例子上都足以排除 A 的說法。

馬伯樂 (H. Marspero)（唐代長安的方音 Le Dialecte de Tch'ang-ngan sous les T'ang）曾經指明「變」piän（以 liwän 爲音符）這個語詞符合於遏羅語的 "plien"。這說似乎是可信的，如果是對的，那便是一個事例足以排除 B 的說法的。又這裏可以尋得古音 k- 的字（「各」kâk），卽使下迄漢代也有一種 kl- 音的遺跡。「各」kâk 和「閣」kâk 是同音的字。「各」用作「各」glâk（依照上面論到 A 的說法所云，是要補增 g- 音的）字裏的音符。那末，「閣」是上古音的 kâk，或是 klâk 呢？牠用在詩經 斯干裏的一個短句「約之閣閣」當中，這裏的 kâk 不是表明「樓閣」的意義。毛亨（約當西元前第二世紀中葉）以早先注釋家所常用的一種方法來解釋牠。他認爲是代表另外一個「同音」語詞的假借字，說「kâk kâk 卽爲『歷歷』liek liek」。這種音訓，假使「閣」是一個上古音的 kâk，便不可能，是無意義的了，如果是一個上古音的 klâk，便可以明白了：「klâk-klâk 卽爲 liek-liek」（這樣一種音讀不同的程度有時發生於假借當中）。　這種確是使我們贊成 C 的說法，於是我們得到了「各」klâk:「洛」glâk 等。

我們在這種事例裏，或許可以得到一個定論，或者似乎還有許多同類的事例，可是在另一方面，我們却不要過於嚴格的一概而論以斷定這是「永常如此的」；說諧聲的創作者並不有時適用 A 式，有時適用 B 式，正如有時適用 C 式那樣，自然我們是沒有保證的。

我們現在最後一步要來排列一串的表，凡是可以認爲親屬的語詞，就是組成語詞的族類的，都把牠們列出來。爲着開始要愼重起見，我在本篇當中，要遵守着某種稍爲狹小的範圍。第一點，我把那些只包含着「兩種」成分，一個起首音和一個元音（或複合元音）的語詞一概捨去。如同 $ku:ko$, $pâ:pia$ 之類的語詞一種比較是很冒險的，因爲語詞的本體「過於短小」了。語詞具有「三種成分」，起首音，元音（複合元音）和收尾音的：$kân: gian: k'iwan; tung: tôk: d'ôg$ 之類，就中可有得到眞實性的機會就無限的擴大了。第二點，這是很可能的，起首音極端相異的語詞實在是親屬的──尤其是因別種印度支那語所顯示我們的，中國語上一個單純的起首音常常由於冗長的複合輔音一種劇烈的減縮（西藏語 "brg-yad" ＝中國語 "pwat"「八」──又如「時」上古音 $ḋi̯əg$ 也許和「期」$g'i̯əg$；「壽」$ḋi̯ôg$ 也許和「考」$k'ôg$ 及「老」$lôg$

漢 語 詞 類

有親族的關係。但是目前我把這樣的一切問題留待後來的討論。 這裏我遵守着語音上親屬詞類的限制，很獨自的決定，不越出下列的諸主要部類之外：

我首先依照收尾音把語詞分做三大類：

1. -ng, -k, -g;
2. -m, -p, -b;
3. -n, -t, -d, -r。

於是我依照上古的起首音把這主要的三類再分爲各類：

A. k-, k'-, g-, g'-, ng-, x-, '-;

B. t-, t'-, d-, d'-, ṭ-, ṭ'-, ḍ-, ḍ'-; ts-, ts'-, dz-, dz'-, tṣ-, dẓ'-; ś-, s-, z-, ṣ-;

C. n-, ṅ-, l-;

D: p-, p'-, b'-, m-。

(語詞具有起首的複合輔音的——kl-, gl- 等——我認爲是很冒險的材料，因之只在幾個事例上引用牠們)。

反之，我對於元音沒有加以區分。從西藏語上所得的經驗指示着我們，這種語言的演化有很多的「元音變換」，因之在同一語根之內容有極多變異的韻素。我也要判定中國語裏也可以得到同樣的現象。

關於「音調」我竟沒有加以注意。單是把古音的音調適用於上古音的語詞上，乃是不行的，而我們對於上古音的音調系統是否嗣後能夠得到一種詳細的認識，也還是疑問。所以我在表上所列的語詞，彼此間語音實際的差別，比之從注明的形式上所見到的常要加大：正如一種音調的差別，是我的音標上所沒有注明的。我希望將來有一篇論文，要回來討論到這個問題。

列出的各表，其用意所在，千萬不要誤會。要肯定各類裏的語詞都「是」親屬的，我現在還相差很遠，我的意思只是說牠們是「可以測定」為親屬的。在幾個事例當中，親族關係是絕對顯著明確的。在更多事例當中，也有極強的可信程度。其餘的不過只是一種可能，至少也值得討論罷了。所以各個小小的「親族詞類」只須認為是一種「框子」，包含着的材料將來是要從中使行選擇的。確定的結果只能依據比較印度支那語的研究才可以得到的，因為語音上的符合有時很容易是似是而非的。例如，中國的語詞有這樣的一大羣都是收尾於 -ng 的，因之我們很可以推想牠們當中許多是從印度支那語上收尾輔音很相異的語詞轉變而來的。又，č- 和 ǯ- 的諸組或許是印度支那語上極形錯雜的複合輔音一種單純化的

結果。所以，這種的類集，充其量，也只有一部分可以說是眞正的語詞族類；其他許多的符合依理只是由於偶然的。可是我毫不遲疑的來構成這些框子，因爲是要做一種初步的工作，我又認定沒有別種方法可以來對付這個問題的。

現在這種具有可能性的語詞的結集，並非說是已經盡在乎此；還有許多是可以引進的，但是現在我只願意舉出幾個例子罷了。

像現在這樣的一種研究，關於所引的語詞必需要仔細的甄別。牠們必須是大家認爲眞正，實在的語詞。如果我們引據廣韵和集韵，應用牠們幾萬的「字典的語詞」，或且把最早的字典，爾雅，蒼頡篇，方言，說文解字，廣雅上所舉出的一切語詞，也拿來放入其中，我們便很容易得到諸極大類的「親屬語詞」。但是這種的材料是不能接受的。我所引進的語詞只是語言中或者屬於最普通流行的語詞——這些在我的表上佔了大多數——或者，即使不很普通的，也是從前「書本」上有確實的證明的。

A. K-NG 一類的語詞

1. 景　2. 鏡　3. 光　4. 晃　5. 煌　6. 旺
7. 瑩　8. 耿　9. 熲　10. 炯　11. 熒　12. 螢

13. 杲 14. 赫 15. 旭 16. 熙 17. 熹 18. 曉
19. 暎。 20. 行 21. 徨 22. 往 23. 迂 24. 街
25. 巷 26. 遨。 27. 講 28. 告。 29. 更 30. 改。
31. 麴 32. 酵 33. 迎 34. 逆。 35. 糠 36. 殼
37. 榖。 38. 瘦 39. 癰 40. 鴻 41. 鵠。 42. 浴
43. 沃 44. 渥。 45. 形 46. 營 47. 影。 48. 亢
49. 狂 50. 競。 51. 衡 52. 橫 53. 扃 54. 杠。
55. 巠 56. 涇 57. 縈 58. 瀯 59. 江 60. 潢
61. 滓 62. 泳 63. 泽 64. 洪 65. 浩 66. 洒
67. 洶 68. 决 69. 汪 70. 滃。 71. 懭 72. 悝。
73. 驚 74. 警 75. 敬 76. 惶 77. 怛 78. 兢
79. 恭 80. 恐 81. 瞿 82. 慢 83. 駭 84. 忌
85. 曥 86. 愕 87. 恍 88. 惝 89. 嚇 90. 虩。
91. 岡 92. 擎 93. 陘 94. 嶸 95. 扛 96. 企
97. 起 98. 高 99. 躋 100. 喬 101. 翹 102. 丘
103. 卬 104. 昂 105. 仰 106. 崿 107. 額 108. 嶽
109. 崖 110. 危 111. 傲 112. 堯 113. 曉 114. 輿
115. 香 116. 馨 117. 馨。 118. 炕 119. 曠 120. 洇
121. 稟 122. 稿 123. 槁 124. 菱 125. 糗 126. 熬

漢語詞類　　　　　　111

127. 烘　128. 燸。129. 頸　130. 到　131. 項　132. 脛
133. 骸。134. 康　135. 慶　136. 幸　137. 祺　138. 喜
139. 奵。140. 誆　141. 誑　142. 惑　143. 乖　144. 譌
145. 詭　146. 怪　147. 欺　148. 宄　149. 狡　150. 矯
151. 疑　152. 謊。

1. $ki̯ăng$（光明，光線，景緻等義）：2. $ki̯ăng$（光線反照器：鏡子）：3. $kwâng$（光線，光輝）：4. $g'wâng$（光明）：5. $g'wâng$（光明，放光）：6. $giwang$（光明）：7. $gi̯wăng$（燦爛，如寶石）：8. $kĕng$（明亮）：9., 10. $ki̯weng$（光線，光明）：11. $g'iweng$（光明，光線）：12. $g'iweng$（火螢蟲）：13. kog（光明）；14. $xăk$（燃燒，顯赫）：15. $xi̯uk$（光輝）：16. $xi̯og$（光明）：17. $xi̯əg$（光明）：18. $xi̯og$（放曉，曙光）：19. $i̯ăng$（明亮）。

20. $g'ang$（行走，行去，所行之路）：21. $g'wâng$（行來行去）：22. $g'iwang$（行走，行去）：23. $giwang$（行走，行去）：24. $kĕg$（街道）：25. $g'ŭng$（街巷，小巷）；26. $ngog$（遨遊，逍遙）。

27. $kŭng$（講說，講明）：28. $kôk, kôg$（告訴）。

29. $kâng$（變更，更改）：30. $kəg$（更改，改變）。

31. k'iôk（發酵，釀母）：32. kôg（發酵，釀母）。

33. ngiăng（逢迎，迎接）：34. ngiăk（迎接，迎逆，反逆）。

35. k'âng（穀糠）：36. k'ŭk（糠殼）：37. kuk（有殼之物：穀類）。

38. ˙iěng（腫脹，瘦瘤）：39. ˙iung（腫瘍，膿瘡）。

40. g'ung（野鵝）：41. kôk（雪鵝，天鵝）。

42. giuk（沐浴）；43. ˙ok（浸沃，濡濕）：44. ˙ŭk（潤渥）。

45. g'ieng（外形，形狀，形式）：46. giwěng（畫一圖形，營謀，營造等）；47. ˙iâng（形式，影像，影子）。

48. k'âng（猛烈）：49. g'iwang（猛烈，狂妄，狂烈）：50. g'iăng（劇烈，競爭）。

51. g'âng（牛軛，秤衡，橫形）：52. g'wang（橫形，橫線的）：53. kiweng（門扃，閂）：54. kŭng（橫木）。

55. kieng（地下之小河）：56. kieng（水流）：57. g'iweng（小河）：58. g'iwěng（小河）：59. kŭng（河流）：60. g'wâng（積水）：61. g'ieng（水漲）：62. giwěng（涉水）：63. kộng（洪水，汎濫）：64. g'ung（洪水，汎濫）：65. g'ôg（水漲）；66. xung（水漲）：67. xiung（水流，衝水）：68. ˙iang（水流，水浮）：69. ˙wâng（水漲）：70. ˙ung（水流，水浮）。

漢語詞類　　　　　　　　　　113

71. k'wâng（怨恨，煩惱，厭惡）：72. g'ieng（煩惱）。

73. kiǎng（驚駭）：74. kiǎng（使受驚：警告）：75. kiǎng（敬畏：敬肅）：76. g'wâng（惶恐）：77. k'iung（驚怕）：78. kieng（驚怕，敬肅）：79. kiung（恭敬）：80. k'iung（受驚，恐怕）：81. kiwak（驚視）：82. kiwak（被驚動）：83. g'εg（驚駭）：84. g'iəg（恐怕）；85.，86. ngâk（驚嚇，受驚）；87. xwâng（煩困）：88. xiung（駭怕）：89. xâk（驚嚇）：90. xiâk（受嚇）。

91. kâng（山崗）：92. g'iǒng（舉起）：93. g'ieng（懸崖，險岨）：94. g'wěng（高聳）：95. kǔng（抬舉）：96. k'iěg（翹足而起）：97. k'iəg（舉起，起身）：98. kog（高聳）：99. k'iog（蹻足而起）：101.（註一）g'iog（舉起）：102. k'iôg（山丘）；103.，104. ngâng（高昂，昂舉）：105. ngiang（仰視，仰面，仰望）：106. ngâk（懸崖，山邊，山瘠）：107. ngǎk（頭頂，前額）：108. ngǒk（山嶽，峯崿）：109. ngěg（懸崖，山邊，山瘠）：110. ngiwěg（高危，險岨危險）：111. ngog（高傲）：112. ngiog（崇高，高聳）：113. ngiog（高聳，險岨）；114. xiəng（舉起，興起）。

（註一）譯者案：此處應作 100, 101。

115. *xi̯ang* (芳香)：116. *xi̯ang* (麝香)：117. *xi̯eng* (馨香)。

118. *kʻang* (使乾)：119. *kʻwâng* (曠曝，曠荒，曠廢)：120. *gʻâk* (乾涸)：121. *gʻǫk* (枯泉，枯燥)：122. *kog* (稻稈)：123. *kog* (枯燥，枯萎，枯爛)：124. *kŏg* (乾草)：125. *kʻi̯ôg* (乾米，乾糧)；126. *ngog* (乾熬，煑熬)：127. *xung* (烘乾，烘焙)：128. *xok* (燥熱，火燒)。

129. *ki̯ĕng* (頭頸，頸喉)：130. *kieng* (自剄，割頭)：131. *gʻǔng* (頸項)。

132. *gʻieng* (脛骨，脛部)：133. *gʻɛg* (脛骨，骨幹)。

134. *kʻâng* (康年，康泰)：135. *kʻi̯ăng* (慶幸，幸福，慶祝)：136. *gʻĕng* (幸福，幸運)：137. *gʻi̯əg* (福祉)；138. *xi̯əg* (喜悅，喜慶)：139. *xôg* (嗜好，愛好)。

140. *ki̯wang* (欺騙，誆惑)：141. *gʻi̯wang* (欺騙，說誑)：142. *gʻwək* (欺騙，惑亂，疑惑)：143. *kwĕg* (欺詐，狡乖)：144. *kwĕg* (欺詐)：145. *ki̯wĕg* (欺詐，詭騙)：146. *kwɛg* (怪亂，怪異)：147. *kʻi̯əg* (欺騙，欺詐)：148. *ki̯wəg* (奸宄)：149. *kog* (狡猾)：150. *ki̯og* (矯裝)：151. *ngi̯əg* (疑惑，疑慮)：152. *xwâng* (說謊)。

153. 梗　154. 骾　155. 荆　156. 穳　157. 耕　158. 穎
159. 刑　160. 研　161. 稞　162. 刻　163. 棘　164. 歛
165. 刲　166. 鉸　167. 鍔。168. 彊　169. 竟　170. 境
171. 坰　172. 亙　173. 窮　174. 郭　175. 極　176. 國
177. 域　178. 囿。179. 永　180. 詠　181. 恆　182. 久
183. 疚。184. 綱　185. 綆　186. 韁　187. 襟　188. 經
189. 紘　190. 鞏　191. 蛋　192. 羅　193. 繫　194. 系
195. 係　196. 絞　197. 斂　198. 緻　199. 糾　200. 糧
201. 鞅　202. 纓　203. 縈　204. 縊　205. 約。206. 坑
207. 壙　208. 隍　209. 礦　210. 罄　211. 磬　212. 瑩
213. 孔　214. 空　215. 腔　216. 鋞　217. 谷　218. 壕
219. 臼　220. 窬　221. 窖　222. 胸　223. 壑　224. 洫
225. 桍　226. 膺　227. 臆　228. 慷　229. 廣　230. 宏
231. 弘　232. 擴　233. 廓　234. 昊　235. 吗　236. 瓊
237. 絳　238. 紅。239. 頑　240. 僵　241. 傾　242. 降。
243. 航　244. 匡。245. 公　246. 考　247. 舊　248. 舅
249. 翁　250. 剛　251. 鋼　252. 僵　253. 強　254. 競
255. 勁　256. 確　257. 硬　258. 凝　259. 坯　260. 缸
261. 鋼　262. 盎　263. 罌　264. 罍　265. 甕。266. 枉

267. 肱 268. 弓 269. 鑺 270. 曲 271. 跼 272. 丩
273. 𢀜 274. 奧 275. 澳。276. 皇 277. 王。278. 獲
279. 攫 280. 匊 281. 掬 282. 據 283. 攜 284. 右
285. 有 286. 握。287. 擁 288. 厄 289. 扼 290. 阨
291. 軶 292. 隘 293. 抑 294. 隘。295. 戟 296. 擊
297. 摑 298. 殛 299. 髻 300. 考 301. 敲。302. 縞
303. 皓 304. 皥 305. 皦 306. 皎

153. kăng (有刺之樹，多刺)：154. kăng (魚骨，尖刺)：155. kįăng (荊棘，刺樹)：156. kwăng (麥芒等)：157. kĕng (犂鉤)：158. giwĕng (芒刺，尖頭，尖銳)：159. g'ieng (割斷：刖足，刑罰)：160. g'ieng (使尖銳之器：磨石)：161. g'wâk (割稻)：162. k'ǝk (割斷)：163. kiǝk (荊棘，刺樹)：164. kwǝk (割去敵人之耳，勝利物)：165. k'iweg (戮殺，割斷)：166. kog (尖尾，鉸剪)；167. ngâk (尖尾，刀口沿)。

168. kįang (界限，疆界，邊疆)：169. kįăng (界限，完竟，畢竟)：170. kįăng (界限，境界，境土)：171. kiweng (界地，邊疆)：172. kǝng (互畫，界限)：173. g'iŭng (窮盡，界限，盡頭，窮究，窮了，貧窮)：174. kwâk (城郭，城之界線)：175. g'įek (極盡，極點)：176. kwǝk (疆界之地域：國

家，國士）：177. *giwək*（疆域，地域，國家）：178. *giŭg, giuk*（圍界之地：園囿）。

179. *giwăng*（永久，永長，連續，永遠）：180. *giwăng*（引出詞語：詠誦，詠歌）：181. *g'əng*（恆久，恆常）：182. *kiŭg*（長久，長遠）：183. *kiŭg*（久病）。

184. *kâng*（小繩，繫物，羈絆）：185. *kăng*（長索子）：186. *kiang*（韁轡，韁繩）：187. *kiang*（用以裹束一小孩而攜之於背上之繩帶）：188. *kieng*（織機上之經線）：189. *g'wɛng*（繫帽之繩，維繫）：190. *k'ung*（馬韁，馬絡頭）：191. *kiung*（以皮條繫之）：192. *kiĕg*（馬絡頭）：193. *g'ieg*（維繫，束縛）：194, 195. *g'ieg*（束系，連係）：196. *kog*（裹束，絞轉，絞死）：197. *kiog*（束擊）：198. *kiog*（繳繞，束縛）：199. *kiôg*（糾成之索，糾繞）；200. *xwăk*（繩子）：201. ·*iang*（馬絡頭）：202. ·*iĕng*（帽繩，流蘇）：203. ·*iwĕng*（縈繞）：204. ·*iek*（縊死）：205. ·*iok*（約束）。

206. *k'ang*（坑洞，陷坑，濠溝，溝道）：207. *k'wâng*（坟壙，塋穴，地穴）：208. *g'wâng*（空洞，城濠）：209. *kwăng*（地礦）：210. *k'ieng*（罄盡，空穴）：211. *k'ieng*（有空穴之石：石頭發響之樂器）：212. *g'iwĕng*（塋坟）：213. *k'ung*（孔

穴）：214. k'ung（空洞，空虛）：215. k'ŭng（胸腔）：216. k'i̯ung（斧上穿索之孔）：217. kuk（山澗，豀谷）：218. g og（濠溝）：219. g'i̯ôg（舂臼）：220. k'i̯og（孔穴）：221. kộg（地穴）；222. xi̯ung（胸腔）：223. xâk（豀谷，溝壑）：224. xi̯ək（濠溝，溝道）：225. xi̯og（空樹，空洞，空虛）：226. ˙i̯əŋ（胸腔，胸臆）：227. ˙i̯ək（胸臆）。

228. k'âng（心廣，慷慨）：229. kwâng（廣大，廣闊，寬廣）：230. g'wɛng（宏大，大廳）：231. g'wəng（宏大，寬大）：232. k'wâk（擴大，擴充，擴展）：233. k'wâk（寬闊，寬廓）：234. g'ôg（昊大：如天）：235. xi̯og（寬廣）。

236. g'i̯wěng（紅色寶石）：237. kộng 絳（大紅，紫色）：238. g'ung（紅色）。

239. g'âng（鳥類飛翔而下）：240. ki̯ang（僵仆，僵伏）：241. k'i̯wěng（下降，傾覆）：242. kộng（下降，降落，下墜）。

243. g'âng（方筏，兩船併合成方形）：244. k'i̯wang（方形）。

245. kung（老人，公公）：246. k'ôg（考老）：247. g'i̯ôg（古舊，古老）：248. g'i̯ôg（老人，娘舅）：249. ˙ung（父翁，老翁）。也許「兄」xi̯wâng，國音"hiung"（兄長）這個語詞也屬於此。

250. kâng（剛強）：251. kâng（鋼鐵）：252. kįang（僵固，僵硬）：253. gʻįang（強固）：254. gʻįăng（強競）（參看左氏僖七年傳）：255. kįĕng（強勁，堅勁）：256. kʻŏk（堅碻，碻固）：257. ngâng（堅硬）：258. ngįĕng（凝凍：凝固，堅凝，凝厚）。

259. kŭng（坏瓶）：260. gʻung（缸瓶）：261. gʻieng（湯皿）；262. ·âng（碗子，盆子）：263，264. ·ĕng（缸瓶）：265. ·ung（缸瓶）。

266. gįwang（枉曲，枉屈）：267. kwəng（手臂彎曲處）：268. kįŭng（彎弓）：269. kįwak（鉤頭刀）：270. kʻįuk（彎曲，屈曲）：271. gʻįuk（彎曲，拘攣）：272. kįôg（曲鉤）；273. ·wâng（彎腿，跛足）：274. ·ôg（奧窔，彎曲處）：275. ·įôk（彎曲處：河道屈曲之內凹處）。

276. gʻwâng（皇帝，皇室）：277. gįwang（君王，王家）。

278. gʻwăk（獲取，捉獲）：279. kįwak（攫取，攫獲）：280. kįôk（一掬手）：281. kįôk（雙手掬之）：282. kįwag（佔據，把捉，據持）：283. gʻieg（攜取，帶領）：284. gįŭg（右手）：285. gįŭg（佔有，主有）；286. ·ŭk（把握，握取）。

287. ·įung（擁擠）：288. ·ĕk（狹隘，狹路）：289. ·ĕk（壓

迫，悶塞，緊握）：290. ˙ĕk（狹道，山隘）：291. ˙ĕk（牛軛，遏制）：292. ˙i̯ĕk（咽喉）：293. ˙i̯ək（抑下）：294. ˙ĕg（小路，隘道，狹隘）。

295. ki̯ak（長戟）：296. kiek（打擊，攻擊，擊殺）：297. kwɛk（摑打）：298. ki̯ək（殪殺）：299. kôg（用以敲擊之大鼓）：300. k'ôg（考打）：301. k'og（敲打）。

302. kog（素絲）：303, 304. g'ôg（皓白）：305. ki̯ŏg（皬白）：306. kiog（皎白）。

307. 鞠 308. 畜。309. 亟 310. 遽 311. 霍 312. 癨。
313. 脚 314. 鞋。315. 隙 316. 郄 317. 霸 318. 隔
319. 膈 320. 解 321. 異。322. 殊 323. 惡 324. 亞
325. 虐。326. 冀 327. 欲 328. 求 329. 要。330. 鞹
331. 革。332. 頰 333. 頤 334. 跪 335. 跽。336. 蟹
337. 蓋 338. 釁 339. 學 340. 校 341. 效 342. 教
343. 斅 344. 巧 345. 考 346. 豪 347. 驍 348. 趫。
349. 杳 350. 幽 351. 黝 352. 窈。353. 嬌 354. 夭
355. 妖 356. 幺。357. 交 358. 爻 359. 毬 360. 球
361. 毬。362. 梟 363. 鵠 364. 鶬 365. 毫 366. 裘
367. 九 368. 逵 369. 覺。

307. kiôk (養育, 飼畜)：308. xiôk (養育, 飼畜)。

309. kiək (亟亟, 急促)：310. g'iwag (急遽, 遽疾)；311. xwâk (霍然)：312. xwâk (急病：霍亂症)。

313. kiak (脚腿, 足脚)：314. g'ĕg (鞋子)。

315. k'iak (裂口, 隙縫)：316. k'iăk (離異於人：拒却, 辭却)：317. k'wâk (雲際隙縫, 霩淸)：318. kĕk (分隔, 隔離)：319. kĕk (橫膈膜)：320. kĕg (離解, 分解, 解除)：321. giəg (分異, 不同)。

322. ·iang (殃禍, 災殃, 殃及)：323. âk (醜惡, 罪惡, 邪惡)：323. ·âg (惡恨)：324. ·ăg (卑亞)；325. ngiok (暴虐, 邪惡, 虐待, 摧殘)。

326. kiək (希冀, 願望)：327. giuk (願望, 欲求)：328. g'iôg (尋求, 祝禱, 請求, 要求)：329. ·iog (要求, 需要)。

330. k'wâk (皮革)：331. kɛk (皮鞭, 皮革, 剝皮)。

332. g'əg (下頷, 頷骨)：333. giəg (下頷, 頷骨)。

334. g'iwĕg (跪下)：335. g'iĕg (跪下)。

336. g'ĕg (蟹子)：337. g'ieg (小蟹)。

338. g'wăng (黌舍)：339. g'ôk (學習, 研學, 學校)：340. kŏg (學校)：340. g'ŏg (學習, 考校, 比校)：341. g'ŏg (學習：

傚效）：342. k'ôg（教授）：343. g'ôg（教授）：344. k'ôg（訓練，習巧）：345. k'ôg（學習，考校）。

346. g'og（豪強，雄豪，勇敢）：347. kiog（驍勇）：348. kiôg（赳赳，勇武）。

349. ·iog（日下，冥杳）：350, 351. ·iôg（幽暗，黝黑）：352. ·iôg（幽閉）。

353. ki̯og（嬌小，嬌美）；354. ·i̯og（幼小，小巧，嬌弱，妖鮮，妖美）：355. ·i̯og（夭卒）：（註一）356. ·iôg（幺小，柔弱）。

357. kôg（交互，交織）：358. g'ôg（交互）。

359. ki̯ôk（足球）：360. g'i̯ôg（玉球）：361. g'i̯ôg（球類）。

362. kiôg（梟鳥）：363. giog（梟鳥）（依切韵上當如此讀，諸方晉上指示着上古音 xiog 一種讀法）：364. xi̯ôg（梟鳥）。

365. g'og（毫毛）：366. g'i̯ôg（皮裘）。

367. ki̯ŭg（九數）：368. g'i̯wəg（九條路交叉之處）。

369. kôk（覺醒）：369. kôg（覺醒）。

（註一）譯者案：354.「夭」，355.「妖」所注明意義，疑有倒置。

漢語詞類   123

B. T-NG 一類的語詞

1. 償　　2. 貽　　3. 賙　　4. 贈　　5. 賞　　6. 賜。
7. 正　　8. 政　　9. 整　　10. 征　　11. 懲　　12. 董
13. 職　14. 飾　15. 勅　16. 帝　17. 治　18. 則
19. 司。20. 正　21. 直　22. 植　23. 置　24. 蒔
25. 栽。26. 章　27. 程　28. 稱　29. 度　30. 尺
31. 測　32. 商　33. 升。34. 通　35. 桶　36. 筩
37. 筒　38. 術　39. 衕　40. 銃　41. 濆　42. 竇
43. 窗。44. 樘　45. 撐　46. 根　47. 璋　48. 杖
49. 丈　50. 斑　51. 挺　52. 莛　53. 梃　54. 楨
55. 樘　56. 椿　57. 杙　58. 支　59. 枝　60. 肢
61. 條　62. 檣　63. 柵。64. 上　65. 尙　66. 揚
67. 颺　68. 頂　69. 登　70. 乘　71. 棟　72. 冢
73. 塚　74. 戴　75. 陟　76. 卓　77. 提　78. 臺
79. 擡　80. 崇　81. 載　82. 額　83. 昇　84. 嵩。
85. 盈　86. 嬴　87. 贏　88. 盛　89. 充　90. 容
91. 勇　92. 駔　93. 獎　94. 壯　95. 勝　96. 寵
97. 惸　98. 祉　99. 怡　100. 悰。101. 偵　102. 瞪
103. 督　104. 覯　105. 矚　106. 眙　107. 眺　108. 相

109. 惺　110. 省　111. 伺。112. 打　113. 鉦　114. 沖

115. 撞　116. 鐘　117. 衝　118. 鏽　119. 柝　120. 鐸

121. 櫂　122. 築　123. 椓　124. 鐲　125. 觸　126. 笞

127. 擣　128. 舂。129. 膛　130. 宕　131. 洞　132. 井

133. 穽。134. 中　135. 仲。136. 堂　137. 廷　138. 庭

139. 寺　140. 宗。141. 脹　142. 漲　143. 腫　144. 瘴

145. 瘟。（註一）147. 成　148. 終　149. 已。

1. ḍi̯ang（補償）：2. di̯ôg（貽給，貽贈）：3. ti̯ôg（賜給）；4. dzˈəng（贈給，賜贈）；5. si̯ang（賞予，賞賜，報賞）：6. si̯ĕg（賜予，賞賜）。

7. ti̯ĕng（正直，正當）：8. ti̯ĕng（改正，整頓，整理：政府，政治）：9. ti̯ĕng（整頓：整理）：10. ti̯ĕng（改正，征伐）：11. dˈi̯əng（改正，懲罰）：12. tung（董正，董治）：13. ti̯ək（職司，職理，官職，職責）：14，15. tˈi̯ək（飭令，飭理）：16. tieg（君主，帝王）：17. dˈi̯əg（治理）；18. tsək（法則，規則）；19. si̯əg（司命，治理，司事）。

20.（與前面的比較）ti̯ĕng（正直）：21. dˈi̯ək（正直，直立）：22. di̯ək（門柱，樹起，植立，栽植）：23. tieg（設置，

（註一）譯者案：無 146. 之字，此處序數疑有誤。

建置，置放）：24. ḍiəg（建立，蒔植）；25. tsəg（栽植）。

26. tiang（章度，章則，章程）：27. dʻiěng（程度，程式，度量之總名）：28. tʻiəng（稱量，天秤）：29. dʻâk（量度）：dʻâg（一種度量）：30. tʻiak（十寸之度名）；31. tṣʻiək（測量，測度）；32. siang（商量，估價，商酌）：33. siəng（量名）。

34. tʻung（通過，交通，統統）：35. tʻung（管形：木桶，大桶）：36, 37. dʻung（管筩，管子）：38. dʻung（通道，聯術）：39. tʻiung（通道，聯術）：40. tʻiông（斧上之穿孔）：41. dʻuk（水閘，陰溝，溝渠，濠溝）：42. dʻǔg（水閘，陰溝，溝渠，濠溝）；43. tṣʻǔng（通氣孔，煙囪，窗子）。

44, 45. tʻăng（柱子，棍子，支撐）：46. dʻăng（撐材，柱子）：47. tiang（王杖）：48. dʻiang（撐桿，棍子）：49. dʻiang（十尺之度名）：50. tʻieng（王杖，指揮杖）：51. tʻieng, dʻieng（挺出，堅挺）：52. dʻieng（樹幹，桿子，小桿）：53. dʻieng（樹幹，行杖，棍子）：54. tiěng（棍子）：55. diěng（柱石，列柱）：56. tǔng（棍子，柱子，椿子）：57. diək（椿子）：58, 59. tiěg（樹枝）：60.（體肢）：61. dʻiôg（枝條，條桿）；62. dzʻiang（橫杠，牆梡）：63. tṣʻěk（橫柵，圍柵，欄柵）。

64 ḍiang（上面，頂上，高上，上升）：65. ḍiang（高尙）:

66. dȋang（上揚，揚舉）：67. dȋang（飛颺）：68. tieng（頭頂，頂戴，極頂）：69. təng（升登，舉登，登乘）：70. d'ə̑ng（上升，登乘，乘上）：71. tung（棟梁，檣樓）：72. tȋung（高峯，高聳，丘岡，邱墓）：73. tȋung（邱墓，墳墓）：74. təg（頂戴）：75. tȋək（上陟，升舉）：76. tȏk（卓上，卓舉）：77. d'ieg（提上，提舉）：78. d'əg（高臺，瞭望臺，崇高）：79. d'əg（擡上，擡舉，擡行）；80. dz'ȋông（崇高，高聳）：81. tsəg（置於頂：載上．如車）；82. sâng（頭頂：上額）：83. sȋəng（上昇，昇舉）：84. sȋông（高聳）。

85. dȋə̌ng（盈滿）：86. dȋə̌ng（贏滿，贏多，贏餘）：87. dȋə̌ng（豐贏，贏餘）：88. dȋə̌ng（盛於，盛載，盛含；豐盛，超盛）：89. t'ȋông（充滿，填充）：90. dȋung（容於：包容，容有）。

91. dȋung（強勇，勇敢）；92. tsâng（壯馬）：93. tsȋang（鼓勵）：94. tsȋang（強壯，勇壯，壯健）；95. sȋəng（勝任，可勝；勝於：勝利）。

96. t'ȋung（寵愛；得寵）：97. dȋak（悅懌，愉懌，懌樂）：98. t'ȋəg（祉悅，祉福）：99. dȋəg（怡悅，怡樂）：100. dz'ông（悅樂，欣悰，快樂）。

101. *tʻi̯ĕng* (偵察)：102. *dʻɛng* (凝視)：103. *tôk* (巡查，督察，視驗)：104. *dʻi̯ôk* (視察)：105. *ṭi̯uk* (矚視，矚望)：106. *tʻi̯əg* (視察)：107. *tʻiog* (眺望)；108. *si̯ang* (注視，視察，相度，注意)：109. *sieng* (靜察，心地淸明，聰慧，瞭解)；110. *si̯ĕng* (省視，省問，省察)：111. *si̯ə́g* (伺候，伺察)。

112. *tieng* (敲打)：113. *ṭi̯ĕng* (小鐘，用來敲的)：114. *dʻi̯ông* (沖擊)：115. *dʻŭng* (撞擊，打擊，敲撞)：116. *tʻi̯ung* (鐘類)：117. *tʻi̯ung* (衝突)：118. *di̯ung* (大鐘)：119. *tʻâk* (木柝，夜間巡查者敲梆之具)：120. *dʻâk* (有舌之鐘)：121. *dʻŏk* (擊打之槌，推進器：櫂槳，划槳)：122. *ti̯ôk* (舂實，搗固，建築)：123. *tŭk* (椓打，打擊)：124. *dʻŭk* (小鐘)：125. *tʻi̯uk* (牴觸，叩觸，觸撞，打擊)：126. *tʻi̯əg* (笞擊，鞭撻)：127. *tôg* (擣擊)；128. *si̯ung* (舂固，舂搗)。

129. *tʻâng* (諸方音上指示着一種 *dʻâng* 的音) (空膛，空洞，胸膛，口膛)：130. *dʻâng* (宕穴，地穴，洞穴)：131. *dʻung* (穴洞，洞孔，地坑)：132. *tsi̯ĕng* (井洞)：133. *dzʻi̯ĕng* (地坑，陷穽，穽孔)。

134. *ti̯ông* (中間，中央，中部，內面)：135. *dʻi̯ông* (中間者：三四兄弟之次長者，三個月中之次月)。

136. d'âng（廳堂）：137. d'ieng（朝廷）：138. d'ieng（庭廳，宮庭）；139. dzieg（寺殿）：140. tsông（祖寺，寺院）(但是，末一語詞，應列入 542 以下較妥)。

141. tiang（膨脹，鼓脹，患水腫）：142. tiang（漲水，汎濫，升漲）：143. tiung（腫漲，使腫，腫瘍）：144, 145. diung（脚腿水腫）。

147. dièng（完成，成事，成功）：148. tiông（終畢，終點）：149. zieg（已畢，終點）。

150. 坼　151. 斫　152. 鏑　153. 讁　154. 剔　155. 斬
156. 琢　157. 枳　158. 齒　159. 刀　160. 琱　161. 彫
162. 牂　163. 瘡　164. 創　165. 斮　166. 策　167. 責
168. 刺　169. 賊　170. 戛　171. 鑿　172. 鏃　173. 擉
174. 莉　175. 敕　176. 宰　177. 裁　178. 鎡　179. 哉
180. 剸　181. 粗　182. 棗　183. 勦　184. 傷　185. 螫
186. 析　187. 削　188. 斯　189. 撕。190. 張　191. 長
192. 昶　193. 腸　194. 塲　195. 掌　196. 常　197. 敞。
198. 黨　199. 同　200. 銅　201. 調　202. 相。203. 等
204. 嶝　205. 增　206. 層　207. 阼。208. 臊　209. 腥。
210. 糖　211. 棠　212. 橙　213. 蔗　214. 飴　215. 錫。

漢 語 詞 類　　　129

216. 疼　217. 痛　218. 恫。219. 葬　220. 賊　221. 倉

222. 藏。223. 湧　224. 溶　225. 濤　226. 滔　227. 漾。

228. 澤　229. 滴　230. 涿　231. 浞　232. 漬　233. 滋

234. 液。235. 濯　236. 滌　237. 洮　238. 澡　239. 浙

240. 漱　241. 潾。242. 陽　243. 昌　244. 曈　245. 的

246. 燭　247. 熾　248. 朝　249. 潮　250. 爟　251. 耀

252. 烑　253. 昭　254. 照　255. 晝　256. 晶　257. 晴

258. 晴　259. 燴　260. 星　261. 晰　262. 爍。263. 陽

264. 湯　265. 煬　266. 鼎　267. 烝　268. 蒸　269. 融

270. 鎔　271. 擇　272. 炙　273. 灼　274. 粥　275. 熟

276. 匋　277. 陶　278. 鑄　279. 凋　280. 窖　281. 㝮

282. 熏　283. 炒　284. 竈　285. 焦　286. 湘　287. 醐

288. 腊　289. 鑠　290. 燥　291. 燒　292. 脩　293. 銷

294. 消。295. 精　296. 清　297. 淨　298. 澂　299. 澄

300. 湜　301. 淑。

150. *tʻâk* (分坼, 坼裂)：151. *ṭi̯ak* (斫割, 砍伐)：152. *tiek* (箭矢之倒鉤)：153. *tĕk* (刺戳：譎責, 譎貶)：154. *tʻiek* (剔開)：155. *tŭk* (斲傷, 斲伐, 割斫)：156. *tŭk* (琢玉)：157. *ṭi̯ĕg* (多刺之橘樹, 針刺)：158. *tʻi̯ŏg* (牙齒, 或專指門齒)：

159. tog（刀類）：180, 161. tiôg（雕玉，雕刻）；162. dzʻi̯ang（戕害，戕殺）：163. tṣʻi̯ang（瘡傷，瘡痛）：164. tṣʻi̯ang（創傷）：165. tsi̯ak（割去）：166. tṣʻĕk（尖刺）：167. tṣĕk（責謫，指責）：168. tsʻi̯ĕk, tsʻi̯ĕg（尖刺，刺傷，責謫，指責）：169. dzʻək（刺客，盜賊，賊傷，傷害）：170. tṣʻi̯ək（犁耙之尖銳部分）：171. dzʻăk（鑽鑿，穿孔器）：172. tsuk（箭矢之鏑）：173. tṣʻŭk（戳魚，刺戳，刺傷）：174. tsʻi̯ĕg（尖刺）：175. tsʻi̯ĕg（責謫，指責）：176. tsəg（宰割）：177. dzʻəg（裁斷）：178. tsi̯əg（鋤頭）：179. tsi̯əg（截切，切去，細切）：180. tsi̯əg（刺傷）：181. dzi̯əg（耒耜）：182. tsôg（棗樹，多刺的）：183. tsi̯og（剿削）：184. si̯ang（傷害，創傷）：185. si̯ak（刺傷）：186. si̯ĕk（析開，分析）：187. si̯ok（削伐，削去，剝削）：188, 189. si̯ĕg（撕開）。

190. ti̯ang（張開，伸張，鋪張，張大，張面）：191. ti̯ang（生長，長大）：191. dʻi̯ang（長張，長遠）：192. tʻi̯ang（長日）：193. dʻi̯ang（長的：腸）：194. dʻi̯ang（曠塲，塲所，空地）：195. ti̯ang（手掌）：196. ði̯ang（長久：永常）：197. tʻi̯ang（高敞，高廣之所）。

198. tâng（同盟，聯合，黨派，朋黨）：199. dʻung（同一，

合共)：200. d'ung（合金，銅）：201. d'iôg（調合，調和）；202. siang（合一，合共，互相）。

203. təng（梯子之等級，層次，等第，程度）：204. təng（地層，山層）；205. tsəng（一層一層增進：增叠，增多，增加，增上）：206. dz'əng（層次，等級，階段，階級）：207. dz'âg（石級）。

208. sog（油膩，生肉之氣味，惡臭的）：209. sieng（油膩，生肉之氣味，惡臭的）。

210. d'âng（糖類）：211. d'âng（甘棠）：212. d'ɛng（橙子：與「柑」kan 可以相比，「柑」卽「甘」菓也。）：213. tiag（甘蔗）：214. diəg（糖類，甘甜）；215. dz'i̯ĕng（糖類，甜食）。

216. d'ông（疼痛，病痛）：217. t'ung（疼痛，病痛）：218. t'ung（痛苦，哀傷）。

219. tsâng（藏匿，埋葬）：220. tsâng（藏匿之物）：221. ts'âng（倉庫）：222. dz'âng（藏匿，藏貯，倉庫）。

223. di̯ung（湧上：如水）：224. di̯ung（湧上之水）：225. d'ôg（大波）：226. t'ôg（漲湧之水）：227. ziang（蕩漾之水，波浪）。

228. $d'ăk$ (潤澤)：229. $tiek$ (滴落，滴下)：230. $tŭk$ (滴下，滴流)；231. $dẓ'ŭk$ (浸潤)：232. $dz'iĕg$ (浸漬)：233. $tsiəg$ (浸潤)：234. $ziak$ (液水，液汁)。

235. $d'ŏk$, $d'ŏg$ (洗濯，洗刷)：236. $d'iôk$ (洗濯，洗滌)：237. $t'og$ (洗濯，洗刷)；238. $tsog$ (洗澡)；239. $siek$ (淘米)：240. $siôg$ (漱洗)：241. $siôg$ (淘米已用之水)：

242. $diang$ (太陽之光與熱)：243. $t'iang$ (日光，昌明)：244. $d'ung$ (正上昇之太陽)：245. $tiok$ (光明)：246. $tiuk$ (火炬)：247. $t'iəg$ (燒火)：248. $tiog$ (白晝，早晨)：248. $d'iog$ (早朝，朝見等)：249 $d'iog$ (早潮)：250, 251. $diog$ (光耀)：252. $diog$ (光耀，使光明)：253. $tiog$ (光耀，昭明)：254. $tiog$ (光照，使昭明)：255. $tiôg$ (白晝，日時，與夜相反)；256. $tsiĕng$ (光明，清明，晶明)：257. $tsiĕng$ (瞳睛)：258. $dz'iĕng$ (晴天，晴明)：259. $tsiok$ (火炬，爝明)；260. $sieng$ (天上之星)：261. $siek$ (明晳)：262. $siok$ (光耀，閃爍)。

263. (與上面一類相比) $diang$ (太陽之光與熱)：264. $t'âng$ (熱水)：265. $diang$ (烤炙，加熱，鎔解)：266. $tieng$ (火燒之器：三腳器)：267. $tiəng$ (烝發)：268. $tiəng$ (薪柴，發烟)：

漢語詞類

269. dʑi̯ông（融化，加熱）：270. di̯ung（鎔解金屬）：271. tˆâk（萎枯之葉）：272. ti̯ak, ti̯ag（烤炙）：273. ti̯ok（烤炙，火灼）：274. ti̯ôk（煮米，稀飯）：275. dʑi̯ôk（經火，煮熟，成熟）：276, 277. dˆôg（燒竈，燒熟之貨物：窰爐；陶器）：278. ti̯ôg（鎔鑄，鑄成之金屬）：279. tiôg（凋殘，凋謝）：280. di̯og（窰爐）：281. di̯og（瓦器，燒過之物）；282. tsi̯əg（鼎之一種：火燒之器）：283. tsˆŏg（煎熬，炒熟）：284. tsôg（燒爐，爐竈）：285. tsi̯əg（灼焦，火焚）；286. si̯ang（燒沸）：287. si̯ang（燒沸）：288. si̯ak（臘肉）：289. si̯ok（消鑠，閃鑠）；290. sog（使乾）：291. si̯og（火燒，使炙）：292. si̯ôg（臘肉）：293, 294. si̯og（金屬之鎖鑠）。

295. tsi̯ĕng（純粹，精細，精粹）：296. tsˆi̯ĕng（純粹，清楚，清明）：297. dzˆi̯ĕng（純淨，清淨，淨除）；298, 299. dˆi̯əng（清淨，純淨，清明）：300. dʑi̯ək（純淨，清明之水）：301. dʑi̯ôk（純淨）。

302. 靖　303. 竫　304. 靜　305. 寂。306. 悢　307. 惆
308. 忡　309. 啼　310. 忉　311. 悼　312. 怊　313. 愮
314. 憪　315. 怵　316. 愴　317. 惻　318. 懆　319. 悄
320. 憔　321. 愁　322. 喪　323. 惜。324. 惕　325. 怍

326. 竦 327. 悚 328. 肅 329. 葸。330. 頏 331. 裎
332. 彤 333. 赤 334. 騂 335. 奭 336. 薔 337. 蒐。
338. 蒼 339. 靑。340. 醒 341. 酊 342. 酎 343. 酒
344. 酓 345. 碇 346. 訂 347. 定 348. 亭停渟。349.
孕 350. 育 351. 畜 352. 胎 353. 子 354. 孶字
355. 生 356. 姓 357. 性 358. 虹 359. 蜓 360. 蜻。
361. 倉 362. 怹 363. 乍 364. 麗 365. 促 366. 躁
367. 造 368. 倏 369. 儵 370. 速 371. 羊 372. 牂。
373. 洋 374. 瀛。375. 聽 376. 聰 377. 禎 378. 臧
379. 祥 380. 祚。381. 像 382. 似 383. 俏 384. 肖
385. 猶。386. 童 387. 犝 388. 犢。389. 冬 390. 凍
391. 滄 392. 淸 393. 霜。394. 知 395. 智 396. 志
397. 誌 398. 悠 399. 想 400. 識 401. 思 402. 猶。
403. 擋 404. 搪 405. 塘 406. 帳 407. 墇 408. 障
409. 廠 410. 城 411. 簦 412. 町 413. 幢 414. 墉
415. 場 416. 遮 417. 幮 418. 畤 419. 裯 420. 仍
421. 牆 422. 嗇。423. 擢 424. 搯 425. 由 426. 抽。
427. 嘗 428. 食 429. 餚 430. 饕 431. 飼。

漢語詞類

302, 303, 304. dz'iĕng (靜寂，靖止)：305. dz'iek (靜寂，寂止)。

306. t'iang (惆悵，失意)：307. t'iang (憂愁)：308. t'iông (哀傷)：309. d'ieg (啼哭)：310. tog (哀傷)：311. d'og (憂愁)：312. t'iog (悲傷)：313. diog (悲傷)：314. t'iôg (惆悵)：315. d'iôg (傷心)：316. tṣ'iang (愴痛)：317. tṣ'iok (悲傷，惻隱)：318. ts'og (憂愁)：319. ts'iog (悲苦，傷心)：320. dz'iog (憔悴)：321. dz'iôg (悲愁)；322. sâng (悼喪)：323. siak (痛惜，悲苦，憐惜)。

324. t'iek (驚惕，敬惕)；325. dz'âk (慚愧)；326, 327. siung (驚惶，悚敬)：328. siôk (驚肅，敬肅)：329. siəg (畏葸)。

330. t'iĕng (紅色)：331. d'iĕng (袒裸：紅色，肉色)：332. d'ông (紅色)：333. t'iak (紅色)；334. siĕng (赤馬)：335. siak (紅色)：336. siək (紅色之花)：337. siôg (紅色物，紅色草料)。

338. ts'âng (綠色，青色)：339. ts'ieng (綠色，青色)。

340. d'iĕng (酒醉)：341. tieng (酒醉)：342. d'iôg (美酒)：343. tsiôg (酒類)：344. dz'iôg (酒類)。

345. $tieng$（一種固定器：柱石）：346. $t'ieng$（訂定：判決，決定）：347. $d'ieng$（固定，訂定）：348a. $d'ieng$（停住，停止）：348b. $d'ieng$（停止之處，休息處，亭閣）：348c. $d'ieng$（停滯之水）。(註一)

349. $di̯əng$（懷胎）：350. $di̯ôk$（養育小孩）：351. $t'i̯ôk$（育養，飼畜，飼養）：352. $t'əg$（子宮，懷胎）；353. $tsi̯əg$（後嗣：兒子）：354. $dz'i̯əg$（孳生，孳養，生產，供養）；355. $sěng$（生產，生育；生存）：356. $si̯ěng$（母之關係：種姓，由一母所出）：357. $si̯ěng$（生來之性質：本性，天性）。

358. $tieng$（蜻蜓）：359. $d'ieng$（蜻蜓）；360. $ts'ieng$（蜻蜓）。

361. $ts'âng$（倉卒）：362. $ts'ung$（怱促）：363. $tsăg$（忽然，乍然）：364. $tsi̯ôk$（迫促，急促）：365. $ts'i̯uk$（迫促）：366. $tsog$（急躁，急遽）：367. $ts'ôg$（造次）：368, 369. $si̯ôk$（倏忽，忽然）：370. suk（急速，急遽）。

371. $zi̯ang$（羊類，雌羊與雄羊）：372. $tsâng$（雌羊）。

373. $zi̯ang$（海洋）：374. $di̯ěng$（海洋）。

375. $t'ieng$（聽取）：376. $ts'ung$（聰聞）。

(註一) 譯者案：348a. 與 348b. 所釋意義，疑有倒置。

377. ti̯ĕng (禎祥); 378. tsâng (禎祥); 379. dzi̯ang (禎祥); 380. dzʻâg (禎祥)。

381. dzi̯ang (塑像，形狀，形式，像似); 382. dzi̯əg (像似，彷彿); 383. tsʻi̯og (像似，彷彿); 384. si̯og (像似，形肖); 385. zi̯ôg (像似，彷彿)。

386. dʻung (幼小，幼童); 387. dʻung (無角之小牛); 388. dʻuk (小牛)。

389. tông (冬天); 390. tung (冰凍); 391. tṣʻi̯ang (滄冷); 392. tsʻi̯ĕng (淸冷); 393. si̯ang (寒霜)。

394. ti̯ĕg (有得於心：知道); 395. ti̯ĕg (智識，智慧); 396. i̯əg (心志，意想，志願，決心); 397. i̯əg (有在於心：記誌；記載); 398. di̯ôg (思及); 399. si̯ang (思及); 400. si̯ək (認識); 401. si̯əg (思及); 402. zi̯ôg (猷謀，計畫)。

403. tâng (遮蔽，衞護，阻擋，抵擋); 404. dʻâng (搪塞，搪開); 405. dʻâng (堤塘); 406. ti̯ang (帳幕); 407. ti̯ang (堤墇，堤岸); 408. i̯ang (堤障，屏障，障礙，障隔); 409. tʻi̯ang (遮蓋物，隱蔽處，廬舍); 410. ði̯ĕng (城牆); 411. təng (傘子); 412. tʻieng (田間之高路，溝堤); 413. dʻŭng (羽扇，幢蔽，幢帳); 414. di̯ung (垣墉); 415. di̯ĕk (田間

之溝堤，界場）：416. tiag（遮蔽，遮護，遮蓋，隱藏）：417. d'ôg（覆幬），d'iôg（襌帳，車帷）：418. d'iôg（田間之溝堤，田疇）：419. d'iôg（被褥，帳幄）：420. tiôg（遮蓋，隱藏）；421. dz'iang（牆壁）；422. sěng（目翳；過誤，災患）。

423. d'ǒk（擢出）：424. t'ôg（掐出，抽出）：425. diôg（由來，來由，所由）：426. t'iôg（抽出，拖出）。

427. điang（嘗味）：428. d'iək（吃食）：429. t'iôg（食養品，飲食之物）：430. t'og（過量之食）；431. dziəg（食物）。

432. 怠 433. 綽 434. 弨 435. 縱 436. 釋 437. 赦
438. 寫 439. 瀉。440. 踢 441. 倒。442. 菁 443. 蔥。
444. 驛 445. 易 446. 蜴 447. 遞 448. 代 449. 蜥。
450. 夕 451. 汐 452. 宿 453. 夙 454. 夜 455. 舍
456. 宵。457. 牘 458. 籍 459. 册 460. 策 461. 貸
462. 借 463. 債。464. 等 465. 待 466. 侍 467. 俟
468. 竢 469. 伺。470. 縢 471. 繩 472. 統 473. 繹
474. 織 475. 繳 476. 靮 477. 屬 478. 紬 479. 綈
480. 絢 481. 絛 482. 紹 483. 紬 484. 縫 485. 紂
486. 綢 487. 綬 488. 繒 489. 綜 490. 總 491. 席
492. 績 493. 續 494. 擎 495. 絕 496. 緅 497. 囚

498. 索　499. 束　500. 縮　501. 絲　502. 纆　503. 蛸

504. 蠨。505. 縢　506. 腄　507. 䠱　508. 廸　509. 躅

510. 踶　511. 蹄　512. 鞮　513. 趾　514. 之　515. 蹈

516. 蹤　517. 從　518. 踏　519. 踖　520. 跡　521. 跛

522. 蹶　523. 足　524. 嗣　525. 鳥　526. 適　527. 蹹。

528. 承　529. 擇　530. 撫　531. 摘　532. 持　533. 受

534. 授　535. 將　536. 捉　537. 采　538. 操　539. 稽

540. 以　541. 收。542. 烝　543. 衆　544. 氏　545. 儔

546. 宗　547. 叢　548. 積　549. 族　550. 曹。551. 稍

552. 小　553. 少。554. 韸　555. 箏　556. 匵　557. 韜

558. 鞘。559. 鶡　560. 鵰　561. 鷙。562. 笛　563. 籲

564. 箎　565. 嘯　566. 簫。567. 旌　568. 幟。569. 得

570. 逌　571. 到。572. 卽　573. 就。574. 作　575. 造。

432. d'əg（懈怠，疏忽）：433. t'i̯ok（放鬆，放縱）：434. t'i̯og（弛弓，放鬆，解放）：435. tsi̯ung（弛其約束，放鬆，放縱）；436. si̯ak（解釋，釋放）：437. si̯ag（赦放，赦免，恩赦）：438. si̯ag（釋放，放鬆，放縱）：439.（放水，排瀉）。

440. d'âng（倒下，失足）：441. tog（倒下）。

442. tsi̯ĕng（韭花）：443. ts'ung（蔥韭，蔥榮）。

444. dȋak（馬驛，驛站）：445. dȋĕk（變易），dȋĕg（可變，活動：容易）：446. dȋĕk（避役，蜥蜴）：447. dˊieg（遞更，替代，遞變）：448. dˊəg（代替，更代，變換）；449. siek（避役，蜥蜴）。

450. dzȋak（夕晚）：451. dzȋak（晚潮）；452. sȋôk（過夜）：453. sȋôk（早晨，天亮以前）：454. zȋag（夜晚）：455. sȋag（過夜之處：旅舍，宿舍，屋舍）：456. sȋog（宵夜，宵暗）。

457. dˊuk（書寫之簡牘，文書）；458. dzˊȋak（典籍，表册，簿籍，載籍）：459, 460. tṣˊĕk（典籍，表册，策簿，史策）。

461. tˊəg（借貸，有利息之放債）；462. tsȋak, tsȋag（借貸，借債）：463. tṣĕg（負債，欠款）。

464. təng（等待）：465. dˊəg（等待，侍奉，待遇）：466. dȋəg（侍奉）；467. dzˊȋəg（俟候）；468. sȋĕg（廝養卒，侍僕）：469. sȋəg（伺候，伺奉）。

470. dˊəng（線子，繩索，緊繫，束縛）：471. dȋəng（繩線，繩索）：472. tˊung（線子，統繫，聯接）：473. dȋak（抽繹，繭上抽絲，解釋）：474. tȋək（織造）：475. tȋok（繫于弓上之絲線）：476. tiok（韁繩）：477. tȋuk（聯屬，繫屬）；dȋuk（關於，附屬）：478. tȋĕg（織造者：蜘蛛）：479. dˊieg（締連，締

結）：480. *d'ôg*（纏繞，束縛）：481. *t'ôg*（纏繞之絲繩）：482. *diog*（嗣續，聯接，紹述）：483. *d'iôg*（絲線，織造，織成之綢）484. *d'iôg*（皮韁）：485. *d'iôg*（馬尾韜）：486. *d'iôg*（綢繆，聯繫）：487. *diôg*（印上之絲條）：488. *tsəng*（織成之絲綢）：489. *tsông*（織機上之經線，織造）：490. *tsung*（總合，總集）：491. *dziak*（編織物：席子）：492. *tsiek*（纏繞，紡績）：493. *dziuk*（嗣續，連接，聯續）：494. *tsiôg*（擊合，聯結）：495, 496. *ts'iôg*（馬尾韜）：497. *dziôg*（繫囚，束縛，囚俘，囚犯）；498. *sâk*（繩索）：499. *siuk*（束縛，束合）：500. *siuk*（緊縮，縮合，約束等）：501. *siəg*（絲線）：502. *sog*（繅絲，抽繹）：503. *sòg*（織造者：蜘蛛）：504. *siôg*（蜘蛛）。

505. *diəng*（隨從，護衞者）：506. *tiung*（足踵，踵隨）：507. *tiak*（踐踏，踩蹦，足掌）：508. *d'iôk*（踐踏，行走）：509. *d'iuk*（踐踏，足跡）：510. *d'ieg*（踏上，踢踢）：511. *d'ieg*（蹄子）：512. *d'ieg*（皮鞋）：513. *tiəg*（足趾，脚上）：514. *tiəg*（往到）：515. *d'ôg*（踐踏）；516. *tsiung*（蹤跡，蹤隨）：517. *dz'iung*（從隨）：518. *tsiak*（小心行走）：519. *tsiak*（小步而行）：520. *tsiek*（蹤跡，遺跡）：521. *tsiôk*（小心行走）：522. *ts'iôk*（踐踏，踢踢）：523. *tsiuk*（脚上）：524. *dziəg*（嗣

繼，承嗣）：525. siak（拖鞋）：526. siĕk（往適）：527. siôk（小心行走）。

528. dieng（保持，接受，奉承）：529. d'ăk（摘擇，選擇）：530. tiak（選取，攜取）：531. tĕk（摘取，摘擇）：532. d'iəg（執持，保持）：533. diôg（接受）534. diog（授受，傳授，係同一語詞）；535. tsiang（持將，將取）：536. tsŭk（捉取，捕捉）：537. ts'əg（採取，採摘）：538. ts'og（操持，操執）：539. siək（稼穡之收穫）：540. ziəg（以用）：541. siôg（收取，收集，收合，收穫）。

542. tieng（衆共）：543. tiung（羣衆，衆多，衆共）：544. diĕg（一羣：氏族，氏姓）：545. d'iôg（一羣，儔衆，儔黨；儔伴）；546. tsông（一宗，祖宗等）：547. dz'ung（叢集，成叢）：548. tsiĕk（積聚，積集，衆多）；tsiĕg（柴積）：549. dz'uk（一捆，羣衆，羣類，姓族）：550. dz'ôg（羣曹，偶曹，羣黨，多數之詞語）。

551. sŏg（少量，稍爲）：552. siog（短小）：553. siog（短小，稀少）。

554. t'iang（弓袋）：555. t'âk（竹莖套）：556. d'uk（匱匣，

套子）：557. *t'ôg*（刀鞘，套子）；558. *ṣǒg*（刀鞘，套子）。

559. *dio̭g*（肉食鳥，鳶鳥，鷹鷦）：560. *tiôg*（鷹鳥）；561. *dz'i̭ôg*（鷹鳥，鷙鳥）。

562. *d'i̭ôk*（笛子）：563, 564. *d'i̭ĕg*（笛子）；565. *siôg*（吹嘯，吹噓）：566 *siôg*（笛子）。

567. *tsi̭ĕng*（旗子，標號）：568. *ti̭ǝk*（旗子，標號）。

569. *tǝk*（達到，得到）：570. *d'ǝg*（達到）：571. *tog*（達到）、

572. *tsi̭ǝk*（往就）：573. *dz'i̭ôg*（往就）。

574. *tsâk*（造作，製作，行動）：575. *dz'ôg*（製造）。

576. 勺 577. 杓 578. 匙 579. 舀 580. 酬 581. 酢
582. 挑 583. 酳 584. 醮。585. 斥 586. 逐。587. 沚
588. 島 589. 州 590. 洲。591. 逖 592. 遙 593. 迢。
594. 鬻 595. 糴 596. 贖 597. 市 598. 售 599. 糶。
600. 帚 601. 埽 602. 掃。603. 騰 604. 踊 605. 躍
606. 跳 607. 超。608. 蠡 609. 蟲 610. 請 611. 祝
612. 咒 613. 祝 614. 禱 615. 討。616. 軸 617. 周
618. 週。619. 嗤 620. 嘲 621. 譙 622. 笑。623. 熾
624. 醜。625. 佣 626. 瘈 627. 戀 628. 癡 629. 蝥。
630. 是 631. 之 632. 茲 633. 斯。634. 俶 635. 肇

636. 始。637. 櫜 638. 袋。639. 箱 640. 筒。641. 嫡
642. 敵 643. 讐。644. 泽 645. 糟。646. 黛 647. 緇
648. 朔 649. 早 650. 皁。651. 稻 652. 稷 653. 粟。
654. 再 655. 雙。656. 恥 657. 羞。658. 役 659. 徭
660. 碩 661. 奕。662. 射 663. 弋 664. 繒。665. 摘
666. 爪 667. 蚤 668. 搔 669. 騷 670. 肘 671. 袖
672. 手。673. 昨 674. 昔。675. 則 676. 即。677. 招
678. 召 679. 誘。680. 證 681. 徵 682. 熟 683. 疇。
684. 牲 685. 獨。686. 動 687. 憧 688. 掉 689. 搖。
690. 騁 691. 逃 692. 盜 693. 趙。

576. $dẓok$ （一杓，一掬）：577. $tẓok$ （杓滿一杯：酌一杯酒，祝飲）：578. $dẓ̂eg$ （匙子，杓子）：579. $dẓog$ （杓子）：580. $dẓ̂ôg$ （酌杯，主對賓祝飲）；581. $dzʻâk$ （酌杯，賓對主祝飲）：582. $tʻiog$ （大杓）；583. $tsẓog$ （酌滿一杯而飲之）：584. $tsẓog$ （酌出酒，奠祭）。

585. $tʻẓak$ （驅逐，屏斥）：586. $dʻẓôk$ （驅逐，屏斥）。

587. $tẓ̂eg$ （小島）：588. tog （島嶼）：589, 590. $tẓ̂ôg$ （小島）。

591. $tʻiek$ （遙遠，遠離）：592. $dẓog$ （遙遠，遠離）：593. $dʻiog$ （遙遠，遠離）。

594. dẑôk（賣出）：595. dʻiok（買穀）：596. dẑuk（行商，交易）：597. dẑəg（市場，街市）：598. dẑôg（賣出，買入）：599. tʻiog（賣穀）。

600. îẑôg（掃帚）：601, 602.（掃除）。

603. dʻəng（騰跳）：604. dẑung（騰踊，跳躍）：605. dẑok（騰踊，跳過，跳躍）：606. dʻiog（騰跳，跳過，跳躍）：607. tʻiog（跳躍，跳過）。

608. îẑông（蚱蜢）：609. dʻẑông（小蟲，害蟲）。

610. tsʻẑəng（請求，祈禱，尋求）；611. îẑôk（祝禱）：612, 613. îẑôg（呪詛）：614. tôg（祝禱）：615. tʻôg（討求，探討）。

616. dʻẑôk（樞軸，滾軸）：617. îẑôg（圓周，周旋）：618. îẑôg（圓周，旋轉，週年）。

619. îʻiog（嗤笑）：620. tŏg（嘲弄，嘲笑）；621. dzʻẑog（嘲笑，責罵）：622. sẑog（嗤笑）。

623. îʻẑəg（媸醜）：624. tʻẑôg（醜惡）。

625. tʻung（笨憃）：626. tʻŭng（笨憃）：627. tŭng（笨憃）：628. tʻẑəg（笨憃）：629. tʻẑəg（笨憃）。

630. dẑẑĕg（這個）：631. îẑəg（賓位之他，她，牠）；632. tsẑəg（這個）：633. sẑẑĕg（這個）。

634. *t'i̯ôk* (開始)：635. *d'i̯og* (開始)；636. *si̯əg* (開始)。

637. *t'âk* (囊橐，袋子)：638. *d'əg* (囊橐，袋子)。

639. *si̯ang* (車箱，箱子)：640. *si̯əg* (方形之箱)。

641. *tiek* (相對者，相伴者，相等者：主婦)：642. *d'iek* (相對者：讐敵，對敵，仇人)；643. *di̯ôg* (相對者：讐敵，對敵，仇人)。

644. *tsi̯əg* (渣滓)：645. *tsôg* (糟粕)。

646. *d'əg* (塗黑眉毛)：647. *tsi̯əg* (黑色)；648. *sâk* (月之初一，北方，故其本義必爲「暗黑」也。)：649. *tsôg* (早晨)：650. *dz'ôg* (皂黑)。

651. *d'ôg* (穀稻)；652. *tsi̯ək* (黍稷)：653. *si̯uk* (黍稷，穀類之通稱)。

654. *tsəg* (兩次，第二次)：655. *si̯ung* (雙數，雙偶，兩俱)。

656. *t'i̯əg* (羞恥)：657. *si̯ôg* (羞恥)。

658. *di̯ek* (勞役，遠征)：659. *di̯og* (勞役，遠征)。

660. *di̯ak* (碩大)：661. *di̯ek* (碩大)。

662. *d'i̯ak, d'i̯ag* (以弓矢射之)：663. *di̯ek* (繫線之矢)；664. *tsəng* (繫線之矢)。

665. *d'i̯ek* (手搔)；666. *tsôg* (指甲，足爪)：667. *tsôg* (手

搔；蚤蟲）；668. sôg（以指甲搔之）：669. sôg（摩馬）。

670. tiôg（手臂，臂膀）；671. dziôg（衣袖）：672. siôg（手腕，手臂）。

673. dzʻâk（昨日）：674. siak（昨昔，前時，往昔）。

675. tsək（那末，于是）：676. tsiək（那末，于是）。

677. tiog（招請，招手）：678. dʻiog（招請，召喚）；679. dziôg（招請，引誘，誘惑）。

680. tiəng（證實，證明，證驗，證據）：681. tiəng（徵實，證明，徵驗，徵據）。

682. diôk（誰人，那個）：683. dʻiôg（誰人？）。

684. dʻək（單獨，單個）：685. dʻuk（單獨，獨個）。

686. dʻung（運動）：687. dʻung（感動，受激）：688. dʻiog（搖動）：689. diog（搖動）。

690. tʻiĕng（奔走，馳騁）：691. dʻog（奔走，逃走）：692. dʻôg（偸逃，盜賊）：693. dʻiog（奔走，急速）。

C. N-N 一類的語詞

1. 泐　2. 理。　3. 壤　4. 農。　5. 諾　6. 若。

7. 聆　8. 耳。　9. 攘　10. 掠　11. 搦　12. 捞

13. 撩。14. 量。15. 料。16. 朗。17. 亮。18. 烺。
19. 瓓。20. 暸。21. 燎。22. 力。23. 勞。24. 輛。
25. 較。26. 轇。27. 轢。28. 輅。29. 樂。30. 祿。
31. 箈。32. 籠。33. 簏。34. 撓。35. 擾。36. 嬈。
37. 濘。38. 零。39. 瀝。40. 漉。41. 露。42. 雷。
43. 溜。44. 囹。45. 牢。46. 戮。47. 劉。48. 繞。
49. 扭。50. 紐。51. 繚。52. 棱。53. 菱。54. 能。
55. 耐。56. 曡。57. 仍。58. 良。59. 令。60. 靈。
61. 陵。62. 壟。63. 涼。64. 冷。65. 凌。66. 膿。
67. 濃。68. 釀。69. 浪。70. 潦。71. 流。72. 乃。
73. 而。

1. $lək$ (石中與礦中之紋理)：2. $liəg$ (石中與礦中之紋理)。
3. $hịang$ (肥沃可耕之地，耕種之土)：4. $nông$ (耕種地土，農業)。5. $nâk$ (如彼，如是，如此：是的，承諾)：6. $hịak$ (似若，相似，如同，依照)。

7. $lieng$ (聆聽)：8. $hịəg$ (耳官)。

9. $hịang$ (爭持，佔取，爭奪)：10. $gliang, gliak$ (爭持，佔取，掠奪)：11. $něk$ (爭持，佔取)：12. log (佔取，撈出)：13. $liog$ (爭持，撩取)。

14. *liang*（量度）：15. *liog*（量度）。

16. *lâng*（光亮，明朗）：17. *gliang*（光亮，明朗）：18. *glâk*（火燒）：19. *liok*（光彩，玉石之光亮）：20. *liog*（明亮，視官之明瞭）：21. *liog*（火炬，點火，燒火，光照，明亮）。

22. *liək*（勢力，力量）：23. *log*（用力，勞作）。

24. *liang*（車輛，謂取義於「兩」，即屬兩輪之車者，此乃一種鄙俗的詞源學說，因有「輛」之許多親屬語詞存在而知之。）：25. *gliang*（車中可以橫臥之處）：26. *liəng*（車輪下輾過也）：27. *liok*（車輪下輾過也，轑轢）：28. *glâg*（大車）。

29. *lâk*（快樂）：30. *luk*（福祿）。

31. *lieng*（筐籃）：32. *lung*（筐籃）：33. *luk*（筐籃）。

34. *nŏg*（撓亂，撓擾）：35. *ńiog*（擾亂，撓擾）：36. *niog*（打擾，困惱）。

37. *ńiang*（滴下，濃露）：38. *lieng*（零雨，滴下）：39. *liek*（滴下，浸潤）：40. *luk*（滴下，浸潤）：41. *glâg*（濃露）：42. *liôg*（古時屋頂開孔處以讓雨水滴下；滴下）：43. *liôg*（滴下）。

44. *lieng*（囚牢）：45. *lôg*（羊欄，牢圈，囚牢）。

46. *gliôk*（殺戮）：47. *liôg*（殺戮，屠殺）。

48. ńiog（縈繞，環繞）：49. niôg（縈繞，扭繞）：50. niôg（縈繞，紐結）：51. liog（縈繞，繚繞，繩圈）。

52. ləng（方塊之木，棱角，嚴峻，棱邊，角隅，菱形者）：53. liəng（菱形之菓：水栗子）。

54. nəng（可能，能夠）：55. nəg（可能，忍耐，忍受；55. 有時用來替代 54. 例如禮記：禮運中）。

56. nâng（曩昔，古時）：57. ńiəng（如昔，仍舊）。

58. liang（良善）：59. liěng（良善）：60. lieng（靈異，神靈）。

61. liəng（小丘，墳墓）：62. liung（小丘，墳墓）。

63. gliang（寒涼）：64. lieng（寒冷；諸方音指示着一個上古的 lěng 音）：65. liəng（冰淩）。

66. nông（濃水：膿水，膿汁）：67. niung（濃厚，濃富之汁）：68. niung（烈酒，濃酒）。

69. lâng（波浪）：70. log（行潦，潦水）：71. liôg（流水）。

72. nəg（於是，那末）：73. ńiəg（於是，那末）。（註一）

（註一）原注：72. 這個語詞，古音 nâi, 上古音 nəg, 在書經上「厥」字的研究 (The Pronoun küe in the Shu-king, Göteborgs Högskolas Årsskrift, 1933) 我的這篇論文當中已經研究過了。在經典文字中，72. 依常規是用來代表兩個語詞，古音 nâi, (于是，那末) 和古音 nâi (你的)。前面的

漢 語 詞 類　　　　　　　151

D. P-NG 一類的語詞

1. 棚	2. 伻	3. 篷	4. 覆	5. 幞	6. 盲
7. 氓	8. 冥	9. 瞑	10. 懜	11. 蒙	12. 曚
13. 夢	14. 幪	15. 冪	16. 幎	17. 塓	18. 幕
19. 膜	20. 眊	21. 冒	22. 帽	23. 霧。	24. 默
25. 墨	26. 黑	27. 煤。	28. 溟	29. 瀎。	30. 幫
31. 旁	32. 傍	33. 膀	34. 徬	35. 螃	36. 房
37. 蟛	38. 并	39. 竝	40. 朋	41. 副	42. 陪。
43. 明	44. 望。	45. 烹	46. 炳	47. 病	48. 烽
49. 爆	50. 曝	51. 卜	52. 暴	53. 炮	54. 庖
55. 熛	56. 烰。	57. 白	58. 帛	59. 伯。	60. 目
61. 眸。	62. 兵	63. 鋒	64. 蜂	65. 峯	66. 剽

這種意義，銅器刻文上大都用另外的字體來表明，可是上古文字中也有時同樣用 72. 來表明「于是」這種意義，例如<u>噩</u>侯鼎的刻文中 (<u>奇觚室吉金文述卷二，七頁</u>)。

　　新特勒氏 (B. Schindler)，<u>在小亞細亞雜誌</u> (Asia Major, 1933) 上，曾經對於我上文所述的論文刊布一種「批評」。實在使我們失望的，我們見到他所研究的上古文法上的助詞是由一切種種文書上東拉西扯而來的例子，毫不加以辨別并且沒有顧慮到那種重要的事實，那種事實我在十年前已經得到證明了．(<u>左傳眞僞考</u>, On the Authenticity and Nature of Tso Chuan)：就是一切上古文書裏所應用的文法上助詞，並不是完全一致的，而是根據于各異的方言具有顯著的差別。而且，他的書經上的例子大部分是由<u>偽書</u>的各篇上引舉而來的呢！

67. 芒　68. 鋩　69. 盳　70. 萌　71. 苗。72. 髟
73. 尨　74. 毛　75. 旄　76. 毡。77. 慱　78. 丕
79. 茫　80. 漭　81. 庬　82. 淼。83. 防　84. 屏
85. 軿　86. 邦　87. 封　88. 陴。89. 埲　90. 棒
91. 搏　92. 拍　93. 擗　94. 撲。95. 秉　96. 柄
97. 捧　98. 奉　99. 俸　100. 搏　101. 抔　102. 掊
103. 摸。104. 擘　105. 劈　106. 闢　107. 派　108. 剖。
109. 瓶　110. 缶　111. 瓿　112. 杯。113. 繃　114. 紡
115. 縛　116. 保　117. 包　118. 袍　119. 抱　120. 縕。
121. 北　122. 背　123. 背　124. 倍　125. 負。126. 膀
127. 平　128. 枰　129. 牌　130. 碑　131. 飽。132. 崩
133. 匐　134. 踣　135. 伏　136. 服　137. 仆。138. 颮
139. 飄　140. 颩　141. 飄　142. 飄。143. 罷　144. 蟆。
145. 胚　146. 胞。147. 駁　148. 豹　149. 彪。150. 脖
151. 鰾。

1. bʻăng (布篷，庇蔭所，草棚)：2. pĕng (布篷，草棚)：
3. bʻung (草棚，布篷，船篷)：4. pʻi̯ôk (遮蓋)：5. bʻi̯uk (頭
布，頭巾，纏頭布，帽子)；6. măng (盲目)：7. măng (愚
意之人，愚民：普通百姓)：8. mieng (太陽隱沒：冥暗，暗

黑）：9. mieng（瞑目，視覺不明）：10. məng（懵懵，愚憃，無知）：11. mung（蒙蔽，無知）：12. mung（瞳睛上之蒙翳，盲目，無知）：13. mung（閉眼：入睡，睡夢）：14. mung（遮蔽物，頭巾）：15. miek（蓋以頭巾）：16. miek（遮蓋，面羅）：17. miek（以灰泥覆之）：18. mâg（遮蓋物：面羅，帳幕）：19. mâg（遮蓋肌肉之薄膜）：20. mog（視覺矇矓）：21. môg（覆蓋，面羅，帽子）：22. môg（帽子）：23. mi̯ug（雲霧，迷烟）。

24. mək（黑色，暗黑，不響）：25. mək（墨水，用烟煤製者）：26. xmək（黑色）：27. mwəg（墨黑，墨煤；木煤）。

28. mieng（細雨）：29. mung（細雨）。

30. pwâng（偏于，輔助，幫助）：31, 32. bʻwâng（一旁，旁邊）：33. bʻwâng（體軀之兩邊，腰旁）：34. bʻwâng（走于旁邊，依附）：35. bʻwâng（旁行者：螃蟹）：36. bʻi̯wang（邊屋）：37. bʻăng（螃蟹）：38. pi̯ĕng（相並，併合，並立）：39. bʻieng（相並，併合，並立）：40. bʻəng（同伴，結交，友朋；一雙）：41. pʻi̯ŭk（相聯者，副助者）：42. bʻwəg（旁近于，陪同，陪從，相助）。

43. măi̯ng（明亮，燦爛，清楚）：44. mi̯wang（月之圓滿）。

45. *p'ăng* (烹煮，油煎)：46. *piăng* (燒火，烈火，燦爛)：47. *b'iăng* (發熱：疾病)：48. *p'iung* (火熱，燒火，烽火)：49. *b'ok* (火爆)：50. *b'ok* (日曝)：51. *puk* (火灼龜甲以卜)：52. *b'og* (烈日)：53. *b'ọg* (油煎)：54. *b'ọg* (廚房)：55. *piog* (跳動之火頭)：56. *b'iôg* (蒸發，加熱)。

57. *b'ăk* (白色)：58. *b'ăk* (白色之絲)：59. *păk* (白人，有白髮者：老人，長輩，長兄等)。

60. *miôk* (眼睛)：61. *miôg* (眼中之瞳睛)。

62. *piăng* (尖銳之武器)：63. *p'iung* (兵器之尖鋒，鋒利之處)：64. *p'iung* (黃蜂，蜜蜂，大黃蜂)：65. *p'iung* (山尖，山峯)：66. *p'iog* (鋒利之處，戳刺)；67. *mâng* (草芒，穀針)：68. *miwang* (兵器之尖鋒)：69. *măng* (牛蠅)：70. *măng* (萌芽)：71. *miog* (萌芽)。

72. *piog* (長毛)；73. *mŭng* (長毛的)：74. *mog* (毛髮)：75. *mog* (犛牛之尾用作旗者)：76. *mog* (遮蓋地土之草如毛髮然，草類，可食之香草等)。

77. *pâk* (廣博，博大)：78. *p'iog* (寬大，博大，偉大)；79, 80. *mâng* (寬大，宏大)：81. *mŭng* (宏大，偉大)：82. *miog* (寬大如海)。

漢 語 詞 類

83. *bʻiwang* (壁壘，隄防，防衞，防護)：84. *pieng* (屏蔽，屏護)；*bʻieng* (屏牆，屏障)：85. *bʻieng* (有屏蔽之乘車)：86. *pŭng* (圍牆之地土：邦國，國家)：87. *piung* (邊城，封界，采邑)：88. *bʻĕg* (胸牆，城陴)。

89. *bʻăng* (打擊，棒打)：90. *bʻŭng* (木棒，棒打)：91. *păk* (打擊)：92. *pʻăk* (拍打)：93. *bʻiek* (搥胸)：94. *pʻuk* (撲打)。

95. *piăng* (執持，秉執)：96. *piăng* (柄子)：97. *pʻiung* (以雙手執持)：98. *bʻiung* (以雙手執持，接奉，奉呈)：99. *bʻiung* (接受之物：薪俸)：100. *păk* (執持)：101, 102. *bʻŭg* (執持)；103. *măk* (手裏持取，執持，觸覺)。

104. *pĕk* (擘分，析開)：105. *pʻiek* (劈分，析開)：106. *bʻiek* (開闢)：107. *pʻĕg* (分開：別派，流水之分枝)：108. *pʻŭg* (劈分，剖開)。

109. *bʻieng* (壺子，瓶子，罇子)：110. *piôg* (泥壺，瓶子，罐子，罇子)：111. *pʻŭg* (壺子，罐子)：112. *pwəg* (杯子)。(方言以 111. 與 109. 解明 110. 以爲是 111. 之小者)。

113. *pɛng* (繫屬，束縛，捆緊，綳帶)：114. *pʻiwang* (束縛，紡繞，紡紗)：115. *bʻiwak* (繫縛，束縛)：116. *pôg* (纏

繞：保護，保衞，此字增加「系」之形旁，卽指纏繞小兒之「綵」衣。）：117. *pôg* （包裹）：118. *b'ôg* （包裹之物：長袍）：119. *b'ôg* （包入，擁抱）；120. *mək* （束縛，三合繩）。

121. *pək* （背面：北方）：122. *pwəg* （背脊；背後）：123, 124. *b'wəg* （違背，轉身）：125. *b'i̭ŭg* （載于背上）。

126. *pâng* （平板，方板）：127. *b'i̭ăng* （平衡，平順，平安）：128. *b'i̭ăng* （削平）：129. *b'ĕg* （平板，方板）：130. *pi̭ĕg* （石板，碑碣）：131. *b'ôg* （刨平）。

132. *pəng* （山頹，土崩，崩壞）：133, 134. *b'wək* （踣于地，俯伏）：135. *b'i̭ŭk* （伏於地，俯伏）：136. *b'i̭ŭk* （倒下，平服，自身伏下，降下）：137. *p'i̭ug* （俯伏）。

138, 139. *pi̭og* （旋風）：140, 141. *p'i̭og* （旋風）：142. *b'i̭og* （旋風），（這幾種音讀是依據出于敦煌的切韵寫本的，該本爲沂泰因所得，現藏於倫敦）。

143. *măng* （蝦蟆）：144. *măg* （蝦蟆，田雞）。

145. *p'wəg* （胚胎，胎芽）：146. *p'ôg* （胎衣）。

147. *pŏk* （有斑紋之馬，斑駁）：148. *pŏg* （有花紋之獸：虎豹）：149. *pi̭og* （虎之斑紋，條紋，斑駁）。

150. *p'ôg* （氣胞）：151. *b'i̭og* （魚之氣胞）。

漢 語 詞 類

152. 匏 153. 瓢。154. 復 155. 覆 156. 報。157. 麥
158. 麰。159. 覓 160. 慕 161. 忭。162. 模 163. 摹
164. 貌 165. 描。166. 芳 167. 馥。168. 薄 169. 迫
170. 逼。171. 複 172. 倍。173. 買 174. 賣 175. 貿。
176. 福 177. 富。178. 謨 179. 媒 180. 謀。181. 漂
182. 浮。183. 訪 184. 聘。185. 豐 186. 奉 187. 丰。
188. 培。

152. *bʻôg* (葫蘆)：153. *bʻiog* (葫蘆)(和 150, 151. 爲親屬語詞：氣胞之形？)。

154. *bʻiôk* (回轉, 旋復, 轉身)：155. *pʻiôk* (傾覆, 倒轉)：156. *pôg* (回復：報復, 報答, 報酬, 報告等)：154. *bʻiôg* (反轉, 再又)。

157. *mwɛk* (小麥, 大麥)：158. *miôg* (大麥)。

159. *miek* (覓取, 尋求)：160. *mâg* (想望, 尋求)：161. *miôg* (貪慕)。

162. *mâg* (模型, 樣式)：163. *mâg* (摹倣)：164. *mŏg* (形式, 狀貌)：165. *miog* (描摹, 描繪)。

166. *piwang* (芬芳)：167. *bʻiôk* (馥郁)。

168. *pâk* (迫逼)：169. *păk* (迫逼)：170. *piək* (迫逼)。

171. *piôk* (雙複)：172. *bʻwəg* (倍數)。

173. *mĕg* (買進)：174. *mĕg* (賣出)：175. *mug* (買賣，交易)。

176. *piŭk* (福祿，榮盛)：177. *piŭg* (富有)。

178. *mâg* (籌畫，計謀)：179. *mwəg* (計謀者，策畫者：居間媒介)：180. *miŭg* (籌畫，計謀)。

181. *pʻiog* (漂浮)：182. *bʻiôg* (漂浮)。

183. *pʻiwang* (訪問)：184. *pʻiĕng* (訪問)。

185. *pʻiông* (豐裕，富有，廣博，豐麗)：186. *pung* (富庶，富盛之生長)：187. *pʻiung* (豐裕，豐麗)。

188. *bʻŭg* (小丘)：189. *bʻwəg* (周圍築成小丘：栽培植物)。

E. K-N 一類的語詞

1. 幹	2. 九	3. 還	4. 圜	5. 寰	6. 鬟
7. 環	8. 卷	9. 圈	10. 棬	11. 拳	12. 圓
圓員	13. 瑗	14. 園	15. 繯	16. 鉉	17. 困
18. 袞	19. 輥	20. 困	21. 軍	22. 運	23. 暈
24. 衛	25. 回	26. 洄	27. 歸	28. 圍	29. 卼
30. 盌	31. 斡。	32. 乾	33. 旱	34. 晛	35. 爟

漢語詞類　　　　　　　159

36. 炫　37. 焜　38. 渴　39. 煒　40. 燉嘆　41. 烜
42. 昕　43. 炘　44. 烜　45. 晞　46. 火　47. 燈
48. 煇輝 49. 溫　50. 喝　51. 煨。52. 繢　53. 冠
54. 綮　55. 棬　56. 鞘　57. 緊　58. 絃　59. 弦
60. 緄　61. 稇　62. 細　63. 括　64. 結　65. 髻
66. 繼　67. 繒　68. 紇　69. 繘　70. 裹　71. 緯。
72. 竭　73. 訖　74. 屆　75. 季　76. 既　77. 曁
78. 迄。79. 奸　80. 姦　81. 幻　82. 猾　83. 譎
84. 獪　85. 譥　86. 贗　87. 嚻　88. 駄　89. 快。
90. 遠　91. 越　92. 違。93. 曷　94. 豈　95. 安
96. 焉。97. 寬　98. 闊。99. 懇　100. 悃　101. 愾。
102. 乞　103. 匄　104. 祈。105. 撋　106. 桔　107. 挈
108. 揭　109. 掀　110. 獻。111. 齦　112. 齔　113. 齠。
114. 斂　115. 眅　116. 闕　117. 掘　118. 穴　119. 窟
120. 掊　121. 剜　122. 乞　123. 抉。124. 官　125. 宦
126. 君　127. 尹　128. 看　129. 見　130. 見　131. 現
132. 觀　133. 睿　134. 覩　135. 顯　136. 睎　137. 眼。
138. 云　139. 曰　140. 話　141. 謂　142. 言　143. 諺
144. 謁。145. 慇　146. 鬱　147. 畏　148. 威。149. 管

筦 150. 莞 151. 刪 152. 韋。 153. 偃 154. 捥 155. 掔 156. 彎 157. 灣 158. 宛 159. 婉 160. 宛 161. 委 162. 隈。

1. kwân（彎曲之柄，斡旋，纏繞）: 2. g'wân（圓滾之物，球丸）: 3. g'wan（旋轉，回轉）: 4. g'wan（旋轉，圍周）: 5. g'wan（圍周之牆）: 6. g'wan（纏繞毛髮成結）: 7. g'wan（環圈，環繞）: 8. kiwan（環卷，捲軸）: 8. g'iwan（卷曲）: 9. g'iwan（圓圈），k'iwan（圓圈，圓周）: 10. k'iwan（圓形之木椀）: 11. g'iwǎn（手做成圓形: 拳頭）: 12. giwan（圓形）: 13. giwan, giwǎn（玉環）: 14. giwǎn（圓圈: 花園，公園）: 15. g'iwen（圍縵，縵繞，圍束）: 16. g'iwen（鼎扛之兩環圈）: 17. k'wən（圍困，困閉，困迫）: 18. kwən（飾以盤龍之禮服）: 19. kwən（車輪平直之旋轉）: 20. k'iwən（圓形之穀倉）: 21. kiwən（隊伍，軍隊，護衛之步兵環繞着戰車，此字卽因此義構成者）: 22. giwən（運轉）: 23. giwən（日或月周圍之圓光）: 24. giwad（環繞，護衛，保衛）: 25. g'wər（旋轉，環圈，轉身，回轉，一回）: 26. g'wər（渦流）: 27. kiwər（回轉）: 28. giwər（圍繞）; 29. ngwân（削成圓形: 削去其

漢 語 詞 類

邊隅使成爲圓形）；30. ·wân（圓形之椀）：31. ·wât（彎曲之柄，斡旋，纏繞）。

32. kân（乾燥），g'ian（日光：天象）：33. g'ân（無雨，乾燥）：34. g'ian（早晨，日光初見）：35. kwân（以火鏡取火）：36. g'iwen（光線，炫耀）：37. g'wen（光線，火炷，火炎）：38. k'ât（乾燥：口渴）：39. giwər（火燒，紅如火）；40. xân（乾燥，溫熱，焦燥）：41. xiwăn（曝乾，加熱，點火）：42. xiən（早晨，日光初見）：43. xien（光明，火熱）：44. xiwar（以火鏡取火）：45. xiər（早晨，曝乾）：46. xwər, xwâr（火炷）：47. xiwər, xiwar, xwâr（火炷，點火，焚燒）：48. xiwər（光輝，點火）：49. ·wen（溫熱）：50. ·iăt（苦熱）：51. ·wər（炭爐中之火）：

52. k'iən（繾纏）：53. kwân（說文謂所以縶髮弁冕之總名，卽繫合毛髮之帶，帽子）：54. kiwăn（繫束衣袖之線）：55. k'iwăn（繾纏）：56. g'iwan（束馬鞍之帶）：57. kiĕn（緊束）：58. g'ien（絃線）：59. g'ien（弓弦）：60. kwən（繩索，帶子）61, 62. k'wən（綑縛）：63. kwât（括束）：64. kiet（繫束，結子）：65. kied（毛髮之頂結）：66. kied（繼承：連接，

繼續）：67. kwət（繫束）：68. g'wət（流蘇）：69. giwet（汲井之繩）：70. kwâr（束縛）：71. giwər（緯線）。

72. g'i̯at（竭盡，完了）：73. ki̯ət（完了，末了，訖止，逮于）：74. kɛd（完盡，完了，以至於）：75. ki̯ed（季節，最後）：76. ki̯əd（完盡，完結）：77. ki̯əd（完盡，完了，達於）；78. xi̯ət（以至於）：

79. kân（姦淫，奸偽）：80. kan（姦淫，奸偽）：81. g'wăn（欺幻，幻弄，幻術）：82. g'wɛt（奸猾）：83. ki̯wat（詭譎）：84. kwâd（狡獪）；85. xi̯wăn（虛偽）：86. ngan（贋造，欺詐）：87. ngi̯ěn（虛偽）。

88. kiwat（駿疾之馬）：89. k'wad（駿疾，快速）。

90. gi̯wăn（遙遠，離去）：91. gi̯wăt（過去，越過，超越）：92. gi̯wər（遠隔，離開，超越）。

93. g'ât（如何，什麼，何故？）：94. k'i̯ər（如何？）：95. ·ân（如何？）：96. ·i̯an（如何？）。

97. k'wân（寬厚，寬闊，寬大）：98. k'wât（寬厚，寬闊，寬大）。

99. k'ən（懇摯，熱切）：100. k'wən（懇摯，熱切）：101. kəd（憤慨，感慨）。

102. $k'i̯ət$ (求乞)：103. $kâd$ (求乞)：104. $g'i̯ər$ (求乞, 祈禱)。

105. $g'i̯an$ (擎舉)：106. kat (襵起下裳)：107. $k'iat$ (挈舉)：108. $ki̯ăt, g'i̯at, k'i̯ad$ (揭舉)：109. $xi̯ăn$ (掀起)：110. $xi̯ăn$ (舉起而奉呈之)。

111. $k'ən$ (咬嚙)：112. $g'wət$ (咬嚙)：113. $ngiat$ (咬嚙)。

114. $k'wân$ (孔窟)：115. $kiwan$ (掘成之小溝, 溝道)：116. $k'i̯wăt$ (城闕, 孔闕, 門闕)：117. $g'i̯wăt$ (掘穴), $g'i̯wət$ (挖掘, 發掘)：118. $g'iwet$ (孔窟, 地穴, 山洞)：119. $k'wət$ (孔窟, 地穴, 山洞)：120. $kwət$ (挖掘, 掘成地穴)：121. $·wân$ (挖出, 挖掘)：122. $·wat$ (挖掘, 發掘)：123. $·i̯wat$ (挖出, 如抉人之眼)。

124. $kwân$ (官吏, 官司)：125. $g'wan$ (官宦, 官司)：126. $ki̯wən$ (君主, 君王)：127. $gi̯wɛn$ (官尹, 執政者)。

128. $k'ân$ (看到, 看見)：129. $kian$ (看到, 看見)：130, 131. $g'ian$ (成爲可見, 現身)：132. $kwân$ (觀看, 觀察)：133. $ki̯wan$ (眷顧, 眷戀等)：134. $g'i̯ən$ (被見, 現身: 得覲見)；135. $xian$ (顯現, 顯示, 顯彰)：136. $xi̯ər$ (視察)；137. $ngɛn$ (眼睛)。

138. $giwən$（說話，說過）：139. $giwăt$（說話）：140. $g'wad$（談話，言語，語詞）：141. $giwəd$（說話）；142. $ngiăn$（談話）：143. $ngian$（傳說，諺語）；144. ·$iăt$（謁告，報告）。

145. $iεn$（抑鬱，慇切，慇勤）：146. ·$iwət$（抑鬱，急切）：147. ·$iwər$（畏懼，害怕）：148. ·$iwər$（畏威）。

149. $kwân$（蘆管，管子，笛子）：150. $g'wân$（菅草）：151. $k'wad$（蘆草）：152. $giwər$（蘆草）。

153. ·$iăn$（彎屈，俯下）：154, 155. ·$wân$（手腕）：156. ·wan（彎曲，弧形）：157. ·wan（屈曲，海灣）：158, 159 ·$iwan$（彎屈：柔弱，屈服：馴良）：160. ·$iwăn$（枉屈，冤曲）：161. ·$iwar$（俯下，委屈）：162. ·$wər$（山灣）。

163. 混　164. 涒　165. 渾　166. 滑。167. 芸　168. 董　169. 葷　170. 醺　171. 熏　172. 薰　173. 烟。174. 愒　175. 歇　176. 遏　177. 閼。178. 安　179. 晏　180. 燕　181. 宴。182. 限　183. 梱　184. 槶。185. 閑　186. 梐　187. 關。188. 闌　189. 垣　190. 院　191. 堰　192. 苑　193. 垔　194. 閒間　195. 閒　196. 閑　197. 鬫　198. 礜。199. 罕　200. 希　201. 稀。202. 墾　203. 開　204. 闓　205. 啓。206. 權　207. 勻　208. 均　209. 鈞。210. 計

211. 揆。 212. 閑 213. 訓。 214. 因 215. 茵 216. 隱
217. 依。 218. 隱 219. 衣 220. 扆 221. 醫 222. 瑿
223. 諱。 224. 覲 225. 堅。 226. 侃 227. 悍 228. 僩
229. 擱 230. 健 231. 劼 232. 偈 233. 傑 234. 佶
235. 仡。 236. 活 237. 滑。 238. 盬 239. 灌 240. 祼
241. 浣 242. 澣 243. 斠 244. 潔 245. 溉 246. 隤。
247. 介 248. 鎧。 249. 憪 250. 歉 251. 欣 252. 按
253. 印 254. 軋 255. 抑 256. 戹 257. 尉 258. 慰
259. 菀 260. 蘊 261. 苑 262. 藹。 263. 袁 264. 裙。
265. 氤 266. 氳。 267. 歁 268. 餲 269. 饐 270. 饖。
271. 干 272. 扞 273. 訐 274. 稽。 275. 饉 276. 飢
277. 饑。 278. 恨 279. 忔 280. 悁 281. 怨 282. 慍。
283. 恩 284. 愛。 285. 毀 286. 壞。 287. 咽 288. 噎。
289. 肯 290. 諧。 291. 摼 292. 搴 293. 搜 294. 擷
295. 牽 296. 縴 297. 攬 298. 捃 299. 摑。 300. 刊
301. 劵 302. 虔 303. 痕 304. 斤 305. 割 306. 戛
307. 刮 308. 鉥 309. 鍥 310. 劀 311. 害 312. 膾
313. 劊 314. 刐 315. 劇 316. 絜 317. 契 318. 剴
319. 刖 320. 刈 321. 剺。 322. 近 323. 畿 324. 幾。

325. 捐 326. 抎 327. 棄 328. 遺。329. 燕 330. 虹。
331. 筋 332. 腱。333. 貫 334. 摂。

163, 164, 165. *gʻwən* (混亂, 渾濁): 166. *kwət* (混亂, 渾濁)。

167. *giwən* (香草); 168. *xiwən* (薰香): 169. *xi̯wən* (洋蔥及其他強烈刺鼻之食料): 170. *xi̯wən* (酒之蒸氣): 171. *xi̯wən* (烟氣): 172. *gʻiwəd* (芳蘭); 173. ʻ*ien* (烟氣)。

174. *kʻi̯ad* (停止, 歇息): 175. *xi̯ăt* (停止; 歇息): 176, 177. ʻ*ât* (遏止, 歇息)。

178. ʻ*ân* (平安, 安靜): 179. ʻ*an* (安樂, 平靜): 180, 181. ʻ*ian* (逸樂, 宴會)。

182. *gʻɛn* (門檻): 183. *kʻwən* (門檻): 184. *ki̯wăt* (門檻)。

185. *gʻăn* (門閂, 繫釘): 186. *gʻi̯ăn* (門閂, 繫釘): 187. *kwan* (門閂, 繫釘)。

188. *gʻwan* (市闠): 189. *giwăn* (城垣): 190. *ngiwăn* (有牆之家宅, 庭院); 191. ʻ*i̯ăn* (隄防, 城壩): 192. ʻ*iwăn* (有圍柵之地: 公園): 193. ʻ*i̯ɛn* (城隄, 堊塞)。

194. *kăn* (間隔, 間隙): 195. *gʻăn* (時間之間隔: 閒暇):

196, 197. kăn（從隙縫中窺視：窺察，探視）；198. xi̯ɛn（孔隙，閒隙，不和，爭鬪）。

199. xăn（稀罕，稀少，少數）：200. xi̯ər（稀罕，稀少，少數）：201. xi̯ər（稀少，稀簿）。

202. k'ən（開墾）：203. k'ər（開闢）：204. k'ər（闓闢）：205. k'ier（開啓）。

206. g'i̯wan（天秤，稱量）：207. gi̯wěn（相等，均勻）：208, 209. ki̯wěn（相等，平均，相稱）。

210. ki̯ər（計算，計數）：211. g'i̯wɛr（計算，計數，揆度）。

212. g'ăn（教練，教訓，閑習）：213. xi̯wən（教訓）。

214. ·i̯ěn（根據，因依，因為等）：215. ·i̯ěn（基礎，褥席）：216. ·i̯ən（隱依）：217. ·i̯ər（依靠，依據）。

218. ·i̯ən（隱藏，隱匿，隱蓋，隱蔽）：219. ·i̯ər（遮蓋，衣裳）：220. ·i̯ər（遮蔽物）221. ·i̯ər（遮護物）：222. ·i̯ər（眼白翳）；223. xi̯wər（諱藏，隱諱，禁忌）。

224. kɛn（不易碎裂之泥土，艱難，困難）：225. kien（堅硬，堅忍）。

226. k'ân（堅決，堅強，侃直）：227. g'ân（強悍，勇敢）：228, 229. g'ăn（強健，堅強，勇武）：230. g'i̯ăn（強健，壯

健）：231. *k'at* (堅強)：232, 233. *g'i̯at* (強健，勇武，英傑）。234. *g'i̯ĕt* (堅強，壯健）；235. *ngi̯ət* (強健，勇武）。

236. *g'wât* (潮溼，相反于乾燥者，活潑，生活等）：237. *g'wɛt* (滑動）。

238. *kwân* (傾水其上，洗手）：239. *kwân* (灌水，瀉水，灌洗）：240. *kwân* (傾出酒類，祭奠）：241, 242. *g'wân* (洗濯）：243. *kiwen* (清潔）：244. *kiat* (清潔，清除）：245. *kəd* (灌溉，洗刷）；246. *xwəd* (洗面）。

247. *kăd* (介殼，盔甲）：248. *k'ər* (盔甲）。

249. *g'ăn* (喜歡，喜悅）；250. *xwân* (喜歡，欣悅）：251. *xi̯ən* (喜歡，欣悅）。

252. *·ân* (按下，按手其上）：253. *·i̯ĕn* (按下：蓋印，印章）：254. *·at* (輾於車輪下，軋扁）：255. *·i̯ĕt* (抑下，重壓），（依據詩經韻上應讀爲 *·i̯ĕt*；此字又用以代表 *·i̯ək* 這個同義的語詞）：256. *·i̯wĕt* (壓抑：以烙鐵殴平）：257. *·i̯wəd* (抑下，抑服，平服）：258. *·i̯wəd* (平服，安慰，舒服）。

259. *·i̯wăn* (繁盛之草木，蘊積）：260. *·i̯wən* (繁盛之草木，蘊積）：261. *·i̯wət* (繁盛之草木，蘊積）：262. *·âd* (繁盛之草木，蘊積）。

263. giwăn（長衣）：264. gʻiwɐn（下裳）。

265. ˙i̯ĕn（發洩之氣）：266. ˙i̯wən（發洩之氣）。

267. xâd（腐敗汙穢之食物）；268. ˙i̯ad（腐敗汙穢之食物）：269. ˙i̯ĕd（腐敗汙穢之食物）：270. ˙i̯wăd（腐敗汙穢之食物）。

271. kân（干盾）：272. gʻân（豫防，扞衛）。

273. kʻi̯ĕt（攻究，稽查）：274. ki̯ər（攻究，稽查）。

275. gʻi̯ɛn（飢荒）：276. ki̯ɛr（飢荒）：277. ki̯ər（飢荒）。

278. gʻən（怨恨，怒恨）：279. ngi̯ət（厭憎）；280. ˙i̯wan（怒恨）：281. ˙i̯wăn（怨恨，憎恨）。282. ˙i̯wən（怨恨，憎恨）。

283. ˙ěn（恩愛）：284. ˙əd（恩愛）。

285. xi̯war（破壞）：286. gʻi̯wɐr（破壞）。

287. ˙ien（咽喉，吞咽）：288. ˙iet（食物滯在咽喉，壅塞）。

289. kɛr（俱皆）：290. gʻɛr（合共，諧合，和諧）。

291, 292. gʻi̯an（搴出，持取）：293. giwăn（搴出，援引，牽引，援取）：294. giwăn（牽引物：車杠）：295. kʻien（牽引，拉曳，引導）：296. kʻien（拉縴之繩，牽引）：297, 298. ki̯wən（攜取，擇取）；299. ˙at（拔起）。

300. kʻân（割削）：301. kʻi̯wăn（割成之切口：契刻，符

契，約劑，契據)：302. g'ịan (割削，斬殺) (此字依假借用)：303. g'ən (切口：裂痕)：304. kịen (割削之物：斧斤)：305. kât (割削)：306. kɛt (戈矛)：307. kwăt (割去，刮去)：308. gịwăt (斧戟)：309. k'iat (鈎刀，割削)：310. gịwət (雕切)：311. g'âd (割削：傷害)：312. kwâd (切肉成細塊，斬碎)：313. kwâd (割去)：314. kwâd, kịed (創傷)：315. kịwăd (尖利，割削，創傷)：316, 317. k'iad (割刻，契刻)：318. kər, ngər (鐮刀，尖銳，使之尖銳)；319. ngwăt, ngịwăt, ngwət (刖足，割去其足)：320. ngịăd (刈草，割削)：321. ngịəd (劓鼻，割去鼻子)。

322. g'ịən (接近，附近)：323. g'ịər (近畿：王畿)：324. kịər (幾近，通常用於「幾乎」一語中)。

325. gịwăn (捐棄)：326. gịwen (遺擲，遺失)：327. k'ịed (捐棄)：328. gịwɛr (遺棄，遺失)。

329. ˙ịan (燕子)：330. ˙at (燕子)。

331. kịən (筋骨)：332. g'ịăn (筋骨之末端)。

333. kwân (穿過，貫通)：334. g'wan (穿過，貫通)。

漢語詞類　　　　　　　　　171

F. T-N 一類的語詞

1. 緣　2. 純　3. 經　4. 綴　5. 帶　6. 維
7. 纂　8. 續　9. 紃　10. 線　11. 綫　12. 紳
13. 絏　14. 繼。15. 剬　16. 短　17. 斷　18. 段
19. 劐　20. 膞　21. 銓　22. 制　23. 製　24. 剃
25. 薙　26. 剗　27. 剪　28. 翦　29. 刊　30. 截
31. 絕　32. 節　33. 切　34. 齌　35. 剎　36. 稰
37. 刪。38. 端　39. 銳　40. 錐　41. 箭　42. 錢
43. 鐫　44. 笋　45. 矢。46. 娠　47. 產。48. 死
49. 尸。50. 䰡　51. 驎　52. 哂　53. 咥。54. 亶
55. 眞　56. 信　57. 恂。58. 閱　59. 察。60. 親
61. 槻　62. 襯。63. 噂　64. 崒　65. 崔　66. 山
67. 峻。68. 殄　69. 殘　70. 散　71. 撒　72. 醋
73. 瓉。74. 祖　75. 皵　76. 脫　77. 蛻。78. 穿
79. 鑽。80. 墩　81. 頓　82. 堆。83. 趁　84. 逮
85. 至　86. 致　87. 臻。88. 前　89. 進　90. 晉
91. 賣　92. 膽　93. 祭　94. 齋　95. 先　96. 出
97. 黜。98. 津　99. 濟。100. 吞　101. 餐　102. 喂。
103. 揲　104. 掣　105. 掇　106. 奪　107. 纂　108. 揆

109. 撮 110. 竊 111. 捽。 112. 蹶 113. 踹 114. 踐
115. 跋 116. 跨 117. 跐。 118. 順 119. 述 120. 追
121. 殉 122. 遵 123. 循 124. 馴 125. 遂 126. 孫
127. 帥 128. 率。 129. 推 130. 摧 131. 催。 132. 譢
133. 突 134. 駇 135. 駿 136. 俊 137. 狻 138. 迅。
139. 豚 140. 腯 141. 逸 142. 佚 143. 恣 144. 渫
145. 洩 146. 泄。 147. 涕 148. 洟 149. 泗。 150. 屯
151. 隊 152. 最 153. 萃 154. 賑 155. 資。 156. 彗
157. 刷 158. 悅 159. 帥 160. 怛 161. 博 162. 忳
163. 怛 164. 憫 165. 惴 166. 悴 167. 悽 168. 恤。

1. d_iwan（衣服上沿邊之帶，沿邊，沿着，因緣，緣起）：
2. $d_iwən$（絲線）：3. $d'iet$（喪服上所御之麻帶）：4. t_iwat, t_iwad（繫綴，束緊，縫綴；繼承：聯接，連續）：5. $tâd$（環腰之帶，皮帶）：6. $d_iwər$（繩線，維繫）：7. $tswân$（紅線，纂集，編纂）：8. $tswân$（繼承：續紹）：9. $dz_iwən$（絲線，束縛）：10, 11. s_ian（繩線，細線）：12. $s_iĕn$（腰帶，皮帶）：13, 14. s_iat（繫束，束緊）。

15. $twân$（切成細片）：16. $twân$（切短，短小）：17. $twân$, $d'wân$（削去）：18. $d'wân$（切成之片段：部分，片段，簿片）：

漢 語 詞 類

19. $d'wân$, $tiwan$（切成細片）：20. $diwan$（把肉切碎）：21. $tiĕt$（鈎鐮，割稻）：22. $tiad$（裁割，截短，制止，節制）：23. $tiad$（截割）：24. $t'iər$（剪髪）：25. $t'iər$（刈草）；26. $ts'ăn$（割削，截去）：27, 28. $tsian$（割削，剪截）：29. $ts'wən$（割為細片）：30. $dz'iat$（截去）：31. $dz'iwat$（絕斷）：32. $tsiet$（節段）：33. $ts'iet$（截切）：34. $tsiər$（切細）：35. $dz'iər$（割削，截短）：36. $dz'iər$（割稻）；37. san（割削）。

38. $twân$（尖端，頂點，末端）：39. $diwad$（尖銳，鋒利）：40. $tiwər$（尖銳，鋒利，鑽子，尖頭）；41. $tsian$（箭矢）：42. $tsian$（鋤頭）：43. $tsiwan$（鑽刺，鐫刻，彫削）；44. $siwən$（尖頭：竹筍）：45. $siər$（箭矢）。（這一類或許和前一類是親屬的）。

46. $tiən$, $siən$（懷孕）：47. san（生產）。

48. $siər$（死去）：49. $siər$（尸首）。

50, 51. $t'iən$（笑貌）：52. $siən$（嘻笑）：53. $d'iet$（嘻笑）。

54. $tân$（信實，忠信）：55. $tiĕn$（眞實，忠信）：56. $siĕn$（信實，相信，忠實）：57. $siwĕn$（信實，忠信）。

58. $diwat$（考查）：59. $ts'at$（省察）。

60. $ts'iĕn$（接近，親密，親愛等）：61. $ts'iĕn$（內棺，親近于身體者）：62. $ts'iĕn$（內衣）。

63. *tswən* (崇高如山，高聳)：64. *dzʻi̯wət, tsi̯wəd* (山峯)：65. *tsʻwər dzʻwər* (崇高，高聳，崔嵬)：66. *săn* (山嶽)：67. *si̯wən* (崇高，峻峭，高聳)。

68. *dʻi̯ən* (殘毀，殄滅)：69. *dzʻân* (殘殺，殺戮，殘毀)。

70. *sân* (散播)：71. *sât* (撒散)。

72. *tsăn* (酒盞)：73. *dzʻân* (奠祭之杯)。

74. *dʻân* (剝脫，卸衣，脫去衣服，袒裸)：75. *ti̯an* (薄皮，剝去)：76. *tʻwât* (剝去，剝脫，卸衣，脫衣)；77. *si̯wad* (如鱗介動物之脫去皮殼)。

78. *tʻi̯wan* (穿過，鑽進)：79. *tswân* (穿進，鑽子)。

80, 81. *twən* (小丘，積堆)：82. *twər* (小丘，積堆)。

83. *tʻi̯ən* (達于，趁着)：84. *dʻəd* (達于，趁着)：85. *ti̯ĕd* (到達，達于，往到)：86. *ti̯ĕd* (以致于，使至，爲 85. 之使動詞)；87. *tsi̯ĕn* (到達，達于)。

88. *dzʻian* (前進，在前，以前)：89. *tsi̯ĕn* (前進，使進)：90. *tsi̯ĕn* (前進)：91, 92. *dzʻi̯ĕn* (攜進貢物，贈品)：93. *tsi̯ad* (進獻犧牲，祭祀)：94. *tsi̯ər* (攜進貢物，齎送，贈品)；95. *si̯ən* (前進，在先，以先)。

96. *tʻi̯wət* (出來，攜出，出去)：97. *tʻi̯wət* (取消，降級)。

漢語詞類

98. *tsi̯ən* (涉過，淺流)：99. *tsi̯ər* (涉過，淺流)。

100. *t'wən* (吞咽，吞下，吞滅)：101. *ts'ân* (吞咽，吞下，吞滅)：102. *ts'wad* (吞滅，一口把整片的肉吞下)。

103. *ḍ'i̯at* (捉取)：104. *t'i̯at* (執持，掣取)：105. *twât* (採摘，攜取，執持)：106. *d'wât* (搶奪，奪取，強取)；107. *ts'wan* (強取，擅取)：108. *tswən* (揘抓，攜取)：109. *ts'wât* (揘抓，採取，掇集)：110. *ts'i̯ət* (搶奪，竊取)。111. *dz'wət* (執持，捉取)。

112. *ti̯an* (蹂踏，踩躪)：113. *ḍi̯wan* (腳跟，踐踏)；114. *dz'i̯an* (踐踏，踩躪)：115. *dz'wən* (蹴踢，踐踏)：116. *dz'wət* (踐踏)：117. *ts'i̯ar* (踐踏，踩躪)。

118. *ḍ'i̯wən* (依順，服從，順從)：119. *ḍ'i̯wət* (追逐)；120. *ti̯wər* (追逐)：121. *dzi̯wěn* (從死)：122. *tsi̯wən* (遵從，服從，遵照)：123. *dzi̯wən* (順從，遵循)：124. *dzi̯wən* (馴服：溫順，馴良，指馬)：125. *dzi̯wəd* (逐從)；126. *swən* (繼從者：孫子)：127, 128. *si̯wəd* (使從，率領)：127, 128. *si̯wəd* (將帥)。

129. *t'wər* (推進)；130. *dz'wər* (推進，摧迫，擠進)：131. *ts'wər* (推進，催促)。

132. $d\!\iota wan$ (急速，遄急)：133. $d'wət$ (急速，突然，衝出)：134. $t'wâd$ (快馬，奔馳)；135. $ts\!\iota wen$ (快馬)：136. $ts\!\iota wen$ (靈敏，聰明，天賦)：137. $ts'wət$ (猝然)；138. $s\!\iota ĕn$ (迅速)。

139. $d'wen$ (小豬)：140. $t'wet$ (豬肉脂油)。

141, 142. $d\!\iota ĕt$ (縱逸，逃逸，解除，閒逸)；143. $ts\!\iota ər$ (恣縱，放恣，淫佚)；144. $s\!\iota at$ (放水，漏出，分散)：145. $s\!\iota at$ (放水，洩漏，解除，分散)；$z\!\iota ad$ (分散)：146. $z\!\iota ad$ (放水，泄放，解除，閒佚)。

147. $t'iər$ (眼上滴水，涕淚)：148. $t'iər, d\!\iota ər$ (鼻上滴水，鼻液)；149. $s\!\iota ə d$ (鼻液)。

150. $d'wen$ (屯集，屯積；一屯之兵士，營屯，置營)：151. $d'wəd$ (一隊兵士，軍隊)：152. $dz'wâd$ (最集，積聚，總集)：153. $dz'\!\iota wəd$ (萃集，衆多，萃凝，厚集)。

154. $tiən$ (資財)；155. $ts\!\iota ər$ (資財)。

156. $dz\!\iota wad$ (彗帚)：157. $s\!\iota wat$ (刷子，刷清)：158. $s\!\iota wad, s\!\iota wət$ (手巾，手帕)：159. $s\!\iota wət$ (手巾，手帕)。

160. $tân$ (悲傷，憂愁)：161. $d'wân$ (悲傷，憂愁)：162. $d'wen$ (悲傷，愁苦)：163. $tât$ (悲傷，憂愁)：164. $t\!\iota wat$ (悲傷，愁苦)；165. $t\!\iota war$ (愁苦，急切)；166. $ts'wət, dz'\!\iota wəd$

漢語詞類

(悲傷,愁苦): 167. *ts'ier* (悲傷,憂愁); 168. *si̯wĕt* (悲痛悲傷,憐憫)。

169. 袟 170. 㡿。 171. 戰 172. 鍛 173. 頓 174. 搷
175. 撻 176. 抶 177. 牴 178. 抵 179. 搥 180. 硾
181. 捶 182. 桎 183. 椎 184. 碓。 185. 攤 186. 誕
187. 闡 188. 挺 189. 延 190. 筵 191. 演 192. 陳
193. 陣 194. 引 195. 示 196. 申 197. 伸 198. 肆。
199. 蹎 200. 跌 201. 躠 202. 甔 203. 躓。 204. 腨
205. 臀 206. 腿。 207. 煇 208. 焞 209. 煎 210. 爨
211. 饌 212. 籑 213. 鮻 214. 焌 215. 熮。 216. 敦
217. 諄。 218. 炭 219. 袗 220. 鬢 221. 田 222. 畛。
223. 銓 224. 忖 225. 寸 226. 揣 227. 算。 228. 戩
229. 顫 230. 振 231. 震 232. 電。 233. 灌 234. 浚
235. 濬 236. 邃。 237. 秩 238. 第 239. 弟 240. 娣
241. 梯 242. 次。 243. 傑 244. 輟 245. 竣 246. 卒。
247. 撤 248. 逝 249. 遷 250. 遷。 251. 歠 252. 醉。
253. 縝 254. 緻 255. 賤 256. 仳 257. 屑 258. 細。
259. 彈 260. 展 261. 輾 262. 纏 263. 躔 264. 邅
265. 團 266. 搏 267. 轉 268. 傳 269. 椽 270. 紗

271. 旋 272. 飇 273. 漩 274. 蜿 275. 璿 276. 徇
277. 旬 278. 巡 279. 晔 280. 宣 281. 躔 282. 歲。
283. 坦 284. 壇 285. 墠。286. 兕 287. 犀。288. 迭
289. 替。290. 準 291. 水。292. 大 293. 大 294. 泰。
295. 蟬 296. 嫦 297. 蜇。298. 單 299. 禪 300. 但
301. 禮 302. 擅 303. 專。304. 湍 305. 汛 306. 洗
307. 洒。308. 捐 309. 衰。310. 旦 311. 晨 312. 暾。
313. 塡 314. 瑱 315. 窒。316. 達 317. 徹。318. 丹
319. 袥 320. 緇 321. 茜 322. 綪 323. 紫。324. 齊
325. 妻 326. 儕。327. 術 328. 隧。329. 逌 330. 遜
331. 退 332. 逡 333. 遜。334. 鮮 335. 新。336. 折
337. 胏 338. 碎。339. 舌 340. 誓 341. 說。342. 墜
343. 隤。344. 鍬 345. 鐏 346. 鈇 347. 桎。348. 瘨
349. 疾 350. 療 351. 瘠。352. 盡。353. 軼。

169. *d'ĭĕt* (縫綴)：170. *tiər* (縫綴，刺繡)。
171. *tian* (戰鬪，戰役)：172. *twân* (鎚打，鍛鍊)：173. *twən* (向着地頓首)：174. *d'ien* (敲打，擊鼓)：175. *t'ât* (打擊，鞭撻)：176. *t'ĭĕt* (打擊，鞭撻)：177. *tiər* (牴觸，抵當)：178. *tiər* (撞打，抵當)：179. *twər* (投擲)：180. *twər* (杵

子）：181，182. tiwər（打擊）：183. dʻiwər（打擊，鎚打，杵子）。(註一)

185. tʻân（張開，攤開）：186. dʻân（張開，張大，巨大，過甚）：187. tʻian（張大，闡揚）：188. tʻian（引出，引長）：189. dian（張開，延開，延長等）：190. dian（所張開之物：筵席）：191. dian（演大，張開）：192. dʻiĕn（張開，成爲一行，陳列）：193. dʻiĕn（一隊兵馬列成一行，排陣）：194. dʻiĕn（引出，引伸，引導等）：195. diər（張出：示知，陳列，宣示，佈告，預示）；196. siĕn（申張，張大，申示，重申等）：197. siĕn（伸張，伸出）：198. siər（伸張，張開，陳列等）。

199. tien（顛躓）：200. dʻiet（跌倒）：201. tʻât, 202, 203. tiər（跌倒）。

204. điwan（腿之腓部）：205. dʻwən（臀部，尻部）：206. tʻwər（腿部，股肉，火腿）。

207. tʻian（焚燒，煮熟）：208. tʻwən（火的顏色），dʻwən（焚燒占卜所用甲殼之火炷）；209. tsian（烤炙，煎炒）：210. tsʻwân（燒火，焚燒，煮熟）：211，212. dzʻwan（煮熟之食

(註一) 譯者案：184. 原文脫漏。

物)：213. ˙tsi̯wən（火製，煮熟之食物）：214. tswən, tsiwən, ts'wət（燒火，焚燒）：215. dzi̯wəd（著火，引火）。

216. twən（忠實，篤實）：217. i̯i̯ən（使成篤實：諄諄教誨）。

218. t'ân（煤炭）：219. i̯i̯ən（黑色之衣服）：220. i̯i̯ĕn（黑髮）。

221. d'ien（耕種之田）：222. i̯i̯ən（田畝高起之邊界）。

223. ts'i̯wan: 224. ts'wən（計算，量度）：225. ts'wən（尺寸之寸）：226. tṣ'i̯war（量度，揣計）：227. swân（計算，估計，計數）。

228, 229. i̯i̯an（震戢，戰慄，振動）：230. i̯i̯ən（振動）：231. i̯i̯ən（雷震，振動）：232. d'ien（空氣中之震動：電火，雷電）。

233. ts'wər（浚深）：234, 235. si̯wən（浚深）：236. si̯wəd（深邃）。

237. d'i̯ĕt（秩序，次第，程度，等級）：238. d'i̯ər（順序，次第，次序，等第）：239. d'i̯ər（其次，第二，相反于第一者：弟弟）：240. d'i̯ər（妹子）：241. t'i̯ər（順序上之階級，梯子）：242. tsi̯ər（程序，順序，其次，第二）。

243. t'i̯ad（停止，完畢）（楚地方言）：244. ti̯wat（停止，完畢）：245. ts'i̯wən（停止，完畢）：246. tsi̯wət（停止，完畢，死去）。

247. t'i̯at, d'i̯at（撤除）：248. ði̯ad（離去，過去，死去）：249. d'iad（離去）：250. ts'i̯an（離去，遷除）。

251. ti̯wat（飲酒）：252. tsi̯wəd（酒醉）。

253. ti̯ĕn（細緊之織物）：254. d'i̯ĕd（細緊之織物）。

255. dz'i̯an（屑細，廉賤，卑賤）：256. ts'iar（細小，屑細）：257. si̯at（細小，細微，屑細）：258. siər（細小，精細，微薄）。

259. d'ân（彈丸，以彈丸射擊）：260. ti̯an（展開，開出，輾轉）：261. ti̯an（輾轉）：262. d'i̯an（纏繞，纏束）：263. d'i̯an（繞走，天體，路徑等之旋轉）：264. d'i̯an（旋轉）（楚方言）：265. d'wân（團圓）：266. d'wân（搏成圓形）：267. ti̯wan（旋轉，圓繞）：268. d'i̯wan（繞轉，兩相傳達，移轉）：269. d'i̯wan（圓梡，椽子）（圓形，參看左傳桓公十四年注解）：270. ti̯en（縈繞，旋轉）；271. dzi̯wan（圓繞，旋轉）：272. dzi̯wan（旋風）：273. dzi̯wan（漩渦）：274. dzi̯wan（蝸牛）：275. dzi̯wan（圓體）：276. dzi̯wĕn（周旋，到處）：277. dzi̯wĕn（十

日之循環期）：278. dziwən（環遊，巡視）：279. tswâd（完足之循環期，完足之年）：280. si̯wan（旋轉，向各方去，圓繞，循環，宣布）：281. si̯en（急轉，趾頭旋回）：282. si̯wad（一循環期，一週年）。

283. t'ân（平衡，坦直，平坦）：284. d'ân（平壇）：285. di̯an（清潔平坦露天之地以為祭祀用者）。

286. dzi̯ər（犀牛）：287. si̯er（犀牛）。

288. d'iet（替迭：更迭，變換）：289. t'iəd（替代，替換，更換）。

290. ti̯wən（水準線）：291. si̯wər（水）。

292. d'âd（巨大）：293, 294. t'âd（巨大）。

295. d'i̯an（蟬）；296. dz'i̯ĕn（小蟬）：297. tsat（小蟬）。

298. tân（單個，單獨，單單）：299. tân（單個，衣之無裏者）：300. d'ân（單個，單獨，只有）：301. ti̯an（單個，例如單席）：302. di̯an（單自行動，獨自負責，專擅）：303. ti̯wan（單個，單獨，專門，特別）。

304. tsi̯an（洗刷）：305. si̯ĕn（放水其上，洒水）：306. si̯en（洗足）：306, 307. si̯er（洗刷）：307. ser（放水其上，洒水）。

308. swən（減損）：309. si̯wər（減損）。

310. tân (天亮，早晨)：311. dię̑n, d'ię̑n (天亮，早晨)：312. t'wən (日正上升)。

313. d'ien (閉塞，填入，阻止)：314. t'ien, tię̑n (充耳之玉)：315. tię̆t, tiet (閉塞，填入，阻止)。

316. d'ât (貫徹，通過，通達，各處)：317. d'ię̑t, t'ię̑t (貫徹，通過，通達，各處)。

318. tân (硃砂，紅色)：319. tsiạn (紅旗)：320. tsię̑n (微紅之絲，紅色)：321. ts'ię̑i (深紅，紅色之藥料)：322. ts'ię̑i (紅色之絲)：323. tsiạr (紫絲，紫色)。

324. dz'ię̑r (均齊，平等，平衡)：325. ts'ię̑r (第一級之夫人，平等，匹配)：326. dz'ę̑r (相等之輩，品彙，種類，同僚)。

327. d'ię̑wət (道路，途徑，法術等)：328. dziwəd (道路，途徑；隧道)。

329, 330. d'wən (退縮，退隱，退藏，逃遁)：331. t'wər (退縮，退避，退隱)；332. ts'ię̑wən (退縮，瑟縮)：333. swən (退讓，退避，讓步)。

334. siạn (鮮美，新鮮)：335. sị̆ę̆n (新鮮)。

336. tiat (碎裂，折斷)，d'ię̑t (破裂)：337. ts'ię̑wad (易于碎裂，脆弱)：338. swəd (裂成細片，碎片)。

339. $d'i̯at$ (舌頭)：340. $di̯ad$ (言論，宣誓，宣言)：341. $si̯wat$ (說話，說明)，$si̯wad$ (遊說之說)。

342. $d'i̯wəd$ (墜下，崩墜)：343. $d'wər$ (墜下，崩墜)。

344. $d'wər$ (矛戟柄之端以銅冒之者)：345 $dz'wən$ (矛戟柄之端以銅冒之者)。

346. $d'i̯ad$ (脚鐐)：347. $ti̯ět$ (脚鐐)。

348. $tien$ (疾，病)；349. $dz'i̯ět$ (疾，病)：350. $tsɛd$ (疾，病)：351. $tsi̯ər$ (疾，病)。

352. $tsi̯ěn$ (竭盡)：352. $dz'i̯ěn$ (竭盡，空乏)。

353. $d'iet, di̯ět$ (一車軼過他車)。

G. N-N 一類的語詞

1. 㶔 2. 然 3. 燃 4. 煖 5. 煐· 6. 澳
7. 熱 8. 蓺 9. 日 10. 怩 11. 爛 12. 鍊
13. 煉 14. 烈。15. 聯 16. 連 17. 綸 18. 倫
19. 絆 20. 累 21. 纍 22. 縲 23. 級。24. 䜌
25. 刺 26. 辣 27. 列 28. 裂 29. 厲 30. 礪
31. 利 32. 犁 33. 耒 34. 刃。35. 賴 36. 利。
37. 蹯 38. 躪 39. 履。40. 鄰 41. 袒 42. 昵

漢　語　詞　類

43. 暱　44. 昵　45. 邇。46. 輭　47. 嬽。48. 蠣

49. 蜹　50. 列　51. 㵺。

1. nan（面熱：赧顏，怕羞）：2, 3. ńi̯an（燃燒，烤炙）：4, 5. nwân（溫熱，煖和）：6. nwân（熱水）：7. ńi̯at（溫熱，火熱）：8. hi̯wat（焚燒，加熱）：9. ńi̯ĕt（太陽，日熱）：10. ni̯ər（面熱，怩顏，怕羞）；11. glân（熱透，爛熟等）：12, 13. glian（鎔鍊，精鍊）：14. li̯at（焚燒，炎盛，光明）。

15, 16. li̯an（聯綴，聯續，連接）：17. li̯wən（絲線）：18. li̯wən（約束，人倫）：19. sli̯wət（繩子，索子）：20, 21. li̯wər（束縛，繫束，繩線）：22. li̯wər（繫束，束縛，繩線）；23. hi̯ən（穿線，繩線）。

24. li̯wan (bli̯wan?)（切細，細片）：25. lât（割削）：26. lât（割削之意：尖銳，辛辣）：27. li̯at（割開：分列，分布）：28. li̯at（分裂，裂開）：29, 30. li̯ad（使尖利之物：磨石）：31. li̯əd（尖利）：32. li̯ər（分割者，割削者：耒耜）：33. lwər（耒耜）；34. hi̯ən（刀口，刀劍）。

35. lâd（利息，利益）：36. li̯əd（利息）（此或與前面的一類語根相同：割削而得者，收穫）。

37, 38. li̯ĕn（踐踏，蹂躪）：39. li̯ər（踐踏，蹂躪，鞋子）。

40. li̯ĕn (近旁，鄰居)：41. ḣi̯ĕt (貼近身體之衣服)：42,
43. ni̯ət (近旁)：44. ni̯ər (近旁)：45. ḣi̯ar (近旁)。

46. ḣi̯wan (柔弱，柔輭)：47. nwən (柔弱，柔輭)。

48. li̯ad (蛤蜊)：49. bi̯əd (蛤蜊)。

50. li̯at (寒冷)：51. li̯ĕt (寒冷)。

H. P-N 一類的語詞

1. 翻　2. 翩　3. 奮　4. 扮　5. 飛。6. 蹯
7. 跋。8. 般　9. 拌　10. 撥　11. 潑　12. 發
13. 祓　14. 廢　15. 費　16. 播。17. 駢　18. 嬪
19. 匹　20. 比　21. 妣　22. 媲　23. 妃　24. 配。
25. 牝。26. 采　27. 辨　28. 辯　29. 片　30. 篇
31. 半　32. 判　33. 胖　34. 班　35. 板　36. 版
37. 扁　38. 分　39. 別　40. 伐　41. 剃　42. 仳
43. 荊　44. 列。45. 辮　46. 絆　47. 編　48. 幀
49. 絆　50. 紼　51. 紋　52. 轡　53. 繙　54. 坋
55. 粉　56. 奎　57. 拂。58. 悖　59. 誖　60. 聞
61. 味。62. 貝　63. 拜。64. 憤　65. 悲　66. 悶
67. 瀎　68. 閔　69. 免　70. 怫。71. 扮　72. 捫。

漢 語 詞 類　　　　　　　　187

73. 繁　74. 繽　75. 紛　76. 紊。　77. 芬　78. 棻
79. 馪　80. 苾　81. 馞　82. 馟。　83. 不　84. 弗
85. 咈　86. 匪　87. 非　88. 末　89. 蔑　90. 勿
91. 未。　92. 慢　93. 悗　94. 瞞　95. 惛　96. 惽
97. 民　98. 眠　99. 昏　100. 䁑　101. 惛　102. 悟
103. 孴　104. 眛　105. 忽　106. 眜　107. 眛　108. 寐
109. 眯　110. 迷。　111. 𩁱　112. 藩　113. 臍　114. 閉
115. 韠　116. 筆　117. 市　118. 芾　119. 韍　120. 第
121. 茀　122. 蔽　123. 閉　124. 閟　125. 庇　126. 芾
127. 扉　128. 屝　129. 幔　130. 墇　131. 門　132. 關
133. 犧　134. 密。　135. 本　136. 芨　137. 拔　138. 跋。
139. 肺　140. 鼻。　141. 泌　142. 沸。　143. 敗　144. 敝
145. 燓　146. 燬　147. 畢。　148. 墦　149. 墳　150. 糞
151. 肥。　152. 邊　153. 偏　154. 濱。　155. 曼。

1. p'iwăn (奮飛)：2. p'ien (奮飛)：3, 4. piwən (奮飛)：
5. piwər (奮飛)。

6. b'iwăn (獸足，爪足)：7. b'wât (爪足，足跟，跋涉，開
跋)。

8. pwân (般開，分布等)：9. p'wân (拌離)(方言的語詞)：

10. pwât（撥開，分布，撥散，撥動，撥離，撥除）：11. p'wât（拋擲，溢出）：12. piwăt（拋出，發起，送出，發動）：13. p'iwət（祓除惡力，屏斥）：14. p'iwăd（廢去）：15. p'iwəd（廢除，費去，耗費）：16. pwâr（播散，播種；播開）。

17. b'ien（兩馬並列，一對）：18. b'iĕn（匹偶，夫人）：19. p'iĕt（匹偶）：20. b'iət, b'iər, piər（一對，兩合：比合，比較等）：21. piər（父之匹偶：死亡之母親）：22. p'iər（匹偶）：23. p'iwər（匹配，夫人）：24. p'wər（匹配，配敵）。

25. b'iən（牛羊之雌者）：25. b'iər（牛羊之雌者）——也可以和前面的一類是親屬的：雄獸之匹配。

26. b'ăn（分析，分辨，察異）：27. b'ăn, b'ian（分開，分辨，察異）：28. b'ian（辯別，辯異，爭辯）：29. p'ian（劈開之木料，裂片，細片，長條，木板，方版）：30. p'ian（劈成之木料：書寫之方版）：31. pwân（分成各半，各半）：32. p'wân（分剖，分開，判別）：33. p'wân（被害者分劈成爲兩部之一半）：34. pwan（分派）：35, 36. pwan（木板）：37. pien（木板，方板，平扁）：38. piwɐn（分開），b'iwən（部分）：39. piat, b'iat（剖分，分析，分開）：40. b'iwăt（斬伐，征伐）.

41. *b'i̯wət* (斬削，擊伐)：42. *p'i̯ər* (分離，部分)：43. *b'i̯wər* (削去兩足，荊足)；44. *mi̯wən* (割削，刎頸)。

45. *b'i̯an* (索繩)：46. *pwân* (繫束：足械，羈絆)：47. *pi̯en* (編織)：48. *b'i̯wən* (馬口鐵上之繩索)：49, 50. *pi̯wət* (繩子)：51. *pi̯wət* (絲帶)：52. *pi̯ər* (繩索：韁繩，馬勒)：53. *mi̯ən* (繩子，線子)。

54. *b'i̯wən* (灰塵)：55. *pi̯wən* (使成粉末：米粉)：56. *pi̯wən* (拂塵)：57. *p'i̯wət* (拂塵)。

58, 59. *b'wâd, b'wət* (騷擾，違叛)：

60. *mi̯wən* (聽聞，臭聞，依「感覺」領受)：61. *mi̯wəd* (嘗味，味道)。

62. *pâd* (古時作貨幣用之貝殼，珍品)：63. *pwăd* (攜貝殼作贈，獻呈之珍品：禮拜)（「拜」字原初之意義，在最古銅器刻文上之顯示，係表明一人呈獻着幾串的貝殼）。

64. *b'i̯wən* (悲憤)：65. *pi̯ər* (悲憤)：66, 67. *mwən* (憤懣)：68. *mi̯ən* (悲哀)：69. *mi̯wən* (喪禮所用之髮巾)：70. *b'i̯wət* (怫鬱)。

71. *b'i̯wăn* (執持，捉取)：72. *mwən* (執持，捉取)。

73. *b'i̯wăn* (雜亂而多，繁雜)：74. *p'i̯ĕn* (繽紛，紊亂，繁

雜）：75. *piwən*（繽紛，紊亂，繁雜）；76. *miwən*（紛雜，紊亂）。

77. *p'iwən*（強烈之臭味，芬芳）：78. *b'iwən*（香木，芳香屬之木料）：79. *b'wət*（芳香）：80. *b'iĕt*（芳香）：81. *piwər*（芳香）：82. *b'iwər*（有臭味之小蟲）。

83. *pwət*（不是）（古代字典上並非這樣讀法，惟此乃係一切方言上所指示者）：84. *piwət*（不是）（此字語氣上的意義是「不能，不願」）：85. *b'iwət*（說否，違拂）：86. *piwər*（不是）：87. *piwər*（不是）；88. *mwât*（不是）（此字依假借用作如此）：89. *miat*（不是）（此字依假借用）：90. *miwət*（不要）：91. *miwəd*（未曾）。

92. *man*（疏忽，健忘，怠慢）：93. *mwən*（疏忽，怠慢）。

94. *mwân*（閉合的眼，昏暗景象）：95, 96. *miĕn*（惛憒，愚惷）：97. *miĕn*（普通人民，昏暗愚惷者，「愚民」）：98. *mien*（兩眼閉合，睡眠）：99. *xmwən*（黑暗，昏暗，惛憒，愚惷）：100, 101, 102, 103. *xmwən*（瞎黑，惛憒）：104. *mwât*（視覺障礙）：105. *xmwət*（忽略，愚惷，疏忽）：106. *mwâd*（視覺，障礙）：107. *mwâd*（天未亮時之黑暗）：108. *miəd*（睡眠）：109. *miər*（眼中有阻塞，視覺障礙）：110. *miər*（盲視：迷亂，迷路）。

111. *p'iwăn*（遮蔽物：車簾）：112. *piwăn*（遮蔽：藩籬）：113. *b'iĕn*（膝蓋，像遮蓋帽形之骨）：114. *piat*（閉門，閉合，遮蔽）：115. *piĕt*（膝套）：116. *piĕt*（遮蓋，隱蔽：柳枝之藩籬，蓋子，樹枝製成之小門）：117, 118, 119. *piwət*（膝套）：120, 121. *piwət*（車簾）：122. *piad*（遮蓋，隱蔽）：123. *piad*（閉戶，閉合，遮蔽）：124. *piĕd*（閉戶，閉合，遮蔽，隱藏，秘密）：125. *piəd*（遮蓋，隱蔽）：126. *piwəd*（遮蓋，蔭庇）：127. *piwər*（閉合者：門葉）：128. *b'iwər*（蓋着，蔽着，秘藏）：129. *mwân*（障蔽，帳子）：130. *mwân*（蓋覆：塗粉于牆壁上）：131. *mwən*（閉合者：門葉，門戶，大門）：132. *æmwən*（門房）：133. *miat*（車前部分之遮蓋物）：134. *miĕt*（關出，閉合着，隱藏着，冷僻，祕密，靜密）。

135. *pwən*（樹木或植物之下部，樹幹，樹根，與樹頂，樹枝，穀穗相對者）：136. *pwât*（樹木或植物之下部，幹部；根部；稻稈，與穀穗相對者）：137. *b'wat*（拔根，拔起）：138. *b'wât*（垂直物體之最下部，底部，足部，足跟，跋涉）（與表明「幹部」「根部」及「底部」之「根」字可以比較）。

139. *piwăd*（呼吸器：肺部）：140. *b'iəd*（呼吸器：鼻子）。

141. *piĕd*（如原泉般噴湧而出）：142. *piwəd*（噴湧而出）。

143. b'wad（毀滅，殘毀，腐敗，敗績）：144. b'i̯ad（腐敗，殘毀，破敝）：145. b'i̯ad（壞了，拙劣）：146. b'i̯ad（破壞：死亡）：147. pi̯ĕt（殘毀，使其畢命，終止，完畢）。

148. b'i̯wăn（丘墳）：149. b'i̯wən（丘墳）。

150. pi̯wən（肥料，排泄物，糞類）：151. b'i̯wər（肥胖，富庶，肥沃）。

152. pian（旁面，邊緣，沿邊）：153. p'i̯an（在一旁，斜面）：154. pi̯ĕn（旁邊，水之沿邊：沿岸，河灘）。

155. mwân（長遠，引長）：155. mi̯wân（長遠，引長）。

I. K-M 一類的語詞

1. 閤 2. 黔 3. 兓 4. 闔 5. 閣 6. 盍
7. 蓋 8. 晻 9. 掩 10. 奄 11. 閣 12. 黯
13. 拿 14. 捡 15. 培 16. 闇 17. 暗 18. 黔
19. 蔭 20. 陰。 21. 顏 22. 函 23. 銜 24. 頷
25. 含 26. 玲 27. 頰 28. 頜。 29. 拑 30. 鉗
31. 夾 32. 狹 33. 狎 34. 陝 35. 鋏 36. 梜
37. 挾 38. 肽 39. 脇。 40. 鹽 41. 鹹 42. 鹼。
43. 欿 44. 吸 45. 噏 46. 飲。 47. 坎 48. 陷

漢 語 詞 類   193

49. 坅　50. 壓　51. 壓。52. 鋦　53. 甲。54. 檻

55. 轞　56. 柙　57. 陜　58. 龕　59. 篋　60. 匣

61. 笈。62. 嶔　63. 嶔　64. 巖　65. 嶹　66. 嵌

67. 險。68. 瞰　69. 監　70. 鑑　71. 覽。72. 兼

73. 咸　74. 協　75. 洽　76. 袷　77. 合　78. 會

79. 會　80. 翕。81. 欽　82. 謙　83. 歉　84. 欠。

85. 感　86. 搣。87. 劍　88. 戡。

1. $giam$ (閉合之物: 大門): 2. $g'i\varepsilon m$ (黑暗, 黑色): 3. $k'i\partial m$ (遮蓋: 覆被): 4. $g'\hat{a}p$ (閉合之物: 門戶, 閣閉): 5. $k\partial p$ (閉合之物: 閨房之內戶): 6, 7. $g'\hat{a}p, k\hat{a}b$ (遮蓋, 蓋覆): 8. $\cdot\hat{a}m$ (遮蓋着, 暗晦, 黑暗): 9. $\cdot iam$ (掩蓋, 掩藏): 10. $\cdot iam$ (奄蓋, 一切奄覆): 11. $\cdot iam$ (司關閉與看守閨房門戶之人, 與上面一類中 132. 可相比: 司關者, 太監): 12. $\cdot\varepsilon m$ (黑暗, 黑色): 13, 14. $\cdot i\varepsilon m$ (掩蓋, 隱藏): 15. $\cdot em$ (以土蓋覆, 埋葬): 16. $\cdot me$ (閉戶, 閉合, 關閉的, 掩蓋的, 黑暗): 17. $\cdot\partial m$ (昏暗了的太陽, 昏暗, 黑暗): 18. $\cdot\partial m$ (黑色): 19. $\cdot i\partial m$ (遮蓋着: 蔭處): 20. $\cdot i\partial m$ (黑暗, 暗黑, 陰處, 北方等)。關于「掩蓋」和「昏黑」「閉合」:「門戶」的關聯, 可用上面 H. 111.——134. 一類來相比較。

21. $g'ȃm$（顎部，頰部）：22. $g'ȃm$（含在口中）：23. $g'ɛm$（被含被咬之物：馬口鐵，含在口中）：24. $g'əm$（顎部，頰部）：25. $g'əm$（口含，包含）：26. $g'əm$（死尸口中所放之物）：27. $kiap$（顎部，頰部，兩頰）：28. $g'əp$（顎部，頰部）（或許與下面的一類是親屬的：「夾鉗」＝顎部？）。

29. $g'i̯am$（夾在兩面，夾拑）：30. $g'i̯am$（夾拑之物：鐵圈，脚鐐，鉗子）：31. kap（兩邊夾持，緊挾，夾拑）：32. $g'ap$（兩面的迫窄：狹窄）：33. $g'ap$（迫窄着：緊合；親密）：34. $g'ap$（狹窄，兩面的迫窄：裂縫，狹路）：35. $kiap$（鉗子）：36. $kiap$（鉗子，筷子）：37. $g'iap$（夾在兩邊，挾在臂下，抱于臂下以扶持之；逼迫，禁壓）：38. $k'i̯ăp$（開其旁邊，強取）；$k'i̯wăb$（身體之兩旁，腰窩）：39. $xi̯ăp$（身體之兩旁，腰窩；夾在兩邊，逼迫，禁壓）。

40. $gi̯am$（食鹽）：41. $g'ɛm$（鹽味，加鹽的）：42. $ngi̯ăm$（炭酸鈉，從鹽土上吸引而來）。

43. $xəp$（吸入，引入，吞咽，吸飮）：44, 45. $xi̯əp$（吸入，引入，吞飮）：46. ·mei（吞咽，吸飮）。

47. $k'ȃm$（陷穽）：48. $g'ăm$（陷穽，投入或落入地洞中）：49. $k'i̯əm$（陷穽）。

50. ˙ap (壓下)：51. ˙iap（放下指頭于其上）。

52. gʻâm (鎧甲)：53. kap (鱗甲，鎧甲)。

54. gʻam (檻籠，以幽禁野獸等者)：55. gʻam (有欄檻之車)：56. gʻap (轞柙，以幽禁野獸等者)：57. kʻi̯wăb (欄檻，用以圍禁野獸者)。

58. kʻəm (保持，包含，倉庫，箱子)：59. kʻi̯ap (箱子，皮包)：60. gʻap (匣子，箱子)：61. gʻi̯ɛp, gʻi̯əp (書包，書箱)。

62. kʻəm (懸崖)：63. kʻi̯əm (崇高，嶮峻)：64. ngam (懸崖)：65. ngi̯am (高岸)：66. ngi̯əm (懸崖之高脊)：67. xi̯am (崇高，嶮峻，難以攀登，險阻)。

68. kʻâm (kʻlâm?)(覽觀，看守)：69. klam (監視，細察，視察) 70. klam (鏡子)：71. glâm (觀覽，看守)。

72. kiam (kliam?) (聯合二或二以上之幾種事物，兼倂，倂合，合一，兼有)：73. gʻɛm (幾種倂合：俱皆)：74. gʻiap (合一，協合，協和)：75. gʻɛp (洽同)：76. gʻɛp (對于一切祖先，集合的祭祀)：77. gʻəp (聯合，兼倂，倂合，合一，協合)：78. gʻwəb (> 詩經音 gʻwəd > 古音 ɣuâi) (會合，倂合，合一，協合)：79. kwəb (加合：記賬)：80. xi̯əp (合一，協合，協和)。

81. k'âm（自爲劣敗，欠缺：自謙）：82. k'iam（自謙）：83. k'am, k'ɀam（不足之食物，不足）：84. k'ɀăm（欠缺）（此字作假借用）。

85. kəm（感動，感激）：86. g'əm（撼動，振撼）。

87. kɀăm（刀劍）：88. k'əm（刺傷，割下）。

K. T-M, N-M, P-M 諸類的語詞

1. 墼 2. 鑱 3. 剡 4. 揿 5. 鑯 6. 尖
7. 鐕 8. 簪 9. 箴 10. 鍼 11. 錎 12. 插
13. 鈒。14. 斬 15. 芟。16. 疊 17. 褺 18. 褶
19. 襲。20. 儑 21. 慄 22. 憯 23. 憖 24. 纖
25. 摻 26. 湛 27. 潛 28. 潭 29. 沈 30. 墊
31. 深。32. 俕 33. 憯 34. 惔 35. 怗 36. 㝐
37. 駸 38. 捷 39. 馺 40. 惔 41. 炎 42. 燂
43. 燖 44. 痁 45. 濕 46. 隰 47. 墊 48. 緝。
49. 瞻 50. 覘 51. 執 52. 拾 53. 驚 54. 摯
55. 捷 56. 攝 57. 談 58. 詹 59. 譚 60. 䛔
61. 喋。62. 沾 63. 霑 64. 漸 65. 瀸 66. 浸
67. 滲 68. 淫 69. 霪。70. 忝 71. 𢘿。72. 譖

漢 語 詞 類　　　　　　　　　　197

73. 譜。74. 三　75. 參　76. 參。77. 儳　78. 參。
79. 遝　80. 接　81. 雜　82. 集　83. 輯　84. 戢。
85. 答　86. 對。87. 納　88. 內　89. 內　90. 入。
91. 範　92. 法。

1. *tsâm* (鑽子, 鑿子, 鑽刺)：2. *dz'am* (鑽子, 鑿子)：3. *dįam* (有尖鋒的, 尖銳)：4. *tįam* (刺穿)：5. *tṣįam* (鑽子, 鋒利)：6. *tsįam* (鋒利的尖針, 尖銳)：7. *tsəm* (尖針)：8. *tṣįəm* (髮簪)：9, 10. *tįəm* (尖針)：11. *ts'ap* (長針)：12. *ts'ap* (以鐵叉貫穿, 穿刺)：13. *səp* (鑿子, 鑿彫)。

14. *tsam* (割去, 斬首)：15. *sam* (割草, 刈草)。

16. *d'iəp* (層疊, 摺疊)：17, 18. *d'įəp* (有兩層材料之衣服, 裝夾裏的, 雙層的; 摺成數層, 摺疊)：19. *dzįəp* (有兩層材料之衣服, 裝夾裏的, 雙層的; 摺成數層, 摺疊)。

20. *įįap* (恐懼, 害怕)：21. *d'įap* (害怕)：22. *įįəp* (恐懼, 害怕)：23. *įįəp* (恐懼, 害怕)。

24. *sįam* (纖弱, 纖薄, 精巧, 纖小)：25. *sɛm* (纖弱, 精巧)。

26. *d'ɛm* (沈在水中, 深湛)：27. *dz'įɛm* (往入深處, 潛入水中, 潛伏)：28. *d'əm* (深沈, 深水, 深淵)：29. *d'įəm*

(往入深處，沈入水中)：30. *d'iəm* (下入泥土深處，深下)：31. *siəm* (深水，深沈)。

32, 33. *d'âm* (清靜，和平)．34. *d'iam* (清靜，和平)：35. *t'iap* (清靜，和平)。

36. *tsâm* (敏捷)：37. *ts'iəm, tṣ'iəm* (奔馳，快跑)：38. *dz'iap* (敏捷)：39. *səp* (奔馳，快跑)：

40. *d'âm* (焚燒)：41. *diam* (點火，火災)：42. *d'əm, dz'iɛm* (焚燒，加熱)：43. *điəm* (溫室)：44. *siam* (熱病)。

45. *siəp* (濕氣，潮濕，水濕)：46. *dziəp* (沼澤)。

47. *tiəp* (束縛，繫聯)：48. *ts'iəp* (聯繫一起)。

49. *tiam* (視察，看見)：50. *t'iam* (視察，看見)。

51. *tiəp* (把捉，執持，捉取)：52. *điəp* (捉取，執持，拾起)：53. *tiəb* (捕捉者：肉食鳥)：54. *tiəb* (執持)：55. *dz'iap* (捉取：攫取捕獲物，獵物，獵獸)：56. *siəp* (執持，保持)。

57. *d'âm* (談話，閒談)：58. *tiam* (空談) 59. *d'əm* (談話，閒談)：60. *d'âp* (空談)：61. *d'iap* (空談)。

62, 63. *tiam* (浸潤)：64, 65. *tsiam* (浸潤)：66. *tsiəm* (浸潤)：67. *siəm* (浸潤)：68, 69. *ziəm* (淫雨)。

70. *t'iam* (使其羞慙，恥辱)：71. *dz'âm* (羞慙，羞恥)。

72. *dzʻam* (謗毀)：73. *dzʻi̯əm* (謗毀)。

74. *səm* (三數)：75. *tsʻəm* (三人或三物在一起，成三數者)：76. *si̯əm* (天上三星之星座：獵戶星座)。

77. *dzʻam* (參差)：78. *tṣʻi̯əm* (參差)。

79. *dʻâp* (混雜)：80. *tsi̯ap* (聯合，接連)：81. *dzʻəp* (聚集的，混雜)：82. *dzʻi̯əp* (聯合，聚集，湊集，混合)：83. *dzʻi̯əp* (聯合，集合，協和)：84. *tsi̯əp* (集合)。

85. *təp* (對答)：86. *twəb* (＞詩經音 *twəd* ＞古音 *tuâi*)(對答)。

87, 88. *nəp* (使入，為 90. 之使動詞：攜入，獻呈)：89. *nwəb* (＞詩經音 *nwəd* ＞古音 *nuâi*)(內中，裏面，在內)：90. *ɣi̯əp* (進入)。

91. *bʻi̯wăm* (模範，規範，法則，表率)：92. *pi̯wăp* (模範，規範，法則，表率)。

轉 換 的 法 則

讀者初次看到上面所建立的語詞族類，很容易要發生疑問：在列出的事例當中，語音上是這樣極不相同的語詞也設想其間一種語原的關係，這不是極端的附會嗎？例如 A. 213.

$k'ung$: 225. $xi̯og$; B. 64. $ḍi̯ang$: 76. $tŏk$; 79. $d'əg$; E. 93. $g'ât$: 94. $k'iər$; E. 142. $ngi̯an$: 140. $g'wad$; F. 66. $săn$: 65. $dz'wər$——在這種事例當中，所類集的兩個語詞竟「沒有一個」輔音或元音是相同的，這時要把牠們——聯合起來，不是不合理的嗎？這種疑難似乎是很正當的。可是這樣粗率的判斷並不正確；從所引舉的材料上，我們可以抽出幾種普遍的法則，我們必須依據着牠們來觀察一切這些列出的詞類。在下面的結論當中，關于那些各異的法則，我要檢出許多比較安全和確信的例子。

收尾的輔音

這裏我們有了三組不可否認的轉換：

1. $ng \sim k \sim g$;
2. $n \sim t \sim d \sim r$;
3. $m \sim p \sim b$。

$ng \sim k$:

A. 33. $ngi̯ăng$: 34. $ngi̯ăk$; 103. $ngâng$: 106. $ngâk$; 118. $k'âng$: 120. $g'âk$; 155. $ki̯ăng$: 163. $ki̯ək$; 172. $kəng$: 175. $g'i̯ək$; 226. $i̯əng$: 227. $i̯ək$; 229. $kwâng$: 232. $k'wâk$; 268.

漢 語 詞 類

$k\underset{\cdot}{i}ung$: 270. $k'\underset{\cdot}{i}uk$, 271. $g'\underset{\cdot}{i}uk$; B. 69. $tǝng$, 70. $d'\underset{\cdot}{i}ǝng$: 75. $t\underset{\cdot}{i}ǝk$: 115. $d'ŭng$: 123. $tŭk$; 260. $sieng$: 261. $siek$; 269. $d\underset{\cdot}{i}ông$. 275. $d\underset{\cdot}{i}ôk$; 298. $d'\underset{\cdot}{i}ǝng$: 300. $d\underset{\cdot}{i}ǝk$; 302. $dz'\underset{\cdot}{i}ĕng$: 305. $dz'iek$; 322. $sâng$: 323. $s\underset{\cdot}{i}ak$; 387. $d'ung$: 388. $d'uk$; 516. $ts\underset{\cdot}{i}ung$: 523. $ts\underset{\cdot}{i}uk$; 547. $dz'ung$: 549. $dz'uk$; C. 10. $gl\underset{\cdot}{i}ang$ 與 $gl\underset{\cdot}{i}ak$. 32. $lung$: 33. luk; 38. $lieng$: 39. $liek$; D. 8, 9. $mieng$: 15· —17. $miek$; 144. $p'\underset{\cdot}{i}wang$: 115. $b'\underset{\cdot}{i}wak$。

$ng \sim g$:

A. 29. $kăng$: 30. $kǝg$; 63. $kông$: 65. $g'ôg$; 73. $k\underset{\cdot}{i}ăng$: 84. $g'\underset{\cdot}{i}ǝg$; 92. $g'\underset{\cdot}{i}ăng$: 97. $k'\underset{\cdot}{i}ǝg$; 135. $k'\underset{\cdot}{i}ăng$: 137. $g'\underset{\cdot}{i}ǝg$; 132. $g'ieng$: 133. $g'ɛg$; B. 69. $tǝng$: 79. $d'ǝg$; 210. $d'âng$: 213. $t\underset{\cdot}{i}ag$; 308. $t'\underset{\cdot}{i}ông$: 314. $t'\underset{\cdot}{i}ôg$; 378. $tsâng$: 380. $dz'âg$; 408. $t\underset{\cdot}{i}ang$: 416. $t\underset{\cdot}{i}ag$; 464. $tǝng$: 465. $d'ǝg$; 528. $d\underset{\cdot}{i}ǝng$: 532. $d'\underset{\cdot}{i}ǝg$ C. 25. $gl\underset{\cdot}{i}ang$: 28. $glâg$: 54. $nǝng$: 55. $nǝg$; D. 84. $p\underset{\cdot}{i}ĕng$, $b'ieng$: 88. $b'\underset{\cdot}{i}ĕg$: 143. $măng$: 144. $măg$。

$k \sim g$:

A. 28. $kôk$ 與 $kôg$; 31. $k'\underset{\cdot}{i}ôk$: 32. $kôg$: 279. $k\underset{\cdot}{i}wak$: 282. $k\underset{\cdot}{i}wag$; 290. ·$ĕk$: 294. ·$ĕg$; 318. $kĕk$: 320. $kĕg$; 323. ·$âk$ 與 ·$âg$; 339. $g'ộk$: 343. $g'ộg$, 342. $kộg$, 340. $kǒg$, $gǒg$; 369. $kôk$ 與

kôg; B. 22. dḭək: 24. dḭəg; 29. d'âk 與 d'âg; 41. d'uk: 42. d'ŭg; 169. dz'ək: 177. dz'əg; 168. ts'i̯ěk 與 ts'i̯ěg; 170. tṣ'i̯ək: 181. dzi̯əg; 235. d'ŏk 與 d'ŏg; 272. ti̯ak 與 ti̯ag; 289. si̯ok: 291. si̯og, 293. si̯og; 436. si̯ak: 437. si̯ag; 445. di̯ěk 與 di̯ěg; 450. dzi̯ak: 454. zi̯ag; 452. si̯ôk: 456. si̯og; 462. tsi̯ak 與 tsi̯ag; 548. tsi̯ěk 與 tsi̯ěg; 565. si̯ôk: 566. si̯ôg; 569. tək: 570. d'əg; 576. di̯ok: 579. di̯og; 595. d'iok: 599. t'iog; 594. di̯ôk: 598. di̯ôg; 605. di̯ok: 606. d'iog, 607. t'i̯og; 611. ti̯ôk: 612. ti̯ôg; 662. d'i̯ak 與 d'i̯ag; 682. di̯ôk: 683. d'i̯ôg; C. 1. lək 2. li̯əg; D. 24, 25. mək: 27. mwək; 49. b'ok: 52. b'og; 60. mi̯ôk: 61. mi̯ôg; 104. pěk: 107. p'ěg; 121. pək: 122. pwəg, 123, 124. b'wəg; 135. b'i̯ŭk: 137. p'i̯ug; 147. pŏk: 148. pŏg; 154. b'i̯ôk 與 b'i̯ôg; 176. pi̯ŭk: 177. pi̯ŭg。

n ～ t:

E. 1. kwân 與 ·wât; 32. kân: 38. k'ât; 53. kwân: 63. kwât; 90. gi̯wăn: 91. gi̯wăt; 97. k'wân: 98. k'wât; 105. g'i̯an: 108. g'i̯at; 121. ·wân: 122. ·wat; 138. gi̯wən: 139. gi̯wăt; 163. g'wən: 166. kwət; 226. k'ân: 231. k'at; 230. g'i̯ăn: 232, 233. g'i̯at; 252. ·ân: 254. ·at; 253. ·i̯ĕn: 255. ·i̯ĕt; 260. ·i̯wən: 261.

·i̯wət; 287. ·ien: 288. ·iet; 300. k'ân: 305. kât; 329. ·ian: 330. ·at; F. 10. si̯an: 13. si̯at; 27. tsi̯an: 30. dz'iat; 70. sân: 71. sât; 108. tswən: 111. dz'wət; 115. dz'wən: 116. dz'wət; 118. d'i̯wən: 119. d'i̯wət; 139. d'wən: 140. t'wət; 160. tân 與 tât; 214. tswən 與 ts'wət; 245. ts'i̯wən: 246. tsi̯wət; 314. ti̯ĕn: 315. ti̯ĕt; 313. d'ien: 315. tiet; G. 2, 3. ńi̯an: 7. ńi̯at; 4, 5. nwân: 8. ńi̯wat; H. 27. b'i̯an: 39. b'i̯at; 48. b'i̯wən: 49. - 51. pi̯wət; 56. pi̯wən, 54. b'i̯wən: 57. p'i̯wət; 64. b'i̯wən: 70. b'i̯wət; 78. b'i̯wən: 79. b'wət; 94. mwân: 104. mwât; 99. - 103. xmwən; 105. xmwət; 113. b'i̯ĕn: 115. pi̯ĕt。

n ∽ d :

E. 12. gi̯wan: 24. gi̯wad; 105. g'i̯an: 108. k'i̯ad; 138. gi̯wən: 141. gi̯wəd; 149. kwân, 150. g'wân: 151. k'wad; 167. gi̯wən: 172. gi̯wəd; 283. ·ĕn: 284. ·əd; 300. k'ân: 316, 317. k'iad; F. 123. dzi̯wən; 125. dzi̯wən: 150. d'wən: 151. d'wəd; 214. tsi̯wən: 215. dzi̯wəd; 234. si̯wən: 236. si̯wəd; H. 94. mwân: 106. mwâd; 98. mien: 108. mi̯əd。

n ∽ r :

這種轉換很多的例子已經在上文第四五，六〇頁（原文 20,

27 頁）中舉過了。我們更可以舉出：*E*. 19. *kwən*, 22. *giwən*: 25. *g'wər*. 27. *kiwər*, 28. *g'iwər*; 37. *g'wən*: 39. *giwər*; 42. *xiən*: 45. *xiər*; 49. ‘*wən*: 51. ‘*wər*; 53. *kwân*: 70. *kwâr*; 158, 160. ‘*iwăn*: 161. *iwar*; 202. *k'ən*: 203, 204. *k'ər*; *F*. 2. **d*iwən*: 6. *d*i*wər*; 80. *twən*: 82. *twər*; 89, 90. *tsiĕn*: 94. *tsiər*; 98. *tsiĕn*: 99. *tsiər*; 118. *d'iwən*: 120. *tiwər*; 205. *d'wən*: 206. *t'wər*; 223. *tṣ'iwan*: 226. *tṣ'iwar*; 306. *siən* 與 *siər*; 308. *swən*: 309. *siwər*; 329. *d'wən*: 331. *t'wər*; 345. *dz'wən*: 344. *d'wər*; *G*. 17. *liwən*: 22. *liwər*; 37, 38. *liĕn*: 39. *liər*; *H*. 77. *p'iwən*, 78. *b'iwən*: 81. *piwər*, 82. *b'iwər*; 95, 96. *miĕn*: 110. *miər*; 150. *piwən*: 151. *b'iwər*。

t ～ *d*:

E. 64. *kiet*: 65, 66. *kied*; 78. *kiət*: 76, 77. *kiəd*; 83. *kiwat*: 84. *kwâd*; 88. *kiwat*: 89. *k'wad*; 108. *kiăt*, *g'iat* 與 *k'iad*; 107. *k'iat*: 108. *k'iad*; 139. *giwăt*: 140. *g'wad*, 141. **gi*'*wəd*; 256. ‘*iwət*: 257. ‘*iwəd*; 305. *kât*: 311. *g'âd*; 307. *kwăt*: 313. *kwâd*; 308. *giwăt*: 315. *kiwăd*; 309. *k'iat*: 316, 317. *k'iad*; 319. *ngiwăt*: 320. *ngiăd*; *F*. 4. *tiwat* 與 *tiwad*; 64. *dz'iwət* 與 *tsiwəd*; 127, 128. *siwət* 與 *siwəd*; 144, 145. *siat*: 146. *ziad*,

漢語詞類　　　　205

157. *sįwat:* 158. *sįwad;* 166. *tsʻwət* 與 *dzʻįwəd;* 341. *sįwat* 與 *sįwad;* G. 25. *lât,* 27. *lįat:* 29, 30. *lįad;* H. 12. *pįwăt,* 11. *pʻwât:* 14. *pʻįwăd;* 13. *pʻįwət:* 15. *pʻįwəd;* 58, 59. *bʻwət* 與 *bʻwâd;* 90. *mįwət:* 91. *mįwəd;* 104. *mwât:* 106. *mwâd;* 114. *piat:* 123. *piad;* 116. *pįĕt:* 124. *pįĕd;* 120, 121. *pįwət:* 126. *pįwəd*。

t ∼ r :

E. 63. *kwât:* 70. *kwâr;* 102. *kʻįət:* 104. *gʻįər;* 146. ·*įwət:* 147, 148. ·*įwər;* F. 64. *dzʻįwət:* 65. *dzʻwər;* 119. *d̑ʻįwət:* 120. *tįwər;* 164. *tįwat:* 165. *tįwar;* G. 42, 43. *nįət:* 44. *nįər;* H. 10. *pwât:* 16. *pwâr;* 20. *bʻįət* 與 *bʻįər;* 41. *bʻįwət:* 43. *bʻįwər;* 79. *bʻwət:* 81. *pįwər,* 82. *bʻįwər;* 84. *pįwət:* 86, 87. *pįwər;* 120, 121. *pįwət:* 128. *bʻįwər*。

d ∼ r :

E. 24. *gįwad:* 28. *gįwər;* 247. *kăd:* 248. *kʻər;* F. 64. *tsįwəd:* 65. *tsʻwər;* 236. *sįwəd:* 233. *tsʻwər;* G. 31. *lįəd:* 32. *lįər;* H. 126. *pįwəd:* 128. *bʻįwər*。

m ∼ p :

I. 1. *gįam:* 4. *gʻâp;* 21, 22. *gʻâm:* 27. *kiap;* 24 − 26.

$g'əm$: 28. $g'əp$; 29, 30. $g'i̯am$: 37. $g'i̯ap$; 52. $g'âm$: 53. kap; 54. $g'am$; 56. $g'ap$; 72. $ki̯am$: 74. $g'i̯ap$; 73. $g'ɛm$: 75, 76. $g'ɛp$; K. 34. $d'iam$: 35. $t'iap$; 36. $tsâm$: 38. $dz'i̯ap$; 37. $ts'i̯əm$: 39. $səp$; 57. $d'âm$: 60. $d'âp$。

$p \sim b$:

I. 38. $k'i̯ăp$ 與 $k'i̯wăb$; 77. $g'əp$: 78. $g'wəb$; K. 51. $ti̯əp$: 53, 54. $ti̯əb$; 87. $nəp$: 89. $mwəb$; 85. $təp$: 86. $twəb$。

關于收尾輔音的這些轉換，另外的例子，見於下文第二四五——二五四頁（原文 107—110 頁）。

起首的輔音

我們在這裏首先得到四大組的輔音，各組裏的輔音，由同一語根所組成的語詞形式當中可以自由的轉換：

1. $k \sim k' \sim g \sim g'$;
2. $t \sim t' \sim d \sim d' \sim t̂ \sim t̂' \sim d̂ \sim d̂'$;
3. $ts \sim ts' \sim dz \sim dz' \sim tṣ \sim tṣ' \sim dẓ' \sim s \sim ṣ \sim ż \sim z$.
4. $p \sim p' \sim b'$。

例子:

$k \sim k'$

A. 32. $kôg$: 31. $k'i̯ôk$; 37. kuk: 36. $k'ŭk$; 79. $ki̯ung$; 80.

漢 語 詞 類

k'i̯ung; 148. ki̯wəg: 147. k'i̯əg; 191. ki̯ung: 190. k'ung; 268. ki̯ŭng: 270. k'i̯uk; 331. kɛk: 330. k'wâk; 342. kộg: 344. k'ôg; E. 120. kwət: 119. k'wət; 129. kian, 132. kwân: 128. k'ân; 149. kwân: 151. k'wad。

k ~ g :

A. 3. kwâng: 6. gi̯wang; 156. kwăng: 158. gi̯wĕng; 176. kwək: 177. gi̯wək; 209. kwăng; 212. gi̯wĕng; 362. kiôg: 363. giog; E. 19. kwən: 22. gi̯wən: 208. ki̯wĕn: 207. gi̯wĕn; E. 315. ki̯wăd: 308. gi̯wăt。

k ~ g' :

A. 3. kwâng: 4, 5. g'wâng; 98. kog: 100. g'i̯og; 140 ki̯wang: 141. g'i̯wang; 172. kəng: 175. g'i̯ək; 237. kộng: 238. g'ung; 250. kâng: 253. g'i̯ang; 259. kŭng: 260. g'ŭng; 268. ki̯ŭng: 271; g'i̯uk; 279. ki̯wak: 278. g'wăk; 302. kog: 303. g'ôg; 340. kŏg 與 g'ŏg; 342. kộg: 343. g'ộg; 347. kiog: 346. g'og; 357. kŏg: 358. g'ŏg; E. 1. kwân: 2. g'wân, 3.- 7. g'wan; 8. ki̯wan 與 g'i̯wan; 32. kân 與 g'i̯an; 32. kân: 33. g'ân; 57. ki̯ĕn: 58. g'ien; 67. kwət: 68. g'wət; 108. ki̯ăt 與 g'i̯at; 124. kwân: 125. g'wan; 129. kian: 130. g'ian;

149. *kwân:* 150. *gʻwân;* 166. *kwət:* 163. *gʻwən;* 187. *kwan:* 185. *gʻăn;* 195. *kăn* 與 *gʻăn;* 238. *kwân:* 241, 242. *gʻwân;* 271. *kân:* 272. *gʻân;* 276. *ki̯ɛr:* 275. *gʻi̯ɛn;* 289. *kɛr;* 290. *gʻɛr* 305. *kât:* 311. *gʻâd;* 333. *kwân:* 334. *gʻwan;* I. 31. *kap:* 32. - 34. *gʻap;* 35, 36. *kiap:* 37. *gʻiap;* 72. *kiam:* 74. *gʻiap;* 79. *kwəb:* 78. *gʻwəb;* 85. *kəm:* 86. *gʻəm*。

kʻ ～ *g:*

E. 9. *kʻi̯wan:* 12. *gi̯wan;* 301. *ki̯wăn:* 310. *gi̯wət*。

kʻ ～ *gʻ:*

A. 77. *kʻi̯wang:* 76. *gʻwâng;* 207. *kʻwâng:* 208. *gʻwâng;* 246. *kʻôg:* 247. *gʻi̯ôg;* 270. *kʻi̯uk:* 271. *gʻi̯uk;* E. 9. *kʻi̯wan* 與 *gʻi̯wan;* 10. *kʻi̯wan:* 11. *gʻi̯wan;* 102. *kʻi̯ət:* 104. *gʻi̯ər;* 116. *kʻi̯wăt:* 117. *gʻi̯wăt;* 119. *kʻwət:* 117. *gʻi̯wət;* 151. *kʻwad:* 150. *gʻwân;* 226. *kʻân:* 227. *gʻân;* 300. *kʻân:* 302. *gʻi̯an;* I. 47. *kʻâm:* 48. *gʻăm;* 59. *ki̯ap:* 60. *gʻap*。

g ～ *gʻ:*

A. 6. *gi̯wang:* 4. *gʻwâng;* 22, 23. *gi̯wang:* 21. *gʻwâng;* 58. *gi̯wĕng:* 57. *gʻiweng;* 277. *gi̯wang:* 276. *gʻwâng;* 333. *gi̯əg:* 332. *gʻəg;* E. 39. *gi̯wər:* 37. *gʻwən;* I. 40. *gi̯am:* 41. *gʻɛm*。

$t \sim t^{\prime}$:

B. 190, 191. *tįang:* 192. *t'įang;* 310. *tog:* 312. *t'įog;* 614. *tôg:* 615. *t'ôg;* 627. *tŭng:* 626. *t'ŭng*。

$t \sim d$:

B. 248. *tįog:* 250. *dįog;* 560. *tiôg:* 559. *dįog*。

$t \sim d^{\prime}$:

B. 69. *tǝng;* 79. *d'ǝg;* 103. *tôk:* 104. *d'iôk;* 123. *tŭk:* 124. *d'ŭk;* 134. *tįông:* 135. *d'įông;* 191. *tįang* 與 *d'įang;* 248. *tįog:* 249. *d'įog;* 310. *tog:* 311. *d'og;* 358. *tieng:* 359. *d'ieng;* 403. *tâng:* 404, 405. *d'âng;* 420. *tįôg:* 417, 419. *d'įôg;* 531. *tĕk:* 529. *d'ăk;* 569. *tǝk:* 570. *d'ǝg;* 641. *tiek:* 642. *d'iek; F.* 17. *twân* 與 *d'wân;* 180. *twǝr:* 183. *d'įwǝr;* 261. *tįan:* 262, 263. *d'įan;* 267. *tįwan:* 268. *d'įwan;* 298. *tân:* 300. *d'ân;* 314. *tįĕn:* 313. *d'ien*。

$t \sim \dot{\imath}$:

B. 190. *tįang:* 195. *îįang;* 248. *tįog:* 253. *îįog;* 588. *tog:* 589. *îįôg;* 614. *tôg:* 613. *îįôg;* 681. *tįǝng:* 680. *îįǝng; F.* 86. *tįĕd:* 85. *îįĕd;* 164. *tįwat:* 165. *îįwar:* 216. *twǝn:* 217. *îįwǝn; K.* 4. *tįǝm:* 9. *îįǝm*。

$t \sim t'$:

B. 123. tŭk: 125. t'ịuk; 190. tịang: 197. t'ịang。

$t \sim d$:

B. 23. tịəg: 24. dịəg; 464. təng: 466. dịəg; F. 112. tịan: 113. dịwan; 301. tịan: 302. dịan。

$t \sim d'$:

B. 69. təng, 75. tịək: 70. d'ịəng。

$t' \sim d$:

B. 98. t'ịəg: 99. dịəg; 312. t'ịog: 313. dịog; 351. t'ịôk: 350. dịôk; 426. t'ịôg: 425. dịôg; 582. t'iog: 579. dịog; F. 148. t'iər 與 dịər; 188. t'ịan: 189. dịan。

$t' \sim d'$:

B. 34. t'ung: 38. d'ung; 44. t'ăng: 46. d'ăng; 51. t'ieng 與 d'ieng; 119. t'âk: 120. d'âk; 192. t'ịang: 191. d'ịang; 217. t'ung: 216. d'ông; 226. t'ôg: 225. d'ôg; 237. t'og: 235. d'ŏg; 314. t'ịôg: 315. d'ịôg; 330. t'ịĕng: 331. d'ịĕng; 346. t'ieng: 347. d'ieng; 481. t'ôg: 480. d'ôg; 599. t'iog: 595. d'iok; 607. t'ịog: 606. d'iog; F. 140. t'wət: 139. d'wən; 185. t'ân: 186. d'ân; 206. t'wər: 205. d'wən; 208. t'wən 與 d'wən:

241. *t'iər:* 238. *d'iər;* 247. *t'i̯at* 與 *d'i̯at;* 283. *t'ân:* 284. *d'ân.* 314. *t'ien:* 313. *d'ien;* 317. *t'i̯at* 與 *d'i̯at;* 331. *t'wər;* 329. *d'wən*。

t' ~ *ṭ:*

B. 14. *t'i̯ək:* 13. *ṭi̯ək;* ; K. 50. *t'i̯am:* 49. *ṭi̯am*。

t' ~ *ṭ':*

B. 306. *t'i̯ang:* 307. *ṭ'i̯ang;* 628. *t'i̯əg:* 629. *ṭ'i̯əg;* F. 97. *t'i̯wət:* 96. *ṭ'i̯wət*。

t' ~ *d:*

B. 599. *t'iog:* 598. *di̯ôg;* F. 283. *t'ân:* 285. *di̯an*。

t' ~ *d':*

F. 312. *t'wən:* 311. *d'i̯ən*。

d ~ *d':*

B. 280. *di̯og:* 277. *d'ôg;* 445. *di̯ĕk, di̯ĕg:* 447. *d'ieg;* 592. *di̯og:* 593. *d'iog;* 605. *di̯ok:* 606. *d'iog;* 689. *di̯og:* 688. *d'i̯og;* F. 189. *di̯an:* 186. *d'ân;* 194. *di̯ĕn:* 192. *d'i̯ĕn;* 353. *di̯ĕt* 與 *d'iet*。

d ~ *ṭ:*

B. 118. *di̯ung:* 116. *ṭi̯ung;* 250. *di̯og:* 253. *ṭi̯og*。

$d \sim t'$:

B. 242. dįang: 243. t'įang; F. 189. dįan: 187. t'įan。

$d \sim d$:

B. 66. dįang; 64. dįang; 85. dįěng: 88. đįěng; 269. dįông. 275. đįôk; 594. dįôk: 596. dįuk, 598. đįôg。

$d \sim d'$:

B. 66. dįang: 70. d'įəng; 663. dįək: 672. d'įak。

$d' \sim t$:

B. 609. d'įông: 608. tįông; 678. d'įog: 677. tįog; F. 19. d'wân 與 tįwan; 183. d'įwər: 181. tįwər; K. 21. d'iap: 20. tįap。

$d' \sim t'$:

B. 29. d'âk: 30. t'įak; 635. d'įog: 634. t'įôk。

$d' \sim d$:

B. 21. d'įək: 22. đįək; 298. d'įəng: 300. đįək; 465. d'əg: 466. đįəg; 470. d'əng: 471. đįəng; 532. d'įəg: 528. đįəng; 683. d'įôg: 682. đįôk; F. 284. d'ân: 285. đįan。

$d' \sim d'$:

B. 79. d'əg: 70. đ'įəng。

漢 語 詞 類　213

i ~ i':

B. 116. i̯ung: 117. t'i̯ung。

i ~ d:

B. 143. i̯ung: 144. di̯ung; 274. i̯ôk: 275. di̯ôk; 577. i̯ok: 576. di̯ok; F. 19. i̯wan: 20. di̯wan; K. 51. i̯əp: 52. di̯əp。

ts ~ ts':

B. 219, 220. tsâng; 221. ts'âng; 295. tsi̯ĕng: 296. ts'i̯ĕng; 366. tsog: 367. ts'ôg; F. 32. tsiet: 33. ts'iet; 214. tswən 與 ts'wət; 246. tsi̯wət: 245. ts'i̯wən。

ts ~ dz:

B. 178. tsi̯əg: 181. dzi̯əg; 378. tsâng: 379. dzi̯ang; F. 89. tsi̯ĕn: 91. dzi̯ĕn; 122. tsi̯wən: 123. dzi̯wən; 214. tsi̯wən: 215. dzi̯wəd。

ts ~ dz':

B. 132. tsi̯ĕng: 133. dz'i̯ĕng; 176. tsəg: 177. dz'əg; 205. tsəng: 206. dz'əng; 219. tsâng: 222. dz'âng; 256. tsi̯ĕng: 258. dz'i̯ĕng; 295. tsi̯ĕng: 297. dz'i̯ĕng; 343. tsi̯ôg: 344. dz'i̯ôg; 353. tsi̯əg: 354. dz'i̯əg; 378: tsâng: 380. dz'âg; 516. tsi̯ung:

517. $dz'i̯ung$; F. 34. $tsi̯ər$: 35. $dz'i̯ər$; 27. $tsi̯an$: 30. $dz'i̯at$; 64. $tsi̯wəd$ 與 $dz'i̯wət$; 72. $tsăn$: 73. $dz'ân$; 108. $tswən$: 111. $dz'wət$; 352. $ts'i̯ĕn$: 與 $dz'i̯ĕn$。

$ts \sim tṣ$:

B. 93. $tsi̯ang$: 94. $tṣi̯ang$; 176. $tsəg$: 179. $tṣi̯əg$; K. 7. $tsəm$: 8. $tṣi̯əm$。

$ts \sim tṣ'$:

B. 172. $tsuk$: 173. $tṣ'ŭk$; 284. $tsôg$: 283. $tṣ'ŏg$。

$ts \sim s$:

B. 238. $tsog$: 241. $si̯ôg$; 667. $tsôg$: 668. $sôg$; F. 279. $tswâd$: 382. $si̯wad$; K. 14. $tsam$: 15. sam。

$ts \sim ṣ$:

B. 238. $tsog$: 240. $ṣi̯ôg$; 521. $tsi̯ôk$: 527. $ṣi̯ôk$; K. 66. $tsi̯əm$: 67. $ṣi̯əm$。

$ts \sim ś$:

B. 259. $tsi̯ok$: 262. $śi̯ok$; 285. $tsi̯og$: 291. $śi̯og$: 364. $tsi̯ôk$: 368. $śi̯ôk$。

$ts \sim z$:

B. 372. $tsâng$: 371. $zi̯ang$; K. 66. $tsi̯əm$: 68. $zi̯əm$。

漢語詞類

ts' ~ dz:

B. 495. *ts'i̯ôg:* 497. *dzi̯ôg.*

ts' ~ dz':

B. 221. *ts'âng:* 222. *dz'âng;* 296. *ts'i̯ĕng:* 297. *dz'i̯ĕng;* 319. *ts'i̯og:* 320. *dz'i̯og;* F. 65. *ts'wər* 與 *dz'wər;* 131. *ts'wər:* 130. *dz'wər;* 166. *ts'wət* 與 *dz'i̯wəd;* 210. *ts'wân:* 211. *dz'wan;* 325. *ts'i̯ər:* 324. *dz'i̯ər.*

ts ~ tṣ:

B. 168. *ts'i̯ĕk:* 167. *tṣĕk.*

ts' ~ tṣ':

F. 60. *ts'i̯ĕn:* 61, 62. *tṣ'i̯ĕn;* 223. *ts'i̯wan:* 226. *tṣ'i̯war.*

ts' ~ dẓ':

B. 319. *ts'i̯og:* 321. *dẓ'i̯ôg.*

ts' ~ s:

B. 365. *ts'i̯uk:* 370. *suk;* 383. *ts'i̯og:* 384. *si̯og;* F. 26. *ts'ăn:* 37. *san;* 332. *ts'i̯wən:* 333. *swən;* K. 75. *ts'əm:* 74. *səm.*

ts' ~ ṣ:

K. 75. *ts'əm:* 76. *ṣi̯əm.*

$ts^\text{‘}\sim \acute{s}:$

B. 168. $ts^\text{‘}i̯ĕk$: 185. $s̓i̯ak$。

$ts^\text{‘}\sim z:$

B. 383. $ts^\text{‘}i̯og$: 385. $zi̯ôg$。

$dz\sim t\d{s}:$

B. 181. $dzi̯əg$: 180. $t\d{s}i̯əg$。

$dz\sim t\d{s}^\text{‘}:$

B. 181. $dzi̯əg$: 170. $t\d{s}^\text{‘}i̯ək$。

$\dot{dz}\sim s:$

F. 271. $dzi̯wan$: 280. $si̯wan$; 286. $dzi̯ər$: 287. $si̯ər$。

$dz\sim \d{s}:$

B. 493. $dzi̯uk$: 500. $\d{s}i̯uk$; F. 125. $dzi̯wəd$: 127. $\d{s}i̯wəd$。

$dz\sim \acute{s}:$

B. 671. $dzi̯ôg$; 672. $\acute{s}i̯ôg$; K. 46. $dzi̯əp$: 45. $\acute{s}i̯əp$。

$dz\sim z:$

B. 450. $dzi̯ak$: 454. $zi̯ag$。

$dz^\text{‘}\sim t\d{s}:$

B. 177. $dz^\text{‘}əg$: 179. $t\d{s}i̯əg$; K. 82. $dz^\text{‘}i̯əp$: 84. $t\d{s}əp$。

$d\dot{z}^\text{‘}\sim t\d{s}^\text{‘}:$

漢 語 詞 類

B. 162. *dz'i̯ang*: 163, 164. *tṣ'i̯ang*; 458. *dz'i̯ak*: 459. *tṣ'ĕk*。

dz' ～ *dẓ'*:

B. 320. *dz'i̯og*: 321. *dẓ'i̯ôg*。

dz' ～ *s*:

B. 621. *dz'i̯og*: 622. *si̯og*; 673. *dz'âk*: 674. *si̯ak*。

dz' ～ *ś*:

B. 162. *dz'i̯ang*: 184. *śi̯ang*; *K*. 55. *dz'i̯ap*: 56. *śi̯ap*。

tṣ ～ *tṣ'*:

B. 167. *tṣĕk*: 166. *tṣ'ĕk*。

tṣ ～ *s*:

B. 666. *tṣôg*: 668. *sôg*。

tṣ' ～ *s*:

B. 316. *tṣ'i̯ang*: 322. *sâng*。

tṣ' ～ *ṣ*:

B. 391. *tṣ'i̯ang*: 393. *ṣi̯ang*。

tṣ' ～ *ś*:

B. 164. *tṣ'i̯ang*: 184. *śi̯ang*。

dẓ' ～ *s*:

B. 80. *dẓ'i̯ông*: 84. *si̯ông*; 467. *dẓ'i̯əg*: 469. *si̯əg*。

$s \sim ș:$

B. 241. sîôg: 240. sịôg; 504. siôg: 503. șŏg; K. 74. səm: 76. șịəm。

$s \sim ś:$

B. 286. sịang: 287. śịang; 293. sịog: 289. śịok; 552. sịog: 553. śịog; F. 48. sịər: 49. śịər。

$s \sim z:$

B. 384. sịog: 385. zịôg; F. 144, 145. sịat: 146. zịad。

$ș \sim ś:$

B. 500. șịuk: 499. śịuk。

$ș \sim z:$

K. 67. șịəm: 68. zịəm。

$p \sim p':$

D. 91. pâk: 92. p'ăk; 104. pĕk: 105. p'iek; 138, 139. pịog: 141. p'ịog; 186. pung: 187. p'ịung; H. 12. pịwăt: 11. p'wât, 14. p'ịwăd; 21. pịər: 22. p'iər; 31. pwân: 32, 33. p'wân; 152. pian: 153. p'ịan。

$p \sim b':$

D. 30. pwâng: 31. – 35. b'wâng; 38. pịĕng: 39. b'ieng; 46. pịăng: 47. b'ịăng; 59. păk: 57, 58. b'ăk; 84. pịĕng 與

b'ieng; 117. *pộg,* 116. *pôg:* 118, 119. *b'ôg;* 122. *pwəg:* 123, 124. *b'wəg;* 130. *pi̯ěg:* 129. *b'ěg;* 138, 139. *pi̯og:* 142. *b'i̯og;* H. 20. *pi̯ər* 與 *b'i̯ər, b'i̯ət;* 38. *pi̯wən* 與 *b'i̯wən;* 39. *pi̯at* 與 *b'i̯at;* 56. *pi̯wən:* 54. *b'i̯wən;* 81. *pi̯wər:* 82. *b'i̯wər;* 84. *pi̯wət:* 85. *b'i̯wət;* 115. *pi̯ět:* 113. *b'i̯ěn;* 120. *pi̯wət,* 126. *pi̯wəd:* 128. *b'i̯wər;* 150. *pi̯wən:* 151. *b'i̯wər*。

p' ~ b':

D. 97. *p'i̯ung:* 98. *b'i̯ung;* 105. *p'iek:* 106. *b'iek;* 114. *p'i̯wang;* 115. *b'i̯wak;* 137. *p'i̯ug:* 135. *b'i̯ŭk;* 141. *p'i̯og:* 142. *b'i̯og;* 150. *p'ộg:* 151. *b'i̯og;* 155. *p'i̯ôk:* 154. *b'i̯ôk;* 181. *p'i̯og:* 182. *b'i̯ôg;* H. 29. *p'ian,* 30. *p'i̯an:* 27. *b'i̯an:* 77. *p'i̯wən;* 78. *b'i̯wən*。

這是容易看到的，在這四組當中有幾種的轉換是很稀少的，而另外的幾種却極其普通，極有規則，可以說是中國語的語詞轉化上幾種主要的方法。我要把認爲特別重要和正常的指出二種：

不送氣的淸音和送氣的濁音相轉換：*t ~ d', k ~ g', ts ~ dz', p ~ b';*

送氣的淸音和送氣的濁音相轉換：*t' ~ d', k' ~ g', ts' ~ dz', p' ~ b'*。

第二步我們還須舉出一個很複雜的問題：這四組的起首音是否可以證明牠們和某別些尚未討論過的起首音相轉換，又後者這些起首音牠們自己彼此間是否也相轉換。這裏有了六種疑問須待作答的。牠們彼此間是否有一種語源的關係：

1. k 的一組和喉頭暴發音的 · 之間；

2. k 的一組和 x 音之間；

3. k 的一組和 ng 音之間；

4. t 的一組和 ts 的一組之間；

5. p 的一組和 m 音之間；

6. $n, ň$ 的音和 l 音之間。

這六種疑問，前列的四種我想決定要肯定的作答；關于後列的二種適當的例子很少，因之還留有置疑的餘地。

k 等 ～ · :

A. 1. $ki̯ăng$: 19. ·$i̯ăng$; 60. $g'wâng$: 69. ·$wâng$; 186. $ki̯ang$: 201. ·$i̯ang$; 245. $kung$: 249. ·ung; 259. $lŭng$, 260. $g'ŭng$: 265. ·ung; 266. $gi̯wang$: 273. ·$wâng$; 328. $g'i̯ôg$: 329. ·$i̯og$: 353. $ki̯og$: 354. ·$i̯og$; E. 1. $kwân$ 與 ·$wât$; 10. $k'i̯wan$: 30. ·$wân$; 37. $g'wen$: 49. ·$wən$; 114. $k'wân$: 121. ·$wân$; 117.

漢語詞類

gʻi̯wăt: 123. *ʼi̯wat;* 189. *gi̯wăn:* 192. *ʼi̯wăn;* I. 1. *gi̯am:* 11. *ʼi̯am;* 2. *gʻi̯ɛm :* 12 *ɛm*。

k 等 ~ x :

A. 64. *gʻung:* 66. *xung;* 76. *gʻwâng:* 87. *xwâng;* 80. *kʻi̯ung:* 88. *xi̯ung;* 140. *ki̯wang,* 141. *gʻi̯wang:* 152. *xwâng;* 215. *kʻŭng:* 222. *xi̯ung;* 307. *ki̯ôk:* 308. *xi̯ôk;* 362. *kiôg:* 364. *xi̯ôg;* E. 32. *kân:* 40. *xân;* 73. *ki̯ət:* 78. *xi̯ət;* 105. *gʻi̯an:* 109. *xi̯ăn;* 129. *kian,* 130. *gʻian:* 135. *xian;* 167. *gi̯wən:* 168. *xi̯wən;* 174. *kʻiad:* 175. *xi̯ăt;* I. 38. *kʻi̯ăp:* 39. *xi̯ăp;* 77. *gʻəp:* 80. *xi̯əp*。

k 等 ~ ng :

A. 250. *kâng:* 257. *ngăng;* E. 2. *gʻwân:* 29. *ngwăn;* 79. *kân,* 80. *kan:* 86. *ngan;* 128. *kʻân,* 129. *kian:* 137. *ngɛn;* 138. *gi̯wən:* 142. *ngi̯ăn;* 189. *gi̯wăn:* 190. *ngi̯wăn;* 234. *gʻi̯ĕt:* 235. *ngi̯ət;* 307. *kwăt:* 319. *ngwăt;* 318. *kər* 與 *ngər;* I. 40. *gi̯am:* 42. *ngi̯ăm;* 63. *kʻi̯əm:* 66. *ngi̯əm*。

t 等 ~ ts 等 :

B. 1. *di̯ang:* 5. *śi̯ang;* 17. *dʻi̯əg:* 19. *si̯əg;* 70. *di̯əng:* 83. *śi̯əng;* 69. *təng:* 83. *śi̯əng;* 101. *tʻi̯ĕng:* 110. *si̯ĕng;* 106. *tʻi̯əg:*

111. si̯əg; 151. ti̯ak: 165. tṣi̯ak; 153. těk: 167. tṣěk: 157. ti̯ĕg: 174. tsʻi̯ĕg: 203, 204. təng: 205. tsəng, 206. dzʻəng; 230. tŭk: 231. dẓʻŭk; 237. tʻog: 238. tsog; 264. tʻâng: 286. si̯ang; 271. tʻâk: 288. si̯ak; 278. ti̯ôg: 293. si̯og; 306. tʻi̯ang, 307. tʻi̯ang: 316. tṣʻi̯ang; 312. tʻi̯og: 319. tsʻi̯og, 320. dzʻi̯og; 314. tʻi̯ôg, 315. dʻi̯ôg: 321. dẓʻi̯ôg; 330. tʻi̯əng: 334. si̯ĕng; 333. tʻi̯ak: 335. si̯ak; 342. dʻi̯ôg: 343. tsi̯ôg, 344. dzʻi̯ôg; 358. tieng, 359. dʻieng; 360. tsʻieng; 397. ti̯əg: 400. si̯ək, 401. si̯əg; 398. di̯ôg: 402. zi̯ôg; 428. di̯ək: 428. dzi̯əg; 429. tʻi̯əg: 431. dzi̯əg; 446. di̯ĕk: 449. siek; 465. dʻəg, 466. di̯əg: 467. dẓʻi̯əg, 469. si̯əg; 485. dʻi̯ôg: 495. tsʻi̯ôg: 532. dʻi̯əg: 540. zi̯əg; 543. ti̯ung: 547. dzʻung; 557. tʻôg: 558. ṣôg; 560. tiôg, 559. di̯og: 561. dzʻi̯ôg; 562. dʻiôk: 565. siôg; 600. ti̯ôg: 601. sôg; 630. di̯ĕg: 633. si̯ĕg; 670. ti̯ôg: 671. dzʻi̯ôg, 672. si̯ôg; F. 2. di̯wən: 9. dzi̯wən; 46. ti̯ən 與 si̯ən; 50. tʻi̯ən: 52. si̯ən; 55. ti̯ĕn: 56. si̯ĕn; 63. tswən: 67. si̯wən; 83. tʻi̯ĕn: 87. tṣi̯ĕn; 112. ti̯an: 114. dzʻi̯an; 118. dʻi̯wən: 122. tsi̯wən, 123. dzi̯wən; 119. dʻi̯wət: 127, 128. si̯wət; 129. tʻwər: 131. tsʻwər, 130. dzʻwər; 133. dʻwət: 137. tsʻwət; 192. dʻi̯ĕn: 196. si̯ĕn;

漢 語 詞 類

290. *ťi̯wən:* 291. *śi̯wər;* 327. *ďi̯wət:* 328. *dzi̯wəd;* 329. *ďwən:* 333. *swən;* 344. *ďwər:* 345. *dzʻwən;* K. 3. *di̯am:* 5, 6. *tsi̯am;* 9. *ťi̯əm:* 7. *tsəm,* 8. *tsi̯əm;* 16, 17. *ďi̯əp:* 19. *dzi̯əp;* 26. *ďɛm:* 27. *dzʻi̯ɛm;* 28. *ďəm:* 31. *śi̯əm;* 40. *ďâm:* 44. *śi̯am;* 41. *ďəm* 與 *dzi̯ɛm;* 62. *ti̯am:* 64. *tsi̯am*。

p 等 ～ *m:*

D. 3. *bʻung:* 12. *mung;* 100. *pâk:* 103. *mâk;* H. 64. *bʻi̯wən:* 66, 67. *mwən;* 71. *bʻi̯wən:* 72. *mwən;* 75. *pi̯wən:* 76. *mi̯wən;* 84. *pi̯wət:* 90. *mi̯wət*。

n, ń ～ *l:*

C. 49, 50. *ni̯ôg,* 48. *ńi̯og:* 51. *liog;* G. 7. *ńi̯at:* 14. *li̯at;* 23. *ńi̯ən:* 17. *li̯wən*。

中 間 的（中 介 的，附 屬 的）元 音

這裏我要把語詞沒有 *i̯, i, w* 的這類(*kân* 類等) 設定爲 O。在理論上可能的轉換如下：

1. O ～ *i̯;* 2. O ～ *i;* 3. O ～ *w;* 4. O ～ *i̯w;* 5. O ～ *iw;* 6. *i̯* ～ *i;* 7. *i̯* ～ *w;* 8. *i* ～ *w;* 9. *i* ～ *i̯w*。

牠們的大多數有很好的代表：

O ~ i̯:

A. 4. g'u̯âng: 6. g̑i̯wang, 7. g̑i̯wăng; 8. kĕng: 1. ki̯ăng; 32. kôg: 31. kʻi̯ôk; 66. xung: 67. xi̯ung; 76. g'u̯âng: 77. kʻi̯wang; 83. g'ɛg: 84. g'i̯əg; 89. xăk: 90. xi̯ăk; 98. kog: 100. g'i̯og; 103. ngâng: 105. ngi̯ang; 134. kʻâng: 135. kʻi̯ăng; 143, 144. kwĕg: 145. ki̯wĕg; 149. kog: 150. ki̯og; 153. kăng; 155. ki̯ăng; 156. ku̯ăng: 158. g̑i̯wĕng; 172. kəng. 175. ·g'i̯ək: 176. kwək: 177. g̑i̯wək; 184. kâng, 185. kăng: 186, 187. ki̯ang; 190. kʻung: 191. ki̯ung: 196. kog: 197. ki̯og; 209. ku̯ăng: 212. g̑i̯wĕng; 213. kʻung: 216. kʻi̯ung; 246. kʻôg: 247. g'i̯ôg; 250. kâng: 252. li̯ang; 257. ngăṅg: 258. ngi̯əng; 276. g'u̯âng: 277. g̑i̯wang; 278. g'u̯ăk: 279. ki̯wak; 288, 289. ·ĕk: 292. ·i̯ĕk; 302. kog: 305. ki̯ôg; 318. kĕk, 320. kĕg: 316. kʻi̯ăk; 332. g'əg: 333. gi̯əg; 336. g'ɛg: 337. g'i̯əg; 365. g'og: 366. g'i̯ôg; B. 29. d'âk: 30. tʻi̯ak; 34. tʻung: 39. tʻi̯ung; 46. d'ăng: 48. d'i̯ang; 69. təng: 70. d'i̯eng; 69. təng: 75. ti̯ək; 71. tung: 72. ti̯ung; 92. tsâng. 94. tṣi̯ang; 150. ·tʻăk: 151. i̯ak; 166. tṣʻĕk: 168. tṣʻi̯ĕk; 176. tsəg, 177. dz'əg: 178. tsi̯əg, 181. dzi̯əg, 179, 180. tṣi̯əg; 210. d'âng: 213. ti̯ag; 264. tʻâng: 265. di̯ang; 276, 277. d'ôg:

漢語詞類 225

280. di̯og; 284. tsôg: 285. tsi̯og; 290. sog: 292. si̯ôg; 311. d'og, 310. tog: 313. di̯og, 312. t'i̯og; 318. ts'og: 319. ts'i̯og; 322. sâng: 323. si̯ak; 355. sĕng: 356, 357. si̯ĕng; 370. suk: 365. ts'i̯uk; 372. tsâng: 371. zi̯ang; 378. tsâng: 379. dzi̯ang; 403. tâng, 405. d'âng: 407, 408. ti̯ang; 417. d'ôg 與 d'i̯ôg; 424. t'ôg: 426. t'i̯ôg; 459. tṣ'ĕk: 458. dz'i̯ak; 463. tṣĕg: 462. tsi̯ag; 465. d'əg: 466. di̯əg; 470. d'əng: 471. di̯əng; 480. d'ôg: 485, 486. d'i̯ôg; 551. sŏg: 553. si̯og; 588. tog: 589. ti̯ôg; 601. sôg: 600. ti̯ôg; 614. tôg: 612, 613. ti̯ôg; 673. dz'âk: 674. si̯ak; 675. tsək; 676. tsi̯ək; 691. d'og: 693. d'i̯og; C. 1. lək: 2. li̯əg; 5. nâk: 6. ńi̯ak; 28. glâg: 25. gli̯ang; 34. nŏg: 35. ńi̯og; 52. ləng: 53. li̯əng; 70. log: 71. li̯ôg: 72. nəg: 73. ńi̯əg; D. 31.—35. b'wâng: 36. b'i̯wâng; 45. p'ăng: 47. b'i̯ăng: 53, 54. b'ŏg: 56. b'i̯ôg; 67. mâng, 70. măng: 68. mi̯wang; 86. pŭng: 87. pi̯ung; 126. pâng: 127, 128. b'i̯ăng; 129. b'ĕg: 130. pi̯ĕg; 148. pŏg: 149. pi̯og; 150. p'ŏg: 151. b'i̯og; 153. b'i̯og; 164. mŏg: 165. mi̯og; 186. pung: 187. p'i̯ung; E. 1. kwân, 2. g'wân, 3.—7. g'wan: 8. ki̯wan, 9. g'i̯wan, k'i̯wan, 12. gi̯wan; 19. kwən: 22. gi̯wən; 25. g'wər:

28. *gi̯wər;* 32. *kân* 與 *gʻi̯an;* 37. *gʻwən:* 39. *gi̯wər;* 46, 47. *xwâr:* 44, 47. *xi̯war;* 53. *kwân·* 54. *ki̯wăn;* 74. *kɛd:* 75. *ki̯ɛd;* 95. ·*ân:* 96. ·*i̯an;* 106. *kat:* 108. *ki̯ăt, gʻi̯at;* 120. *kwət,* 119. *kʻwət:* 117. *gʻi̯wət;* 122. ·*wat:* 123. ·*i̯wat;* 132. *kwân:* 133. *ki̯wan;* 140. *gʻwad:* 139. *gi̯wăt;* 154. ·*wân,* 156. ·*wan:* 158. ·*i̯wăn,* 161. ·*i̯war;* 185. *gʻăn:* 186. *gʻi̯ăn;* 226. *kʻân,* 228. *gʻăn:* 230. *gʻi̯an;* 231. *kʻat:* 232, 233. *gʻi̯at;* 300. *kʻân:* 302. *gʻi̯an;* 312–314. *kwâd,* 307. *kwăt:* 315. *ki̯wăd;* 319. *ngwăt* 與 *ngi̯wăt; F.* 19. *dʻwân* 與 *ṯi̯wan;* 63. *tswən;* 64. *tsi̯wəd;* 74. *dʻân:* 75. *ti̯an;* 166. *tsʻwət* 與 *dzʻi̯wəd;* 180. *twər:* 181, 182. *ṯi̯wər,* 183, 184. *dʻi̯wər;* 185. *tʻân;* 186. *dʻân:* 188. *tʻi̯an,* 187. *ṯʻi̯an,* 189–191. *di̯an;* 214. *tswən* 與 *tsi̯wən;* 214. *tswən, tsʻwət:* 215. *dzi̯wəd;* 216. *twən:* 217. *ṯi̯wən; ṯi̯wən;* 233. *tsʻwər:* 234, 235. *si̯wən,* 236. *si̯wəd;* 259. *dʻân:* 262, 263. *dʻi̯an;* 279. *tswâd:* 282. *si̯wad;* 283. *tʻân,* 284. *dʻân:* 285. *ḍi̯an;* 299. *tân:* 301. *ti̯an;* 308. *swən:* 309. *si̯wər;* 316. *dʻât:* 317. *dʻi̯at;* 318. *tân:* 319. *ṯi̯an;* 833. *swən:* 332. *tsʻi̯wən;* 343. *dʻwər:* 342. *dʻi̯wəd; G.* 1. *nan:* 2, 3. *ńi̯an;* 25. *lât:* 27, 28. *li̯at; H.* 10. *pwât,* 11. *pʻwât:* 12. *pi̯wăt,* 14.

漢語詞類　　　　　227

p'i̯wăd; 24. p'wər: 23. p'i̯wər; 26, 27. b'ăn: 27, 28. b'i̯an; 66, 67. mwən: 69. mi̯wən; 79. b'wət: 81. pi̯wər; 83. pwət: 84. pi̯wət, 87. pi̯wər; 125. pi̯əd: 126. pi̯wəd; 155. mwân 與 mi̯wăn; I. 8. ·âm: 9, 10. ·i̯am; 12. ·ɛm: 13, 14. ·i̯ɛm; 15 –18. ·əm: 19, 20. ·i̯əm; 31. kap, 34. g'ap: 39. xi̯ăp; 43. xəp: 44, 45. xi̯əp; 50. ·ap: 51. ·i̯ap; 62. k'əm: 63. k'i̯əm; 64. ngam: 65. ngi̯am; 77. g'əp: 80. xi̯əp; 83. k'am: 84. k'i̯am; K. 1. tsâm: 5, 6. tsi̯am; 7. tsəm: 8. tsi̯əm; 28. d'əm: 29. d'i̯əm; 36. tsâm: 38. dz'i̯ap; 40. d'âm: 41. di̯am; 42. d'əm: 43. di̯əm; 57. d'âm: 58. ți̯am; 74. səm: 76. și̯əm; 81. dz'əp; 82, 83. dz'i̯əp; 87. nəp: 90. ńi̯əp。

O ~ i:

A. 133. g'ɛg: 132. g'ieng; 196. kog: 198. kiog; 303. g'ôg: 306. kiog; 346. g'og: 347. kiog; B. 103. tôk: 104. d'iôk; 159. tog: 160. tiôg; 153. těk: 152. tiek; 235. d'ŏk: 236. d'iôk; 480. d'ôg: 484. d'iôg; 503. șŏg; 504. siôg; C. 12. log: 13. liog; 34. nŏg: 36. niog; D. 104. pěk: 105. p'iek; E. 84. kwâd: 83. kiwat; 89. k'wad: 88. kiwat; 106. kat: 107. k'iat; 128. k'ân: 129. kian; 178. ·ân, 179. ·an: 180, 181. ·ian; 203, 204. k'ər: 205. k'i̯ər;

224. *kɛn:* 225. *kien;* 305. *kât,* 311. *gʻâd:* 309. *kʻiat,* 316, 317. *kʻiad;* 330. *ˑat:* 331. *ˑian;* F. 307. *sɛr* 與 *siər;* 326. *dzʻɛr;* 324. *dzʻiər;* 350. *tsɛd:* 351. *tsiər:* G. 11. *glân:* 12, 13. *glian;* I. 21. *gʻâm:* 27. *kiap;* 31. *kap,* 32-34. *gʻap:* 35. *kiap,* 37. *gʻiap;* 60. *gʻap:* 59. *kʻiap;* 83. *kʻam* 與 *kʻiam;* K. 32, 33. *dʻâm:* 34. *dʻiam;* 60. *dʻâp:* 61. *dʻiap*。

O ~ w:

A. 20. *gʻăng:* 21. *gʻwâng;* 50. *giang:* 49. *gʻi̯wang;* 51. *gʻăng;* 52. *gʻwăng;* 73. *ki̯ăng:* 77. *kʻi̯wang;* 147. *kʻi̯əg:* 148. *ki̯wəg;* 202. *ˑi̯ĕng:* 203. *ˑi̯wĕng;* 206. *kʻăng:* 207. *kʻwâng;* 331. *kɛk:* 330. *kʻwâk:* 335. *gʻi̯əg:* 334. *gʻi̯wĕg;* D. 24, 25. *mək:* 27. *mwəg;* 37. *bʻăng:* 35. *bʻwâng;* 40. *bʻəng:* 42. *bʻwəg;* 43. *mi̯ăng:* 44. *mi̯wang;* 121. *pək:* 122. *pwəg;* E. 45. *xi̯ər,* 42. *xi̯ən:* 46, 48. *xi̯wər;* 52. *kʻi̯an:* 55. *kʻi̯wăn;* 79. *kân,* 80. *kan:* 81. *gʻwăn;* 99. *kʻən:* 100. *kʻwən;* 111. *kʻən:* 112. *gʻwət;* 128. *kʻân:* 132. *kʻwân;* 142. *ngi̯ăn,* 143. *ngi̯an:* 139. *giwăt,* 138. *gi̯wən;* 153. *ˑi̯ăn:* 158, 160. *ˑi̯wăn;* 185. *gʻăn:* 187. *kwan;* 265. *ˑi̯ĕn:* 266. *ˑi̯wən;* 268. *ˑi̯ad:* 270. *ˑi̯wăd;* 291, 292. *gʻi̯an:* 293, 294. *gi̯wăn;* 305. *kât,* 311. *gʻâd:* 307.

漢語詞類

kwăt, 312, 313. kwâd; F. 41. tsi̯an: 43. tsi̯wan; 112. ti̯an. 113. di̯wan; 160. tân: 161. d'wân; 259. d'ân: 265, 266. d'wân; 261. ti̯an: 267. ti̯wan; 302. d̑i̯an: 303. ti̯wan; G. 1. nan: 4, 5. nwân; 7. ńi̯at: 8. ńi̯wat; H. 21. pi̯ər: 23. p'i̯wər; 26, 27. b'ăn: 31. pwân, 32. p'wân; 68. mi̯ɛn: 69. mi̯wən; I. 38. k'i̯ap 與 k'i̯wăb: 77. g'əp: 78. g'wəb; 85. təp: 86. twəb; K. 87. nəp: 89. nwəb。

O ~ i̯w:

A. 20. g'ăng: 22. gi̯wang; 109. ngĕg: 110. ngi̯wĕg; 243. g'âng: 244. k'i̯wang; E. 40. xân: 41. xi̯wăn; 128. k'ân: 133. ki̯wan; 300. k'ân: 301. k'i̯wăn; 305. kât; 311. g'âd: 308. gi̯wăt, 315. ki̯wăd; F. 163. tât: 164. ti̯wat; 259. d'ân: 269. d'i̯wan。

O ~ iw:

A. 8. kĕng: 9, 10. kiweng, 11, 12. g'iweng。

i̯ ~ i:

A. 58. gi̯wĕng: 57. g'iweng; 129. ki̯ĕng: 130. kieng; 192. ki̯ĕg: 193. g'ieg; 197. ki̯og: 198. kiog; 350. ·i̯ôg: 349. ·iog, 352. ·i̯ôg; 354. ·i̯og: 356. ·i̯ôg; 363. ·giog, 364. xi̯ôg: 362. kiôg; B. 54. ti̯ĕng: 53. d'ieng; 248. ti̯og, 253. ṭiog: 245.

漢語詞類

t*i̯*ok; 302–304. dz‘*i̯*ĕng: 305. dz‘iek; 340 d‘*i̯*ĕng: 341. tieng; 485. d‘iôg; 484. d‘iôg; 559. d*i̯*og: 560. tiôg; 579. d*i̯*og: 582. t‘iog; 592. d*i̯*og: 593. d‘iog; 598. d*i̯*ôg: 599. t‘iog; 605. d*i̯*ok, 607. t‘*i̯*og: 606. d‘iog; 689. ḋ*i̯*og: 688. d‘iog; C. 35. ńi̯og: 36. niog; D. 38. p*i̯*ĕng: 39. b‘ieng; 84. p*i̯*ĕng 與 b‘ieng; E. 108. k*i̯*at, g‘*i̯*at: 107. k‘iat; E. 220. ·*i̯*ər: 221. ·iər; F. 114. dz‘*i̯*an: 117. ts‘iar; 148. d*i̯*ər 與 t‘iər; 176. t‘*i̯*ĕt: 174. d‘ien; 248. ḋ*i̯*ad: 249. d‘iad; 286. dz*i̯*ər: 287. siər; 315. t*i̯*ĕt 與 tiet; 314. ti̯ĕn 與 t‘ien; 353. d*i̯*ĕt 與 d‘iet; G. 31. l*i̯*əd: 32. liər; H. 21. p*i̯*ər; 22. p‘iər; 30. p‘*i̯*an: 29. p‘ian; 153. p‘*i̯*an: 152. pian; I. 29. g‘*i̯*am: 37. g‘iap; 84. k‘*i̯*ăm: 83. k‘iam。

i ~ *w*:

A. 1. k*i̯*ăng: 3. kwâng; 73. k*i̯*ăng: 76. g‘wâng; 315. k‘*i̯*ak: 317. k‘wâk; E. 52. k‘*i̯*an: 53. kwân; 142. ng*i̯*ăn, 143. ng*i̯*an: 140. g‘wad; 153. ·*i̯*ăn: 154. ·wân, 156. ·wan; 186. g‘*i̯*ăn: 187. kwan; F. 105. twât: 106. d‘wât: 104. t‘*i̯*at, 103. ḋ‘*i̯*at; 209. ts*i̯*an: 210. ts‘wân, 211, 212. dz‘wan; 261. t*i̯*an: 266. d‘wân; 311. ḋ*i̯*ən, ḋ‘*i̯*ən: 312. t‘wən; G. 2, 3. ńi̯an: 4, 5. nwân; H. 21. p*i̯*ər: 24. p‘wər; 27. b‘*i̯*an, 30. p‘*i̯*an, 31.

pwân, 32. p'wân; 45. b'i̯an: 48. pwân; 68. mi̯ɛn: 66, 67. mwən; 144 - 146. b'i̯ad: 143. b'wad。

$i \sim w:$

A. 93. g'ieng: 94. g'wĕng; E. 129. kian: 132. kwân; 309. k'iat, 316, 317. k'iad: 307. kwăt, 312 - 314. kwâd; G. 32. li̯ər: 33. lwər; H. 22. p'i̯ər: 24. p'wər; 29. p'ian: 32. p'wân; 89. miat: 88. mwât。

$i \sim i̯w:$

E. 129. kian: 133. ki̯wan; 210. ki̯ər: 211. g'i̯wɛr; F. 30. dz'i̯at: 31. dz'i̯wat; 281. si̯ən: 278. dzi̯wən; H. 22. p'i̯ər: 23. p'i̯wər。

以上所舉的例子很夠表示 $O \sim i, O \sim w, i̯ \sim i$ 這些轉換，尤其特別的第一種（$kân \sim ki̯an$ 之類），是屬于中國語上由同一語根產生許多轉化語詞的基本方法。

主 要 的 元 音

因上古中國語音系統當中一切元音的轉換，這種語言就產生了一種豐富繁雜的「元音變異」的系統，在西藏語上這樣一種「元音變異」也佔據着顯著的地位，從這點上看來，中

國語確是西藏語的親屬語。我首先要把同一主要元音上各種變異的轉換舉出例子（$â: a: ă; ǒ: o: ọ: ô; ě: e; ŭ: u$），其次再及于各異的主要元音的轉換。

$â \sim a:$

關于 $â: i̯a$ 這類很多的事例（$kân: ki̯an$ 等等），參看上面 $O \sim i$ 的轉換。另外還有：

E. 2. $g'wân$: 3 – 7. $g'wan$; 79. $kân$. 80. kan; 121. $wân$: 122. ·wat; 124. $kwân$: 125. $g'wan$; 154. ·$wân$: 156. ·wan; 178. ·$ân$: 179. ·an; 252. ·$ân$: 254. ·at; 333. $kwân$: 334. $g'wan$; F. 210. $ts'wân$: 211, 212. $dz'wan$; G. 4, 5. $nwân$: 1. nan; H. 136. $pwât$: 137. $b'wat$; I. 71. $glâm$: 69. $klam$; K. 1. $tsâm$: 2. $dz'am$。

$â \sim ă:$

A. 76. $g'wăng$: 73. $ki̯ăng$; 134. $k'âng$: 135. $k'i̯ăng$; 184. $kâng$: 185. $kăng$; 207. $k'wâng$: 209. $kwăng$, 206. $k'ăng$: 250. $kâng$; 257. $ngăng$; 323. ·$âk$, ·$âg$: 324. ·$ăg$; D. 35. $b'wâng$: 37. $b'ăng$; 67. $mâng$: 70. $măng$; 91. $pâk$: 92. $p'ăk$; 126. $pâng$: 127, 128. $b'i̯ăng$; 168. $pâk$: 169. $păk$; 226. $k'ân$, 277. $g'ân$: 228, 229. $g'ăn$, 230. $g'i̯ăn$; 305. $kât$, 312 – 314.

漢 語 詞 類

kwâd: 307. *kwăt,* 315. *kiwăd;* F. 73. *dzʻân:* 72. *tsăn;* H. 10. *pwât:* 12. *piwăt;* I. 47. *kʻâm:* 48. *gʻâm*。

a ~ ă:

A. 6. *giwang:* 7. *giwăng;* 22. *giwang:* 20. *gʻăng;* 49. *gʻiwang:* 50. *gʻiăng;* 77. *kʻiwang:* 73. *kiăng;* 168. *kiang:* 170. *kiăng;* 253. *gʻiang:* 254. *gʻiăng;* 279. *kiwak:* 278. *gʻwăk;* B. 48. *dʻiang:* 46. *dʻăng;* E. 13. *giwan* 與 *giwăn;* 56. *gʻiwan:* 55. *kʻiwăn;* 108. *gʻiat* 與 *kiăt;* 143. *ngian:* 142. *ngiăn;* 161. ·*iwar:* 160. ·*iwăn;* 280. ·*iwan:* 281. ·*iwăn;* F. 37. *san:* 26. *tsʻăn;* H. 27. *bʻian* 與 *bʻăn*。

ŏ ~ o:

A. 124. *kŏg:* 122, 123. *kog;* B. 235. *dʻŏg:* 237. *tʻog;* 283. *tṣʻŏg:* 285. *tsiog;* 551. *ṣŏg:* 553. *śiog;* C. 34. *nŏg:* 35. *ńiog;* D. 148. *pŏg:* 149. *piog;* 164. *mŏg:* 165. *miog*。

ŏ ~ ộ:

A. 124. *kŏg:* 121. *gʻộk;* 340. *kŏg:* 342. *kộg;* 340, 341. *gʻŏg:* 343. *gʻộg,* 339. *gộk*。

ŏ ~ ô:

A. 305. *kiŏg:* 306. *kiog;* 340. *gʻŏg:* 345. *kʻôg;* B. 235.

d‛ŏk; 236. *d‛iôk;* 283. *tṣ‛ŏg:* 284. *tsôg;* 503. *ṣŏg:* 504. *siôg;* 666. *tẓŏg:* 667. *tsôg,* 668. *sôg。*

o ~ ǫ :

A. 113. *ngiog:* 108. *ngôk;* 122, 123. *kog:* 121. *g‛ǫk;* 218. *g‛og:* 221. *kǫg;* D. 52. *b‛og,* 49. *b‛ok:* 53, 54. *b‛ǫg;* 151. *b‛ịog:* 150. *p‛ǫg;* 153. *b‛ịog:* 152. *b‛ǫg。*

o ~ ô :

A. 197. *kịog:* 199. *kịôg;* 301. *k‛og:* 300. *k‛ôg;* 302. *kog:* 303. *g‛ôg;* 347. *kiog:* 348. *kiôg;* 349. ·*iog:* 352. ·*iôg;* 354. ·*ịog:* 356. ·*iôg;* 363. *giog:* 362. *kiôg;* B. 248. *tịog,* 253. *t̂ịog:* 255. *tịôg;* 273. *tịok:* 274. *tịôk,* 275. *dịôk;* 280, 281. *dịog:* 276, 277. *d‛ôg;* 285. *tsịog:* 284. *tsôg;* 312. *t‛ịog,* 313. *dịog:* 314. *t‛ịôg,* 315. *d‛ịôg;* 319. *ts‛ịog,* 320. *dz‛ịog:* 321. *dẓ‛ịôg;* 366. *tsog:* 367. *ts‛ôg;* 456. *sịog:* 452. *sịôk;* 559. *dịog:* 560. *tiôg;* 588. *tog:* 589. *tịôg;* 691. *d‛og:* 692. *d‛ôg;* C. 48. *ṅịog:* 49, 50. *nịôg;* 70. *log:* 71. *lịôg;* D. 181. *p‛ịog:* 182. *b‛ịôg。*

ǫ ~ ô :

A. 121. *g‛ǫk:* 125. *k‛ịôg;* 344. *k‛ǫg:* 345. *kôg;* D. 53, 54. *b‛ǫg;* 56. *b‛ịôg;* 117. *pǫg:* 118, 119. *b‛ôg。*

漢 語 詞 類   235

ĕ～e:

關于這種轉換的許多事例參看上面 o～i̯ 及 o～i 的轉換。

ŭ～u:

A. 36. kʻŭk: 37. kuk; 215. kʻŭng: 214. kʻung; 268. ki̯ŭng: 270. kʻi̯uk; B. 42. dʻŭg: 41. dʻuk; 123. tŭk: 125. tʻi̯uk; 115. dʻŭng: 116. ti̯ung; 626. tʻŭng: 625. tʻung; D. 86. pŭng: 87. pi̯ung; 90. bʻŭng: 94. pʻuk; 101, 102. bʻŭg: 98. bʻi̯ung; 135, 136. bʻi̯uk: 137. pʻi̯ug。

a～e:

A. 1. ki̯ăng: 8. kĕng; 6. gi̯wang, 7. gi̯wăng: 11, 12. gʻiweng; 52. gʻwăng: 53. kiweng; 91. kâng: 93. gʻieng; 115. xi̯ang: 117. xieng; 134. kʻâng, 135. kʻi̯ăng: 136. gʻĕng; 184. kâng, 185. kăng: 188. kieng; 207. kʻwâng, 209. kwăng: 212. gi̯wĕng; 240. ki̯ang: 241. kʻi̯wĕng; 253. gʻi̯ang, 254. gʻi̯ăng: 255. ki̯ĕng; B. 5. si̯ang: 6. si̯ĕg; 48. dʻi̯ang: 53. dʻieng; 46. dʻăng, 44. tʻăng: 54. ti̯ĕng; 108. si̯ang: 110. si̯ĕng; 136. dʻâng: 138. dʻieng; 151. i̯ak: 154. tʻiek; 265. di̯ang, 264. tʻâng: 266. tieng; 338. tsʻâng: 339. tsʻieng; 391. tṣʻi̯ang:

392. tsʻi̯ĕng; 405. dʻâng, 407, 408. li̯ang: 410. ḍi̯ĕng, 412. tʻieng; 444. di̯ak: 445. ḍi̯ĕk; 458. dzʻi̯ak: 459, 460. tṣʻĕk; 462. tsi̯ag: 403. tṣĕg; 529. dʻăk: 531. tĕk; 660. di̯ak: 661. ḍi̯ĕk; C. 58. li̯ang: 59. li̯ĕng, 60. lieng; D. 1. bʻăng: 2. pĕng; 6. măng: 9. mieng; 31. bʻwâng: 38. pi̯ĕng, 39. bʻieng; 183. pʻi̯wang: 134. pʻi̯ĕng; E. 9. gʻi̯wan, 12. gi̯wan, 13. gi̯wăn: 15, 16. gʻiwen; 34. gʻian: 36. gʻiwen; 52. kʻi̯an: 57. ki̯ĕn, 58. gʻien; 63. kwât: 64. kiet; 86. ngan: 87. ngi̯ĕn; 117. gʻi̯wăt: 118. gʻi̯wet; 232, 233. gʻi̯at: 234. gʻi̯ĕt; 252. ˙ân: 253. ˙i̯ĕn; 254. ˙at: 255. ˙i̯ĕt; 268. ˙i̯ad: 269. ˙i̯ĕd; F. 30. dzʻiat: 32. tsiet, 33. tśiet; 54. tân: 55. ti̯ĕn; 88. dzʻian: 89, 90. tsi̯ĕn; 175. tʻât: 176. tʻi̯ĕt; 186. dʻân: 188. tʻi̯an, 189. di̯an: 192. dʻi̯ĕn, 194. di̯ĕn; 201. tʻât: 200. dʻiet; 218. tʻân: 219, 220. ti̯ĕn; 271. dzi̯wan: 276, 277. dzi̯wĕn; 334. si̯an; 335. si̯ĕn; 346. dʻiad: 347. ḍi̯ĕt; G. 7. ńi̯at: 9. ńi̯ĕt; 50. li̯at: 51. li̯ĕt; H. 1. pʻi̯wăn: 2. pʻien; 29. pʻian, 30. pʻi̯an: 37, pien; 46. pwân, 45. bʻi̯an: 47. pien; 73. bʻi̯wăn: 74. pʻi̯ĕn; 123. piad: 124. pi̯ĕd; 152. pian: 154. pi̯ĕn.

a ~ ə:

漢 語 詞 類

A. 29. *kăng:* 30. *kəg;* 73. *ki̯ăng:* 78. *ki̯əng;* 92. *gʻi̯ăng:* 114. *xi̯əng;* 153. *kăng,* 155. *ki̯ăng:* 163. *ki̯ək;* 169. *ki̯ăng:* 172. *kəng,* 175. *gʻi̯ək;* 229. *kwâng:* 231. *gʻwəng;* 257. *ngăng:* 258. *ngi̯əng;* *B.* 64. *d̂i̯ang:* 70. *d̂ʻi̯əng;* 265. *d̂i̯ang,* 264. *tʻâng:* 267. *t̂i̯əng;* 335. *ŝi̯ak:* 336. *ŝi̯ək;* 406. *ti̯ang:* 411. *təng;* 662. *d̂ʻi̯ak:* 663. *di̯ək;* *C.* 24. *li̯ang:* 26. *li̯əng;* 56. *nâng:* 57. *ńi̯əng;* *D.* 31. *bʻwâng:* 40. *bʻəng,* 42. *bʻwəg;* 168. *pâk,* 169. *păk:* 170. *pi̯ək;* *E.* 1. *kwân,* 2. *gʻwân,* 3–7. *gʻwan,* 12. *gi̯wan,* 9. *gʻi̯wan, kʻi̯wan,* 13. *gʻi̯wan:* 19. *kwən,* 17. *kʻwən,* 22. *gi̯wən,* 21. *ki̯wən;* 47. *xi̯war* 與 *xi̯wər;* 53. *kwân,* 54. *ki̯wăn,* 55. *kʻi̯wăn:* 60. *kwən,* 61. *kʻwən;* 63. *kwât:* 67. *kwət;* 72. *gʻi̯at:* 73. *ki̯ət;* 117. *gʻi̯wăt,* 116. *kʻi̯wăt:* 117. *gʻi̯wət,* 120. *kwət,* 119. *kʻwət;* 130, 131. *gʻian:* 134. *gʻi̯ən;* 143. *ngi̯ăn,* 142. *ngi̯ăn:* 139. *gi̯wən;* 140. *gʻwad,* 139. *gi̯wăt:* 141. *gi̯wəd;* 250. *xwân:* 251. *xi̯ən;* 259. ʼ*i̯wăn:* 260. ʼ*i̯wən;* 263. *gi̯wăn:* 264. *gʻi̯wən;* 280. ʼ*i̯wan,* 281. ʼ*i̯wăn:* 282. ʼ*i̯wən;* 300. *kʻân,* 302. *gʻian:* 303. *gʻən,* 304. *ki̯ən;* 307. *kwăt,* 308. *gi̯wăt:* 310. *gi̯wət;* 314. *kwâd* 與 *ki̯əd;* 319. *ngwăt ngi̯wăt* 與 *ngwət,* 320. *ngi̯ăd:* 321. *ngi̯əd;* 325. *gi̯wăn:* 326. *gi̯wən;* 332. *gʻi̯ăn.*

331. kįǝn; F. 1. dįwan: 2. dįwǝn; 88. dzʻian: 95. siǝn; 114. dzʻįan: 115. dzʻwǝn; 152. dzʻwâd: 153. dzʻįwǝd; 158. sįwad 與 sįwǝt; 161. dʻwân: 162. dʻwǝn; 210. tsʻwân, 211. dzʻwan: 214. tswǝn, 213, 214. tsįwǝn; 228, 229. ṭįan: 230, 231. ṭįǝn; 271. dzįwan: 278. dzįwǝn; 310. tân: 311. ḍįǝn, ḍʻįǝn; 337. tsʻįwad: 338. swǝd; G. 15, 16. lįan: 17, 18. lįwǝn; 29, 30. lįad: 49. lįǝd; H. 1. pʻįwăn: 3, 4. pįwǝn; 12. pįwăt, 14. pʻįwăd: 13. pʻįwǝt, 15. pʻįwǝd; 31. pwân, 32. pʻwân, 27. bʻăn, bʻįan: 38. pįwǝn, bʻįwǝn; 40. bʻįwăt: 41. bʻįwǝt; 58, 59. bʻwâd 與 bʻwǝt; 73. bʻįwăn: 75. pįwǝn; 88. mwăt, 89. miat: 90. mįwǝt, 91. mįwǝd; 92. man: 93. mwǝn; 122. pįad: 125. pįǝd; 148. bʻįwăn: 149. bʻiwǝn; I. 4. gʻâp: 5. kǝp; 8. ·âm, 9, 10. ·įam: 15 – 18. ·ǝm, 19, 20. ·įǝm; 21, 22. gʻâm: 24 – 26. gʻǝm; 27. kiap: 28. gʻǝp; 47. kʻâm: 49. kʻįǝm; 60. gʻap, 59. kʻiap: 61. gʻįǝp; 64. ngam, 65. ngįam: 66. ngįǝm; 74. gʻiap: 77. gʻǝp; K. 1. tsâm, 2. dzʻam; 5. tsįam: 7. tsǝm, 8. tsįǝm; 3. dįam: 4. tįǝm, 9, 10. ṭįǝm; 20. ṭįap: 23. ṭįǝp; 36. tsâm: 37. tsʻiǝm; 38. dzʻįap: 39. sǝp; 40. dʻâm, 41. dįam: 43. ḍįǝm; 57. dʻâm, 58. ṭįam: 59. dʻǝm; 64, 65.

漢 語 詞 類

tsi̯am: 66. *tsi̯əm;* 72. *dzʿam:* 73. *dẓʿi̯əm;* 77. *dzʿam:* 78. *tṣʿi̯əm*。

a ~ *ε :*

A. 184. *kâng:* 189. *gʿwεng;* 229. *kwâng:* 230. *gʿwεng;* 230. *kʿwâk:* 331. *kεk; E.* 9. *kʿi̯wan,* 12. *gi̯wan:* 20. *kʿi̯wεn;* 84. *kwâd,* 83. *kiwat:* 82. *gʿwεt;* 124. *kwân,* 125. *gʿwan:* 127. *gi̯wεn;* 128. *kʿân,* 129. *kian:* 137. *ngεn;* 191. ·*i̯ăn:* 193. ·*i̯εn;* 236. *gʿwât:* 237. *gʿwεt; I.* 8. ·*âm:* 12. ·*εm;* 9. ·*i̯am:* 13, 14. ·*i̯εm;* 21, 22. *gʿâm;* 23. *gʿεm:* 40. *gi̯am:* 41. *gʿεm;* 60. *gʿap,* 59. *kʿiap:* 61. *gʿiεp;* 72. *kiam:* 73. *gʿεm;* 74. *gʿiap:* 75. *gʿεp; K.* 20. *ṭi̯ap:* 22. *ṭi̯εp;* 24. *si̯am:* 25. *sεm*。

a ~ *o :*

A. 106. *ngâk:* 108. *ngǫk;* 120. *gʿâk:* 121. *gʿǫk;* 239. *gʿâng:* 242. *kǫng: B.* 165. *tṣi̯ak:* 187. *si̯ok;* 265. *di̯ang,* 264. *tʿâng:* 269. *di̯ông;* 272. *li̯ak:* 273. *li̯ok;* 288. *si̯ak:* 292. *si̯ôg;* 306. *tʿi̯ang,* 307. *li̯ang:* 308. *tʿi̯ông;* 416. *li̯ag:* 420. *ti̯ôg,* 417, 419. *dʿi̯ôg;* 450. *dzi̯ak,* 454. *zi̯ag:* 452. *si̯ôk,* 456. *si̯og;* 518, 519. *tsi̯ak:* 521. *tsi̯ôk;* 585. *tʿi̯ak:* 586. *dʿi̯ôk; C.* 3. *ḥi̯ang:* 4. *nông; D.* 18. *mâg:* 21. *môg:* 160. *mâg:* 161. *mi̯ôg;* 162, 163.

mâg: 164. mŏg, 165. mi̯og。

a ~ u :

A. 14. xâk: 15. xi̯uk; 20. gʻăng: 25. gʻŭng; 51. gʻăng: 54. kŭng; 73. ki̯ăng, 77. kʻi̯wang: 79. ki̯ung, 80. kʻi̯ung; 92. gʻi̯ăng: 95. lŭng; 169. ki̯ăng: 173. gʻi̯ŭng; B. 46. dʻang, 44. tʻăng: 56. tŭng; 119. tʻâk: 123. tŭk; 120. dʻâk: 124. dʻŭk; 130. dʻâng: 131. dʻung; 141. ti̯ang: 143. ti̯ung; 151. ti̯ak: 155. tŭk; 198. tâng: 199. dʻung; 228. dʻăk: 230. tŭk; 361. tsʻăng: 362. tsʻung; 405. dʻâng, 407, 408. ti̯ang: 414. di̯ung; 406. ti̯ang: 413. dʻŭng; 498. sâk: 500. si̯uk, 499. si̯uk; 507. ti̯ak: 509. dʻi̯uk: D. 1. bʻăng: 3. bʻung; 6. măng: 12. mung; 46. pi̯ăng: 48. pʻi̯ung; 62. pi̯ăng: 63. pʻi̯ung; 79. mâng: 81. mŭng; 83. bʻi̯wang: 87. pi̯ung; 89. bʻăng: 90. bʻŭng; 92. pʻăk: 94. pʻuk; 95. pi̯ăng: 97. pʻi̯ung, 98. bʻi̯ung; 178. mâg: 180. mi̯ŭg。

e ~ ɛ :

B. 101. tʻi̯ĕng: 102. dʻɛng; E. 64. kiet: 69. gi̯wɛt; 225. kien: 224. kɛn。

e ~ ə :

漢 語 詞 類

A. 145. $ki̯wĕg$: 148. $ki̯wəg$; 288−291. ˙$ĕk$: 293. ˙$i̯ək$; 296. $kiek$: 298. $ki̯ək$; 334. $g‘i̯wĕg$: 335. $g‘i̯əg$; 336. $g‘ĕg$: 337. $g‘i̯əg$; B. 10. $ti̯ĕng$: 11. $d‘i̯əng$; 20. $ti̯ĕng$: 21. $d‘i̯ək$; 27. $d‘i̯ĕng$: 28. $t‘i̯əng$; 77. $d‘ieg$: 79. $d‘əg$; 232. $dz‘i̯ĕg$: 233. $tsi̯əg$; 266. $tieng$: 267. $ti̯əng$; 394, 395. $ti̯ĕg$: 396, 397. $ti̯əg$; 445. $di̯ĕk$: 447. $d‘ieg$: 448. $d‘əg$; 468. $si̯ĕg$: 469. $si̯əg$; 510, 511. $d‘ieg$: 513. $ti̯əg$; 630. $đi̯ĕg$: 631. $ti̯əg$; 633. $si̯ĕg$: 632. $tsi̯əg$; C. 64. $lieng$: 65. $li̯əng$; E. 36. $g‘iwen$: 37. $g‘wən$; 57. $ki̯ĕn$, 58. $g‘ien$: 60. $kwən$, 62. $k‘wən$; 64. $kiet$: 67. $kwət$; 118. $g‘iwet$: 120. $kwət$, 119. $k‘wət$; 214, 215. ˙$i̯ĕn$: 216. ˙$i̯ən$; 265. ˙$i̯ĕn$: 266. ˙$i̯wən$; 283. ˙$ĕn$: 284. ˙$əd$; F. 89. $tsi̯ĕn$: 95. $si̯ən$; 121. $dzi̯wĕn$: 123. $dzi̯wən$; 232. $d‘ien$: 231. $ti̯ən$; 276. $dzi̯wĕn$: 281. $si̯ən$; 288. $d‘i̯ət$: 289. $t‘i̯əd$; 305. $si̯ĕn$: 306. $si̯ən$; 320. $tsi̯ĕn$: 321, 322. $ts‘i̯ən$; H. 74. $p‘i̯ĕn$: 75. $pi̯wən$; 115. $pi̯ĕt$: 117−119. $pi̯wət$; 116. $pi̯ĕt$: 120, 121. $pi̯wət$; 124. $pi̯ĕd$: 125. $pi̯əd$, 126. $pi̯wəd$; 141. $pi̯ĕd$: 142. $pi̯wəd$。

$e \sim o$:

A. 96. $k‘i̯ĕg$: 99. $k‘i̯og$; 109. $ngĕg$: 113. $ngiog$; 143, 144. $kwĕg$, 145. $ki̯wĕg$: 149. kog, 150. $ki̯og$; 193−195. $g‘ieg$,

192. ki̯ĕg: 197. ki̯og, 198. kiog, 199. ki̯ôg; B. 58, 59. li̯ĕg: 61. dʻiôg; 85. di̯ĕng: 89. tʻi̯ông; 147. d̑i̯ĕng: 148. l̑i̯ông; 174. tsʻi̯ĕg: 182. tsôg; 209. sieng: 208. sog; 261. siek: 262. si̯ok; 331. dʻi̯ĕng: 330. tʻiĕng: 332. dʻông; 479. dʻieg: 486. dʻi̯ôg; 578. d̑i̯ĕg: 579. di̯og; D. 129. bʻɛg: 131. bʻǫg。

ɛ ~ u :

A. 129. ki̯ĕng, 130. kieng: 131. gʻŭng; 210, 211. kʻieng: 214. kʻung, 215. kʻŭng; 264. ʻĕng: 265. ʻung; 283. gʻieg: 284, 285. gi̯ŭg; B. 8. li̯ĕng: 12. tung; 54. ti̯ĕng: 56. tŭng; 85. di̯ĕng, 88. d̑i̯ĕng: 90. di̯ung; 112. tieng: 115. dʻŭng; 113. li̯ĕng: 116. li̯ung, 118. di̯ung; 154. tʻiek: 155. tŭk; 229. tiek: 230. tŭk; 232. dzʻi̯ĕg: 231. dzʻŭk; 375. tʻieng: 376. tsʻung; 410. d̑i̯ĕng: 414. di̯ung; 442. tsi̯ĕng: 443. tsʻung; 520. tsi̯ĕk: 523. tsi̯uk; C. 31. lieng: 32. lung; D. 2. pĕng: 3. bʻung; 8, 9. mieng: 11, 12. mung; 28. mieng: 29. mung; 173, 174. mĕg: 175. mug。

ɛ ~ ə :

A. 83. gʻɛg: 84. gʻi̯əg; 230. gʻwɛng: 231. gʻwəng; E. 20. kʻi̯wɛn: 22. gi̯wən; 74. kɛd, 75. ki̯ɛd: 76, 77. ki̯əd; 137.

漢語詞類

ŋɡɛn: 134 g'i̯ən; 182. g'ɛn: 183. k'wən; 275. g'i̯ɛn, 276. ki̯ɛr: 277. ki̯ər; F. 307. sɛr 與 si̯ər; 326. dz'ɛr: 324. dz'i̯ər; H. 68. mi̯ɛn: 66, 67. mwən, 69. mi̯wən; I. 12. ·ɛm, 13, 14. ·i̯ɛm: 15 – 18. ·əm, 19, 20. ·i̯əm; 23. g'ɛm; 25. g'əm; 61. g'i̯ɛp 與 g'i̯əp; 75, 76. g'ɛp: 77. g'əp; K. 22. ti̯ɛp: 23. ti̯əp; 26. d'ɛm: 28. d'əm, 29. d'i̯əm; 27. dz'i̯ɛm: 31. śi̯əm。

ə ~ o :

A. 16, 17. xi̯əɡ: 18. xioɡ; 97. k'i̯əɡ: 99. k'i̯oɡ, 101. g'i̯oɡ: 138. xi̯əɡ: 139. xôɡ; 147. k'i̯əɡ: 150. ki̯oɡ; B. 2. di̯əɡ: 3. ti̯ôɡ; 106. t'i̯əɡ: 107. t'ioɡ; 176. tsəɡ, 177. dz'əɡ, 179. tṣi̯əɡ: 183. tṣi̯oɡ; 247. t'i̯əɡ: 253, 254. ti̯oɡ; 267. ti̯əng: 269. di̯ông; 300. di̯ək: 301. di̯ôk; 382. dzi̯əɡ: 383. ts'i̯oɡ, 384. si̯oɡ, 385. zi̯ôɡ; 401. si̯əɡ: 402. zi̯ôɡ; 501. si̯əɡ: 502. soɡ; 513. ti̯əɡ: 515. d'ôɡ; 532. d'i̯əɡ: 533. di̯ôɡ; 537. ts'əɡ: 538. ts'oɡ; 570. d'əɡ: 571. toɡ; 587. ti̯əɡ: 588. toɡ, 589. ti̯ôɡ; 597. di̯əɡ: 598. di̯ôɡ; 619. t'i̯əɡ: 620. töɡ; 623. t'i̯əɡ: 624. t'i̯ôɡ; 644. tṣi̯əɡ. 645. tsôɡ; 647. tṣi̯əɡ: 650. dz'ôɡ; D. 145. p'wəɡ: 146. p'ôɡ。

ə ~ u :

A. 78. ki̯əng: 79. ki̯ung; 172. kəng: 173. g'i̯ŭng; 267.

kwəng: 268. *ki̯ŭng;* 326. *ki̯ək:* 327. *gi̯uk:* 368. *g'i̯wəg:* 367. *ki̯ŭg; B.* 411. *təng:* 413. *d'ŭng:* 470. *d'əng,* 471. *di̯əng:* 472. *t'ung;* 505. *di̯əng:* 506. *i̯ung;* 542. *i̯əng:* 543. *i̯ung;* 603. *d'əng:* 604. *di̯ung;* 652. *tsi̯ək:* 653. *si̯uk;* 684. *d'ək:* 685. *d'uk; C.* 61. *li̯əng:* 62. *li̯ung; D.* 10. *məng:* 11, 12. *mung;* 122. *pwəg,* 123, 124. *b'wəg:* 125. *b'i̯ŭg;* 133, 134. *b'wək:* 135, 136. *b'i̯ŭk;* 179. *mwəg:* 180. *mi̯ŭg;* 188. *b'wəg* 與 *b'ŭg*。

o ～ u :

A. 43. *·ok:* 44. *·ŭk;* 63. *kộng:* 64. *g'ung; B.* 89. *t'i̯ông:* 90. *di̯ung;* 103. *tôk,* 104. *d'iôk:* 105. *i̯uk;* 114. *d'i̯ông:* 117. *t'i̯ung;* 122. *ti̯ôk:* 123. *tŭk;* 216. *d'ông:* 217, 218. *t'ung;* 259. *tsi̯ok;* 246. *i̯uk;* 269. *di̯ông:* 270. *di̯ung;* 369. *si̯ôk:* 370. *suk;* 364. *tsi̯ôk:* 365. *ts'i̯uk;* 389. *tông:* 390. *tung;* 475. *i̯ok:* 477. *i̯uk;* 508. *d'iôk:* 509. *d'i̯uk;* 521. *tsi̯ôk,* 522. *ts'i̯ôk:* 523. *tsi̯uk;* 594. *di̯ôk:* 596. *di̯uk; C.* 66. *nông:* 67. *ni̯ung; D.* 4. *p'i̯ôk:* 5. *b'i̯uk;* 49. *b'ok:* 51. *puk;* 185. *p'i̯ông:* 187. *p'i̯ung*。

集 合 的 轉 換

我們現在回轉到了上面第二〇〇頁(原文 90 頁)上所列的疑

問。語詞不只具有「一種」的轉換而有兩種或多種的，可有理由把牠們集合起來嗎？我們且拿上面所舉的第三個例子來說：E. 93. g'ât（曷）: 94. k'i̯ər（豈）。在意義上這種的集合是很妥當的；但是我們須要承受，關于兩個語詞上各種成分，不下有四種的轉換。我們在上面已經證明這四種轉換確實的存在：g' ~ k'（極普通）；o ~ i̯（極普通）；â ~ ə（極普通）；t ~ r（很確實也還普通）；那末，我們列出「曷」,「豈」這兩個語詞：g'ât: k'i̯ər 的親族關係，是假定這四種的轉換，可以認爲合法的嗎？

在理論上，我總說是對的；不過我還要加重的說明，這裏正如在一切語言學上，爭辯的定案是依據于這個問題的，就是我們是否可以求得「許多相並的例子，顯示着各種轉換同樣的集合」。如果我們可以，那末我想任何人不能否認我們推斷的正確。那就是我所以要在這裏舉出關于複合轉換稍稍廣博的例子（爲要敍述的簡單起見，我把論證只限於兩種成分：主要的元音和收尾的輔音）：

$a \sim e$ 併合 $ng \sim k \sim g$ 的轉換 $(ang \sim ek, ang \sim eg, ak \sim eng, ak \sim eg)$:

B. 407. ti̯ang: 415. di̯ĕk; C. 9. ńi̯ang: 11. něk; A. 140.

k_iwang: 145. $k_iwĕg$; 186. k_iang: 192. $k_iĕg$; B. 5. s_iang: 6. $s_iĕg$; 48. d'_iang: 58. $t_iĕg$; D. 127, 128. $b'_iăng$: 129. $b'ĕg$, 130. $p_iĕg$; B. 333. t'_iak: 330. $t'_iĕng$; 335. s_iak: 334. $s_iĕng$。

$a \sim ə$ 併合 $ng \sim k \sim g$ 的轉換 ($ang \sim ək, ang \sim əg, ak \sim eg, ag \sim əng$):

A. 155. $k_iăng$: 163. $k_iək$; 168. k_iang, 169, 170. $k_iăng$: 175. $g'_iək$; B. 427. d_iang: 428. $d'_iək$; A. 73. $k_iăng$: 84. $g'_iəg$; 92. $g'_iăng$: 97. $k'_iəg$; 135. $k'_iăng$: 137. $g'_iəg$; B. 1. d_iang: 2. $d_iəg$; 66. d_iang: 79. $d'əg$; 108. s_iang: 111. $s_iəg$; 162. dz'_iang: 177. $dz'əg$; 210. $d'âng$: 214. $d_iəg$; 243. t'_iang 247. $t'_iəg$; 381. dz_iang: 382. $dz_iəg$; 399. s_iang 401. $s_iəg$; 427. d_iang: 429. $t'_iəg$; 535. ts_iang: 540. $z_iəg$; 639. s_iang: 640. $s_iəg$; B. 97. d_iak: 99. $d_iəg$; 119. $t'âk$: 126. $t'_iəg$; 444. d_iak: 448. $d'əg$; 498. $sâk$: 501. $s_iəg$; 507. t_iak: 513. $t_iəg$; 637. $t'âk$: 638. $d'əg$; B. 207. $dz^câg$: 206. $dz^cəng$; 416. t_iag: 411. $təng$; D. 18. $mâg$: 10. $məng$。

$a \sim o$ 併合 $ng \sim k \sim g$ 的轉換 ($ang \sim ok, ang \sim og, ak \sim og, ag \sim ok$):

A. 118. $k'âng$: 121. $g'ôk$; 201. $·_iang$: 205. $·_iok$; 250. $kâng$:

漢 語 詞 類 247

256. k'ŏk; B. 265. dẓang: 273. tẓok, 275. dẓôk; 286. sẓang, 287. sẓang: 289. sẓok; C. 16. lâng: 19. liok; 24 lẓang: 27. liok; D. 45. p'ăng: 49. b'ok; A. 118. k'âng: 122, 123. kog: 186, 187. kẓang: 197. kẓog, 199. kẓôg; B. 1. dẓang: 3. tẓôg; 48. d'ẓang: 61. d'iôg; 242. dẓang: 250-252. dẓog; 265. dẓang: 280. dẓog, 278. tẓôg; 307. t'ẓang: 312. t'ẓog, 314. t'ẓôg; 361. ts'âng: 367. ts'ôg; 381. dzẓang: 385. zẓôg; 399. sẓang: 402. zẓôg; 407. tẓang: 418. d'ẓôg; 406. tiang: 420. tiôg; 440. d'âng: 441. tog; 554. t'ẓung: 557. t'ôg; C. 14. lẓang: 15. liog; 16. lâng: 20, 21. liog; 69. lâng: 70. log, 71. lẓôg; D. 6. măng: 20. mog; 45. p'ăng: 53, 54. b'ŏg; 46. pẓăng: 55. pẓog; 62. pẓăng: 66. p'ẓog; 67. mâng, 70. măng: 71. mẓog; 79, 80. mâng: 82. miog; 127, 128. b'ẓăng: 131. b'ŏg; A. 120. g'ăk: 122, 123. kog, 124. kŏg; B. 119. t'âk: 127. tôg; 165. tsẓak: 183. tsẓog: 271. t'âk: 279. tiôg; 272. tẓak: 278. tẓôg; 288. sẓak: 292. sẓôg; 323. sẓak: 319. ts'ẓog; 335. sẓak: 337. sẓôg; 450. dzẓak: 456. sẓog; 581. dz'âk: 583. tsẓog; B. 454. zẓag: 452. sẓôk。

a～u 併合 ng～k～g 的轉換 (ang～uk, ak～ung,

$ag \sim ung$):

A. 266. $g\text{\textfrangleleft}iwang$: 271. $g'\text{\textfrangleleft}iuk$; B. 554. $t'\text{\textfrangleleft}iang$: 556. $d'uk$; D. 89. $b'ăng$: 94. $p'uk$; A. 90. $x\text{\textfrangleleft}iăk$: 88. $x\text{\textfrangleleft}iung$; B. 120. $d'âk$: 116. $t\text{\textfrangleleft}iung$; 119. $t'âk$: 115. $d'ŭng$; D. 91. $pâk$: 90. $b'ŭng$; 100. $pâk$: 97. $p'\text{\textfrangleleft}iung$, 98, $b'\text{\textfrangleleft}iung$; D. 18. $mâg$: 11. $mung$。

$e \sim ə$ 併合 $ng \sim k \sim g$ 的轉換 ($eng \sim ək, eng \sim əg, ek \sim əg$):

A. 159. $g'ieng$: 162. $k'ək$; B. 8. $t\text{\textfrangleleft}iěng$: 13. $t\text{\textfrangleleft}iək$; 53. $d'ieng$, 54. $tiěng$: 57. $djək$; 68. $tieng$: 74. $təg$; A. 136. $g'ěng$: 137. $g'\text{\textfrangleleft}iəg$; B. 101. $t'\text{\textfrangleleft}iěng$: 106. $t'\text{\textfrangleleft}iəg$: 110. $s\text{\textfrangleleft}iěng$: 111. $s\text{\textfrangleleft}iəg$; 355. $sěng$, 356, 357. $s\text{\textfrangleleft}iěng$: 354. $dz'\text{\textfrangleleft}iəg$, 353. $ts\text{\textfrangleleft}iəg$; 445. $d\text{\textfrangleleft}iěk$: 448. $d'əg$; 520. $ts\text{\textfrangleleft}iěk$: 524. $dz\text{\textfrangleleft}iəg$; 531. $těk$: 532. $d'\text{\textfrangleleft}iəg$。

$e \sim o$ 併合 $ng \sim k \sim g$ 的轉換 ($eng \sim ok, eng \sim og, ek \sim og, eg \sim ok$):

A. 202. $\cdot\text{\textfrangleleft}iěng$: 205. $\cdot\text{\textfrangleleft}iok$; B. 101. $t'ieng$: 104. $d'iôk$; 112. $tieng$: 122. $t\text{\textfrangleleft}iôk$; A. 8. $kěng$: 13. kog; 61. $g'ieng$: 65. $g'ôg$; 93. $g'ieng$: 102. $k'\text{\textfrangleleft}iôg$; 210, 211. $k'ieng$: 220. $k'iog$; B. 53. $d'ieng$, 54. $t\text{\textfrangleleft}iěng$: 61. $d'iôg$; 101. $t'\text{\textfrangleleft}iěng$: 107. $t'iog$; 112.

tieng: 127. *tôg;* 340. *d'įěng,* 341. *tieng:* 342. *d'įôg;* 412.
t'ieng: 418. *d'įôg; C.* 44. *lieng:* 45. *lôg; B.* 154. *t'iek:* 159.
tog; 239. *siek:* 241. *sįôg;* 415. *dįěk:* 418. *d'įôg;* 642. *d'iek:*
643. *ɖįôg;* 658. *dįěk:* 659. *dįog; C.* 39. *liek:* 43. *lįôg; D.* 15
- 17. *miek:* 21. *môg;* 159. *miek:* 161. *mįôg; A.* 109. *ngěg:*
108. *ngộk; B.* 510. *d'ieg:* 508. *d'iôk;* 563. *d'įěg:* 562. *d'iôk;*
578. *ɖįěg:* 576. *ɖįok。*

e～u 併合 *ng～k～g* 的轉換 *(ek～ung, eg～ung, eg*
～uk):

B. 520. *tsįěk:* 516. *tsįung; D.* 15, 16. *miek:* 11. *mung; A.*
24. *kěg:* 25. *g'ŭng;* 193. *g'ieg:* 191. *kįung; B.* 58. *tįěg:* 56.
tŭng; D. 88. *b'įěg;* 87. *pįung; B.* 479. *d'ieg:* 477. *tįuk;* 510.
d'ieg: 509. *d'įuk。*

ə～o 併合 *ng～k～g* 的轉換 *(əng～ok, əng～og,*
ək～og, əg～ok):

B. 267. *tįəng:* 274. *tįôk;* 298, 299. *d'įəng:* 301. *ɖįôk;* 470
d'əng, 471. *ɖįəng:* 475. *tįok;* 603. *d'əng:* 605. *dįok; C.* 26.
liəng: 27. *lįok; B.* 411. *təng:* 417. *d'ôg;* 470. *d'əng,* 471.
ɖįəng: 483, 486. *d'įôg;* 528. *ɖįəng:* 533. *ɖįôg;* 603. *d'əng:*
606. *d'iog; D.* 10. *məng:* 21. *môg; A.* 162. *k'ək:* 166. *kog;*

326. ki̯ək: 328. g'i̯ôg; B. 57. di̯ək: 61. d'iôg; 317. tṣ'i̯ək: 319. tsʻi̯og, 320. dzʻi̯og, 321. dẓʻi̯ôg; 336. si̯ək: 337. si̯ôg; 474. ti̯ək: 483. d'i̯ôg; 539. si̯ək: 541. si̯ôg; 569. tək: 571. tog; 572. tsi̯ək: 573. dzʻi̯ôg; C. 22. li̯k: 23. log; B. 106. t'i̯əg: 104. d'iôk; 126. t'i̯əg: 122. ti̯ôk; 179. tsi̯əg: 187. si̯ək; 329. si̯əg: 328. si̯ôk; 352. t'əg: 350. di̯ôk; 597. d̑i̯əg: 594. d̑i̯ôk; D. 172. b'wəg: 171. pi̯ôk。

ə～u 併合 ng～k～g 的轉換 (əng～uk, əng～ug, əg～ung, əg～uk):

D. 40. b'əng: 41. p'i̯ŭk; 132. pəng: 135. b'i̯ŭk; A. 181. g'əng: 182. ki̯ŭg; D. 132. pəng: 137. p'i̯ug; A. 84. g'i̯əg: 80. k'iung, 79. ki̯ung; 97. k'i̯əg: 95. kŭng; B. 126. t'i̯əg: 115. d'ŭng; 329. si̯əg: 326. si̯ung; 524. dzi̯əg; 516. tsi̯ung, 517. dz'i̯ung; 628. t'i̯əg, 629. ť'i̯əg: 626. t'ŭng, 625. t'ung, 627. tŭng; 654. tsəg: 655. sŭng; B. 106. t'i̯əg: 105. i̯uk; 126. t'i̯əg: 123. tŭk, 125. t'i̯uk; 513. ti̯əg: 509. d'i̯uk; 597. d̑i̯əg: 596. d̑i̯uk; D. 42. b'wəg: 41. p'i̯ŭk。

o～u 併合 ng～k～g 的轉換 (ok～ung, og～ung, og～uk, ok～ug):

A. 41. *kôk:* 40. *gʻung;* 128. *ⅹok:* 127. *ⅹung; B*. 76. *tŏk:* 72. *tiung;* 122. *tiôk:* 115. *dʻung;* 328. *siôk:* 326. *siung;* 605. *diok:* 604. *diung; A*. 65. *gʻôg:* 64. *gʻung;* 101. *gʻiog:* 95. *kŭng;* 220. *kʻiog:* 213. *kʻung,* 216. *kʻiung;* 221. *kộg:* 214. *kʻung;* 225. *ⅹiog:* 222. *ⅹiung; B*. 127. *tôg:* 115. *dʻŭng;* 225. *dʻôg,* 226. *tʻôg:* 223, 224. *diung;* 417. *dʻôg,* 417, 419. *dʻiôg:* 413. *dʻŭng;* 494. *tsiôg:* 490. *tsung;* 481. *tʻôg:* 472. *tʻung;* 606. *dʻiog,* 607. *tʻiog:* 604. *diung; D*. 21. *môg:* 11. *mung;* 55. *piog:* 48. *pʻiung;* 66. *pʻiog:* 63. *pʻiung;* 74. *mog:* 73. *mŭng;* 82. *miog:* 81. *mŭng; A*. 272. *kiôg:* 270. *kʻiuk;* 328. *gʻiôg:* 327. *giuk; B*. 107. *tʻiog:* 105. *tiuk;* 127. *tôg:* 123. *tŭk,* 125. *tʻiuk;* 159. *tog,* 160. *tiôg:* 155, 156. *tŭk;* 253, 254. *tiog:* 246. *tiuk;* 367. *tsʻôg:* 365. *tsʻiuk;* 486. *dʻiôg:* 477. *tiuk;* 515. *dʻôg:* 509. *dʻiuk;* 538. *tsʻog:* 536. *tşŭk;* 550. *dzʻôg:* 549. *dzʻuk;* 557. *tʻôg:* 556. *dʻuk; C*. 42, 43. *liôg:* 40. *luk; A*. 280, 281. *kiôk:* 284, 285. *giŭg*。

a~e 併合 *n~t~d* 的轉換 (*an~et, ad~et, at~ən*):

E. 230. *gʻiăn:* 234. *gʻiĕt;* 252. *ʻân:* 255. *ʻiət; F*. 346.

$d'iad$: 347. $tı̯ĕt$; 297. $tsat$: 296. $dz'ı̯ĕn$。

$a \sim ə$ 併合 $n \sim t \sim d \sim r$ 的轉換 $(an \sim ət, an \sim əd, an \sim ər, at \sim ən, at \sim əd, at \sim ər, ad \sim ən, ad \sim ət, ad \sim ər)$:

E. 53. $kwân$: 67. $kwət$; 259. ˙$ı̯wăn$: 261. ˙$ı̯wət$; F. 107、 $ts'wan$: 111. $dz'wət$; 132. $d̑ı̯wan$: 133. $d'wət$; H. 111.. $p'ı̯wăn$: 120, 121. $pı̯wət$; E. 302. $g'ı̯an$: 314. $kı̯əd$; F. 210. $ts'wân$: 215. $dzı̯wəd$; H. 112. $pı̯wăn$: 126. $pı̯wəd$; E. 1. $kwân$, 2. $g'wân$, 3. $g'wan$: 25, 26. $g'wər$; 40. $xân$: 45. $xı̯ər$; 90. $gı̯wăn$: 92. $gı̯wər$; 135. $xian$: 136. $xı̯ər$; 149. $kwân$, 150. $g'wân$: 152. $gı̯wər$; 157. ˙wan: 162. ˙$wər$; 199. $xân$: 200. $xı̯ər$; F. 27, 28. $tsı̯an$: 34. $tsı̯ər$, 35. $dz'iər$; 172. $twân$: 180. $twər$; 304. $tsı̯an$: 306, 307. $siər$; G. 1. nan: 10. $nı̯ər$; H. 45. $b'ı̯an$: 52. $pı̯ər$; E. 63. $kwât$: 60. $kwən$, 61, 62. $k'wən$; 139. $gı̯wăt$: 138. $gı̯wən$; 184. $kı̯wăt$: 183. $k'wən$; 305. $kât$: 303. $g'ən$; F. 109. $tswât$: 108. $tswən$; 164. $tı̯wat$: 162. $d'wən$; H. 39. $pı̯at, b'ı̯at$: 38. $pı̯wən, b'ı̯wən$; 136. $pwât$: 135. $pwən$; E. 72. $g'ı̯at$: 76. $kı̯əd$; 139. $gı̯wăt$: 141. $gı̯wəd$; 244. $kiat$: 245. $kəd$; 305. $kât$: 314. $kı̯əd$; 319. $ngı̯wăt$: 321. $ngı̯əd$; G. 26. $lât$,

漢 語 詞 類   253

27. li̯at: 31. li̯əd; H. 11. pʻwât, 12. pi̯wăt: 15. pʻi̯wəd; 114. piat: 125. pi̯əd; E. 91. gi̯wăt: 92. gi̯wər; 93. gʻât: 94. kʻi̯ər; 305. kât: 318. kər; F. 4. ti̯wat: 6. di̯wər; 30. dzʻiat: 34. tsiər 35. dzʻiər; 257. si̯at: 258. siər; E. 24. gi̯wad: 22. gi̯wən; 140. gʻwad: 138. gi̯wən; 311. gʻâd: 303. gʻən; F. 279. tswâd: 278. dzi̯wən; E. 103. kâd: 102. kʻi̯ət; 315. ki̯wăd: 310. gi̯wət; F. 134. tʻwâd: 133. dʻwət; 158. si̯wad 與 si̯wət; H. 14. pʻi̯wăd: 13. pʻi̯wət; H. 58, 59. bʻwâd 與 bʻwət; 122. pi̯ad: 117, 118. pi̯wət; E. 24. gi̯wad: 28. gi̯wər; 103. kâd: 104. gʻi̯ər; 247. kăd: 248. kʻər; F. 4. ti̯wad: 6. di̯wər; 22, 23. i̯ad: 24, 25. tʻiər; 39. di̯wad: 40. ti̯wər; 93. tsi̯ad: 94. tsiər。

e～ə 併合 n～t～d～r 的轉換 (en～əd, en～ər, et～ən, et～əd, et～ər):

E. 283. ˙ĕn: 284. ˙əd; H. 97. mi̯ĕn: 108. mi̯əd; 113. bʻi̯ĕn: 125. pi̯əd; E. 214. ˙i̯ĕn: 217. ˙i̯ər; F. 89. tsi̯ĕn: 94. tsiər; 98. tsi̯ĕn: 99. tsiər; 196, 197. si̯ĕn: 198. si̯ər; 305. si̯ĕn: 306, 307. siər; G. 37, 38. li̯ĕn: 39. li̯ər; H. 18. bʻi̯ĕn: 21. pi̯ər, 22. pʻi̯ər; 47. pien: 52. pi̯ər; 95. mi̯ĕn: 110. miər; F. 53. dʻiet: 50. tʻi̯ən; 288. dʻiet: 289. tʻiəd; E. 273. kʻi̯ət: 274.

$ki\partial r$; F. 21. $t\dot{\imath}\check{e}t$: 25. $t'i\partial r$; 32. $tsiet$, 33. $ts'iet$: 34. $tsi\partial r$, 35, 36. $dz'i\partial r$; 169. $d'\dot{\imath}\check{e}t$: 170. $t\dot{\imath}\check{e}r$; 176. $t'\dot{\imath}\check{e}t$: 178. $ti\partial r$; 200. $d'iet$: 202, 203. $ti\partial r$; 237. $d'\dot{\imath}\check{e}t$: 238. $d'i\partial r$; 349. $dz'\dot{\imath}\check{e}t$: 351. $tsi\partial r$; H. 19. $p'\dot{\imath}\check{e}t$: 22. $p'i\partial r$。

我這樣廣博的引述了我的材料，是為着要根據這些廣大的各組相並的事例，以證明我們依着集合的轉換來施行，乃是完全正當的。因此上文第二〇〇頁（原文 90 頁）上的例子：$k'ung$: $x\dot{\imath}og$; $d\dot{\imath}ang$: $t\check{o}k$: $d\partial g$; $g'\hat{a}t$: $k'i\partial r$; $ng\check{\imath}an$: $g'wad$; $s\check{a}n$: $dz'w\partial r$， 就和初次見到了牠們以為是不可能的那種情形很不相同了。牠們是屬于確定建立的各組轉換當中的，在原則上認定牠們作為廣大繁複的語詞族類裏極端的事例，也無可否定的了。

最後應注意的幾點

關于中國語詞族類這種初步的研究，在未完畢以前，尚須討論到兩個問題。

其中的一個就是這：這裏所引舉的一切材料是否都係「同樣性質」的，就是牠們都隸屬於同一種語言，一種上古的方言嗎？如果不是，如果有某些語詞所謂從別路來的，是出于

這種語言主系以外的方言語詞而具有牠們方言的語音外表的，因被掇拾而混進于文學上的，那末，這種便必需的要擾亂我們的界線而使我們的結果要發生危慮了。在幾種事例上確有這樣一種錯誤發生的危險性，這是我必須坦直指出的。實在，在我的許多表上曾經填進了不少的語詞是古書上所直接指明爲方言語詞的（例如 B. 496, B. 530, F. 243, H. 9）。但是，我的施行旣然大部分總是關于這種語言最普通的語詞（實際上一切的語詞都是蘇梯爾氏小小的袖珍字典 Soothill's Pocket Dictionary 裏所見到的），所以在大體上這種危險性是很小的。

第二個問題是關于這些轉換在文法上的性質。我們看見了千數的例子，因此知道這種語言，依據着這些轉換構成了代表同一意義的相並的語詞，或語音上多少差異而代表類似的意義的語詞。但是這些轉換有時是否作爲「一種狹義上的純粹文法功用的表示」？牠們確是如此，不過這是一個複雜的題目，是我所希望在別的作品上回來討論的。我在這裏要指出一些事例，只是作爲啓示的例子罷了，因此知道我們上面所研究的那些轉換，也有用來表明各異的詞性或同樣的文法上的差別。

B. 517. tsi̯ung（從者）(名詞)：517. dz'i̯ung（隨從）(動詞)；

　　A. 340. kŏg（學校）(名詞)：340. g'ŏg（考校）(動詞)；

　　D. 122. pwəg（背後）(名詞)：123, 124. b'wəg（違背）(動詞)；

　　B. 345. tieng（一種固定器，柱石，碇子）(名詞)：347. d'ieng（固定，訂定）(動詞)；

　　B. 353. tsi̯ə̆g（小兒，兒子）(名詞)：354. dz'i̯ə̆g（孳生，生育）(動詞)；

　　E. 271. kân（干盾）(名詞)：272. g'ân（扞衞）(動詞)；

　　H. 38. pi̯wən（分開）(動詞)：38. b'i̯wən（部分）(名詞)；

　　B. 134. ti̯ông（中間，中央）(名詞)：135. d'i̯ông（中間的，仲次）(狀詞)；

　　B. 191. ti̯ang（生長）(動詞)：191. d'i̯ang（長短之長）(狀詞)；

　　B. 248. ti̯og（早晨之朝）(名詞)：d'i̯og（早晨的）(狀詞)(=早朝，朝見)；

　　B. 649. tsôg（早晨）(名詞)：650. dz'ôg（皂黑）(狀詞)；

　　E. 32. kân（乾燥）(狀詞)：32. g'i̯an（熱與光：乾天）(名

詞）；

　　E. 129. $kian$（看見）（主動）：130, 131. $g'ian$（被見，顯現）（被動）；

　　F. 325. $tŝiər$（相齊者：夫妻之妻）（名詞）：324. $dz'iər$（相齊）（狀詞）；

　　H. 152. $pian$（邊面）（名詞）：153. $p'ian$（偏斜）（狀詞）；

　　K. 45. $sị̂əp$（潮濕，水濕）（狀詞）：46. $dzị̂əp$（沼隰）（名詞）；

　　F. 85. $tị̌ĕd$（到了，至於）（動詞）：86. $tị̌ĕd$（使至于，以至于）（爲前一語詞之使動詞）；

　　F. 96. $t'ị̂wət$（出來，出去）（動詞）：97. $t'ị̂wət$（黜除，降黜）（爲前一語詞之使動詞）；

　　B. 445. $dị̌ĕk$（變易）（動詞）：445. $dị̌ĕg$（可變的：容易）（狀詞）；

　　A. 323. ·$âk$（醜惡）（狀詞）：323. ·$âg$（憎惡）（動詞）；

　　F. 127, 128. $sị̂wət$（率領）（動詞）：$sị̂wəd$（將帥）（名詞）；

　　F. 341. $sị̂wat$（說話之說）（內動詞）：$sị̂wəd$（遊說之說）（外動詞）；

　　B. 29. $d'âk$（量度）（動詞）：$d'âg$（一種度量之名）（名詞）；

B. 428. *dˊiək* (飲食之食)(動詞)：428, 431. *dziəg* (食物，飼養品)(名詞)；

D. 154. *bˊiôk* (回復)(動詞)：154. *bˊiôg* (再復)(副詞)；

A. 229. *kwâng* (廣闊)(狀詞)：232. *kˊwâk* (擴大)(動詞)；

E. 139. *giwăt* (曰，正在說，曾經說)(現在時，過去時之動詞)：138. *giwən* (云，說過了)(完了時之動詞)；

B. 552. *siog* (大小之小)(狀詞)：551. *sŏg* (稍略，小的分量)(名詞)；

A. 129. *kiĕng* (頭頸)(名詞)：130. *kieng* (刎到)(動詞)；

E. 142. *ngiăn* (言說)(動詞)：143. *ngian* (諺語)(名詞)；

H. 138. *bˊwât* (跋，底部，足部，根部)(名詞)：137. *bˊwat* (拔起)(動詞)；

B. 355. *sĕng* (生育)(動詞)：356. *siĕng* (母之關係：種姓)(名詞)，357. *siĕng* (生來之性質，天性)(名詞)：

F. 216. *twən* (敦厚，敦實)(狀詞)：217. *tiwən* (使成敦厚：諄諄教誨)(動詞)；

G. 7. *ńiat* (寒熱之熱)(狀詞)：8. *hiwat* (火蓺，焚燒)(動詞)；

H. 83. *pwət* (不)(普遍的否定)：84. *piwət* (弗)(不願，不能

之語氣）：87. *piwər*（非）（不是，有一名詞作爲述詞者）：90. *miwət*（勿）（不要，命令式）：91. *miwəd*（未）（未曾，完了之意）；

K. 90. *hiəp*（進入）（外動詞與內動詞）：87, 88. *nəp*（納進）（使入，使動詞）：89. *nwəb*（內部）（名詞）。